浙江师范大学非洲研究文库
非洲研究译丛系列
总主编：刘鸿武

U0749940

非洲前进之路

Making Africa Work

［南非］格雷格·米尔斯
［美］杰弗里·赫伯斯特
［尼日利亚］奥卢塞贡·奥巴桑乔　著
［英］迪奇·戴维斯

李雪冬　译

浙江工商大学出版社
ZHEJIANG GONGSHANG UNIVERSITY PRESS
·杭州·

图字:11-2019-304号

图书在版编目(CIP)数据

非洲前进之路 /(南非)格雷格·米尔斯等著;李雪冬译.
—杭州:浙江工商大学出版社,2019.12
　书名原文:Making Africa Work
　ISBN 978-7-5178-3497-7

　Ⅰ.①非…　Ⅱ.①格…　②李…　Ⅲ.①非洲—研究　Ⅳ.①D74

中国版本图书馆 CIP 数据核字(2019)第222180号

非洲前进之路
FEIZHOU QIANJIN ZHI LU

[南非]格雷格·米尔斯　　[美]杰弗里·赫伯斯特
[尼日利亚]奥卢塞贡·奥巴桑乔　　[英]迪奇·戴维斯 著
李雪冬 译

策划编辑	姚　嫒
责任编辑	鲁燕青　张莉娅
封面设计	王好驰
责任印制	包建辉
出版发行	浙江工商大学出版社
	(杭州市教工路198号　邮政编码310012)
	(E-mail:zjgsupress@163.com)
	(网址:http://www.zjgsupress.com)
	电话:0571-88904980,88831806(传真)
排　　版	杭州朝曦图文设计有限公司
印　　刷	杭州高腾印务有限公司
开　　本	710 mm×1000 mm　1/16
印　　张	19.25
字　　数	303千
版 印 次	2019年12月第1版　2019年12月第1次印刷
书　　号	ISBN 978-7-5178-3497-7
定　　价	66.00元

序言　非洲研究——中国学术的"新边疆"①

浙江师范大学非洲研究院院长　刘鸿武

一百多年来，中华民族经历了曲折艰难的现代复兴进程，逐渐由"亚洲之中国"转变为"世界之中国"。今天，中国的发展已经在越来越广大之领域与世界的前途连接在了一起。为最终完成中华民族的现代复兴，并对人类未来做出新的贡献，21世纪的中国当以更开阔之胸襟去拥抱世界各国各民族之文明，努力推进人类各文明以更为均衡、多元、平等的方式展开对话与合作。为此，中国需要在更广泛的人类知识、思想、学术与观念领域做出自己的原创性贡献，而建构有特色之"中国非洲学"，正是中华民族在当今国际学术平台与思想高地上追求中国的国家话语权、表达中华民族对于未来世界发展理念与政策的主张并进而为21世纪的人类贡献出更有价值的思想智慧与知识产品的必要努力。②

在此过程中，"非洲情怀、中国特色、全球视野"三个层面的有机结合与互为补充，"承续中国学术传统，借鉴国外研究成果，总结中非关系实践"三个维度的综合融通与推陈出新，或许将为有特色之"中国非洲学"拓展出某种既秉承传统又融通现代、既有中华个性精神又融通人类普遍知识的中华学术新品质、新境界与新气度。

---

① 此序文最初刊布于2008年首批出版的"浙江师范大学非洲研究文库"之系列著作，此次出版对文中个别文字做了修订。
② 刘鸿武：《初论建构有特色之"中国非洲学"》，《西亚非洲》2010年第1期，第5页。

一、非洲研究与中国学术"新边疆"的拓展

学术研究与时代环境往往有着十分复杂的关系。所谓一时代有一时代之学术，时代条件与环境因素总在某种或隐或现的形态下影响着人们的思想过程。古人主张"知人论世"①，认为要知晓其人所论所思为何如此，要理解其人治学求知之特点个性，不能不考察、辨析他的生活时代，不能不联系他的人生经历与治学环境。理解一个人的思想如此，理解一个时代的学术亦如此。

过去百年中国学术之成长与变革进程，便深深地印刻着时代的痕迹。因为20世纪中华文明追求现代复兴与发展任务的紧迫和艰难，更因中华学术经世致用传统之影响，中国学术过去百年的成长过程，始终紧紧围绕着、服务于中华文明复兴与发展的当下急迫之需。摆脱落后、追求先进的时代使命，使得现代中国学术的目光多紧盯那先进于我之国家民族。于是，"西洋学术""欧美文化"，乃至"东洋维新""俄苏革命"，都曾以不同之方式，进入中国学术核心地带，成为过去百年中国学人热情关注、努力移植、潜心研究之重心与焦点，各种形式的"言必称希腊"成为中国学术一时之现象，也便自有其合理之时代要求与存在缘由。而在此背景下，对于遥远他乡那些看似与国家当下之复兴大业、复兴命题关涉不大或联系不紧的学问领域，对于那些与中国一样落后于世甚至尤有过之的不发达国家、弱小民族的研究或学问，人们便一直关注不多，问津甚少。

于是，在相当长的时期中，包括中华人民共和国成立之后，非洲大陆这个重要的自然地理区域和人类文明世界，便成为中国现代学术世界中的一块"遥远边疆"，一片"清冷边地"。偶尔，会有探险者、好奇者、过路者进入其间，于其风光景致窥得一角，但终因天遥地远，梁河相隔而舟渡难寻，直至今日，非洲研究这一领域对于中国学术界来说，总体上还是一个具有"化外之地"色彩的知识领域，一块要靠人们发挥想象力去揣想的遥远他乡。

在西方学术界，非洲研究却已经有百多年的经营历史了，如果加上早期殖

---

① 《孟子·万章下》："颂其诗，读其书，不知其人，可乎？是以论其世也。是尚友也。"

民时代探险者、传教士留下的那些并不甚专业的探险游记、传教回忆录，西方对非洲大陆的认知与研究可以追溯到更久远的三四百年前。在这个过程中，非洲研究在塑造西方现代学术形态、培植西方现代学术气质方面，均扮演过某种特殊的角色。西方现代学术的诸多领域，如人类学、民族学、社会学、语言学、考古学、人种学、生态学等，各种流行一时的理论或流派，如结构主义、功能主义、传播理论、发展研究、现代化理论、女性主义、后殖民主义、世界体系论等，都曾以不同的方式或形态，与非洲这块大陆有某种直接或间接的关联。直到今日，在非洲大陆各地，依然时常可以见到西方学者潜心考察、调研与研究的踪迹。

不过，自20世纪70年代末中国改革开放以来，特别是随着近年中国国家发展战略和外交战略的重大变化，中国学术界开始尝试采用更加独立、更加全面也更加长远的眼光来理解和把握人类文明的整体结构，以及中华民族与世界上一切民族和国家之如何建立更为平衡、多元的交往合作关系这样一些重大问题。过去三十年，中非合作关系之丰富实践及这一关系所彰显的时代变革意义，使得非洲在中国学人眼中的地位和重要性发生了重大转变，非洲研究不仅得到重视和加强，而且学人研究的兴趣和重点也超出了以往那种浅层与务实、只着眼于为政治与外交服务的局限，开始向着探究人类文明之多元结构与多维走向，向着探究一切社会科学深切关心的本质性命题的方向拓展延伸。渐渐地，人们发现，非洲研究成为新时期中国学术研究的一片"新边疆"，一块辽阔广大、有无数矿藏和处女地等待新来者开拓的沃土。

我们说，中华民族历来有关注天下、往来四海之开放传统，有"民吾同胞，物吾与也"的天地情怀。在其漫长的文明演进史上，中华民族一直在努力突破地域之限制而与外部世界建立接触和交往，由此扩展着自己的视野，丰富着自身的形态，并从中获得更新发展之动力。这种努力自进入近代以来，尤为强烈与明显。虽然因时代条件之制约，过去相当长的时期中国学术主要关注欧、美、日等发达地区或国家，但进入20世纪60年代以来，中华民族在追求现代复兴并因此而努力与外部世界建立新型关系的过程中，也开始与遥远的非洲大陆建立日益紧密的文化对话和交流合作关系。正是在这个意义上，我们说非洲研究日益为中国学术界所重视这一现象的出现，应该是具有某种特殊的昭示时代变革的象征意义的，它折射出中华文化的现代复兴正进入一个新的历史阶段，反映出当代中国学术在回归和继承优良历史传统的基础上，日益面向全球与未来，日益拥有了新的自由与自主、自信与自觉的精神气度。

我们是不是可以这样说，如果将来的某一天，在那遥远闭塞的非洲内陆的某个村庄，在那湿热茂密的非洲雨林深处的某个偏僻小镇里，我们也能意外地发现有中国学者的身影，他会告诉我们，他已经在这远离中国的非洲边远村庄里做了多年的潜心研究，而他并不太多地考虑其研究与学问是否有他人认可的某种"价值"或"意义"，他只是做着纯粹基于个人学术旨趣、知识好奇心的田野考察和异域文化研究。那时，我们或许就可以说，中国学术的自主意识与现代品格获得了更大的成长。

从一个更长远的当代中国发展进程来看，在全球化进程快速推进、中国与外部世界日益融为一体，而中国也在努力追求自己的强国地位的进程中，非洲研究这一"学术新边疆"之探测与开垦，对中国学术现代品质之锻造——诸如全球视野之拓展、普世情怀之建构、主体意识之觉醒、中国特色之形成等，都可能具有某种重要的引领与增益作用。

二、当代中非交往之学术史意义

非洲文明是整个世界文明的重要组成部分，在过去数千年间，非洲有过非常复杂而丰富的历史经历，文明形态也达到很高的水平。非洲人的天才创造在过去一百多年来已经逐渐被世界所了解，尽管现在还有许多不为人知的地方。总体上说，相对于西方对非洲文化、历史、艺术的认知，中国是一个晚到者。现代意义上的非洲学研究，在西方已经有一两百年的历史。尽管历史上中国与非洲也有过有限的联系、交往，现代中国对非洲的认识却是最近五十年才开始的，目前也还处在相对落后的位置上。事实上，早在一百多年前，西方就已经在拼命地吮吸非洲文明的乳汁，在享受非洲人民创造的丰富灿烂的文化珍品了。过去一百多年，非洲文化艺术曾给西方现代艺术带来特殊的活力，从不同方面刺激西方艺术家们的想象力，由此拓展了西方艺术新的发展空间，并使其风格再造，加速了西方现代艺术形态与范式的变革进程。

　　就非洲文化艺术自19世纪以来对西方影响之广度与深度而言，在某种意义上我们可以认为，西方现代艺术在某些方面曾出现过"非洲化"现象，以至在今日的西方艺术与文化的世界中，处处渗透着来自非洲大陆的元素：非洲的音乐、非洲的舞蹈、非洲的节奏、非洲的风格。当然，那是一个经过了西方精心改造、重新编码、巧加利用的复杂过程。①在这个过程中，非洲文化、非洲艺术的最初源头被隐去了，但如果我们做一番深入的研究辨析，就会发现，在西方现代文化与艺术的世界里，有许多被称为现代艺术伟大创造的风格样式，有许多被认为开启了西方现代文化新领域的精神丰碑，包括毕加索、马蒂斯、高更等颇有影响力的西方现代艺术家的许多作品之风格、形式和灵魂，都曾有过对非洲文化与艺术的某种巧妙移植、借用、吸收。②这种移植、借用与吸收，自然是拓展了西方现代艺术的发展领域，也给现代人类带来了特殊的艺术感受，它表明西方现代艺术家勇于创新、善于利用其他民族文化与思想智慧的传统，本身并无不可，值得今日之中国学者和艺术家学习、借鉴和反思。但问题在于，当现代西方已经在充分享受非洲人民的艺术创造与财富，当现代西方艺术因为从非洲艺术中获取了如此丰富的艺术天才想象力与灵感而获得变革与发展的动力与智慧时，却又按照西方的艺术观念，以西方之艺术为尺度，以一种居高临下的傲慢和偏见，轻易断定非洲原始落后，妄称非洲没有历史与文化，便很不妥当了。

　　事实上，在过去一百多年西方汲取非洲文明与艺术财富的过程中，西方也垄断了对非洲文明与艺术的解释话语权。西方实际上是按其需要，按自己的历史观、价值观、艺术观来解读和评价非洲的文明与艺术世界的。于是，丰富多彩、形态各异的非洲文明与艺术，通常被贴上了一些武断而简单的标签，诸如"原始的""史前的""野蛮的"等。一百多年来，世界所认知的非洲文明与艺术，或者说，世界对非洲文明与艺术的认知方式和认知角度，其实是被西方设定好的，被西方人建构出来的，那其实是一个"西方的非洲""西方的非洲艺术"。

---

① William Rubin. *"Primitivism" in 20th Century Art: Affinity of Tribal and the Modern (Vol. 1)*. Museum of Modern Art, 1984, p.241.
② Ibid, pp.125—179.

在相当长的时间中，我们中国人（其实也包括整个东方世界，甚至非洲人自己）也往往是通过西方的眼光，按照西方人设定的标准或尺度，来理解、认知和评价非洲文明与艺术的。这一百多年来西方主导下的"非洲文明认知史"进程，其所建构的"非洲文明观"或"非洲艺术观"，其成就与不足、所得与所失，自然需要有认真的反思与总结。事实上，非洲艺术并不能用"原始"二字来形容，它只是更多地保持了人类对于艺术的最纯真的理解，更多地保持了人类因艺术而得以呈现的那种本真的天性，就此来说，欣赏非洲之艺术与文明，或许有助于我们回到人性的本原，回到人类最真实的心灵深处。我们当以一种敬意与温情，以一种平等的心态，重新来认知非洲人民的天才创造、巨大活力及对现代人类的特殊意义。

中华文化地处东亚大陆，在其漫长演进史中，它一直努力突破地域之限制而与外部世界进行接触和交往。在20世纪中华民族追求现代复兴并因此而努力与外部世界建立新型关系的过程中，与遥远非洲大陆的文化交流合作，对于中华古老文化在当代的复兴与发展，对于东方形态的中华文化在承续传统的过程中同时转变为日益具有开放性质和全球形态的世界性文化，是有某种特殊的实践意义和象征意义的。非洲大陆，那是一个中国民众过去并不熟悉的世界，一种在许多方面都可以让中国人产生"异域文化"之鲜明对比与差异感的"他者"文化。唯其如此，与非洲大陆各国各族之文明往来，正有如激动人心之不同文明之碰撞，必有异彩之闪烁、奇葩之绽放，其对中华民族在全球化之时代形成更开阔之文化视野、更包容之文明胸襟、更多样之艺术欣赏力，当有特殊之增益作用。

今天，随着中国与非洲关系的全面发展，随着中非双方建立起直接的文明交流与合作关系，中国得以用自己的眼光来重新认知非洲，得以将自己古老悠久的文明与非洲鲜活本真的文明进行直接的比较交流，并将这两个大陆不同文明的交往及其前途联系起来进行展望。毫无疑问，这一外部交往与知识结构的历史性转折，将使我们能够超越迄今为止西方主导的世界历史、非洲文明的认知框架与知识传统，得出崭新的、与历史发展和人类愿望更为相符的多元世界和文明交往的新图景。在这过程中，中国并不是要抛开其他文明的彼此认知，去做一个纯粹中国人眼中的非洲观察，也不是重新建构一个纯粹是中国视界下的"中国的非洲文明"，将非洲文明或文化仅仅做中国式的图解与诠释，更不是仅出于猎奇心理将非洲做夸张扭曲的渲染，而是既需要有中国自己的独特眼光与感悟，更需要在一个更多元、更开阔的世界文明史和全球史背景下来重新认知非洲、感悟非洲。

三、当代非洲发展问题的特殊性质

非洲研究有一系列特殊的命题值得学者探寻深究。读者面前的"非洲研究文库"各个系列的著作，大体上都是围绕着当代非洲各个年轻国家成长中的一些重大问题来展开的。

当代非洲国家要实现发展，有许多共同的历史命题和任务需要解决。从总体上看，绝大多数的年轻的非洲国家都是从一个很低的历史起点上开始它们的现代国家发展进程的，这些非洲国家要由传统社会转变发展为现代国家，要实现现代经济增长而发展成一个富裕国家，较之当代世界各国而言，其面临的障碍更为巨大，路途更为漫长、更为艰辛。它们摆脱殖民统治而独立建国固然不易，但立国强国则更为艰难。

总体上看，在前殖民地时代，非洲大多数地区的政治发展进程及成熟水平，还未达到现代民族国家的发展阶段。在当时非洲的大多数地区，往往只存在一些部族社会范畴的政治共同体，在少数地区则已形成过一些规模较小、结构松散且体制功能发育程度还较低的古代王国。作为一个现代国家的形成与稳定存在所必须要经历的政治发展阶段和一些必备的前提条件，诸如制度化了的国家体制结构的初步发展，统一的国民经济体系或经济生活纽带的初步形成与建立，各个民族或部族虽然差异很大，但已有聚合在某个统一的政治实体内长期共处而积淀下来的共同生活经历与习惯，一份富于凝聚力和整合力的经由以往漫长世纪而积淀下来的国民文化遗产——如对国家的认同忠诚、对政府及统治合法性的认可拥戴，等等，所有这一切，在前殖民地时代的非洲大陆的大部分地区，都还没有获得充分的发展。[①]

---

① 刘鸿武：《黑非洲文化研究》，华东师范大学出版社1997年版，第25页。

当代非洲国家创立的基本特点，是国家的产生先于民族的形成，事先人为地构建起一个国家，再来为这个国家的生存寻求必要的经济、文化、民族基础。在西方，现代国家的产生是社会经济、历史、文化与民族一体化发展所导致的结果。西方近代史上形成的国家，基本上是单一民族的国家，民族与国家具有同构性和兼容性。在东方国家，内部往往都有较为复杂的民族结构和宗教文化背景，各民族也多有自己的语言、宗教、文化传统，经济生活上的差异也是长期存在的，但是，这些有着多民族背景的国家，已经有久远的生存历史了。在这些国家内的各个民族，已有在同一个古代国家肌体内、在一个王权统治下，长期共处生存的历史经历与交往过程，相互间已形成程度不同的或紧或松、或强或弱的经济上的、文化上的、社会生活上的联系与依存关系，并且因为这种联系与依存关系的长期存在，逐渐在那些众多的民族间形成了某种共同的国家观念意识与情感，一种对某个中央集权的统一政治实体的认同感。这种漫长历史上的共同经历与交往，使这些东方国家在国家的民族文化关系结构上不同程度地形成了一种特殊的不同于近代西方单一民族国家的结构，即一种在民族关系、文化结构方面虽然多元却又一体的特殊格局。这些国家在多民族关系结构方面，往往还有一个占主导地位或支配地位的核心民族，比如在中国这个多民族国家中，汉族便一直是一个占主导地位的主体民族，汉文化由此也就在与其他民族的文化发生交往、融合的过程中，成为维系中国这个多民族国家长期统一存在和连续性发展的核心文化，从而形成中国古代历史上特殊的汉文化凝聚力和各少数民族文化的向心力。

当代非洲国家的创立，不同于东方许多古代国家那样是经过非殖民地化的完成而"重建"自己往昔的国家。非洲在非殖民地化之后建立的那一系列年轻国家，基本上不是"重建"，而是"新建"，基本上不是"恢复、再生"，而是"新立、创建"。因为这些国家在历史上并不曾存在过，它们并不是以历史上原有的政治共同体为基础，通过古代政治的自然发展过程，比如说在古代那些文化共同体、古王国、部落酋长国的基础上扩展而成的。古代非洲那些本可能扩展成现代国家的政治共同体，比如在苏丹这块土地上曾经有过的那些古代政治与宗教文化共同体，那些古代王国与城邦国家，如古代努比亚文明或库施王国、芬吉王国、富尔王国，等等，在西方人到来之前早已衰落瓦解。独立后非洲大陆新创立的国家，基本上都是按外部西方殖民者的利益所强加的、任意"肢解与分割"而成的殖民地框架建立的，它与当地原有的历史文化共同体和政治经济联系并无同构性。

从这样一个意义上我们可以看出，在第二次世界大战结束后形成的那个庞大的第三世界或发展中国家群体中，非洲各新生国家所面临的发展任务，要比世界其他地区的发展中国家更加艰巨、困难，面临的发展命题也更加广泛、复杂。许多东西方国家在历史上已经取得的发展成就，比如，社会之整合与民族一体化，国家政治制度之初步形成，统一而集权的官僚机构的建立及其功能、职能的分化与专门化，相对统一的国家文化共识体系及语言文字、宗教信仰、价值观念等方面的某种同质结构的出现和广泛交往关系的建立，等等，对于一个民族或国家能否进入现代经济起飞阶段，能否进行广泛的社会动员并使广大民众认可并参与到国家的经济发展事业中来而共同走向现代社会，都是不可或缺的历史前提和发展的基础条件。而这一切，对于第二次世界大战后产生的非洲各个年轻国家来说，都还相当的不发达，都还处在一个相对较低的历史起点上，因而构成了这些国家在当代的发展进程中绕不过、躲不开的历史发展任务，成为这些国家必须付出时间、勇气，要经历种种希望与挫折才能走过的艰难发展阶段。

当代非洲现代化进程的成就，主要不是表现在经济增长或经济起飞方面，而是集中体现在它的"国家构建与发展""民族构建与发展"方面，表现在它的新型的"统一国民文化体系"的初步形成方面。20世纪60年代以来，非洲大陆各个年轻国家，在实现由传统分散的部族社会向统一的、中央集权的现代国家过渡的不懈努力方面，在实现由传统封闭分割的部族文化向同质一体化的现代国民文化过渡转型的艰难追求方面，尽管历经曲折反复，但还是已经取得了明显的进步和成效。事实上，在今日非洲大陆的许多国家中，一种超越部族、地区、宗教的国家观念和国民意识，正在形成并被逐渐地认可。随着这种统一国家文化力量的成长，随着这种富于凝聚力的统一国民文化环境的形成，一些非洲国家已经逐渐有能力克服各自国家内部的分离内乱与冲突，政府的合法性和权威性也开始得到本国民众的认同。尽管这一成就在非洲各个国家所达到的水平和巩固的程度并不完全一致。特别是由于缺乏相应的经济发展成就做支持，这一国家政治发展与民族发展的成就不仅受到了很大的抑制，而且已经取得的发展成就也是很不稳固的。

从一个大的历史发展进程上看，20世纪30—50年代是非洲大陆由殖民地到主权独立国家的民族解放运动时期，发展成就是获得了民族独立、自由、平等之地位，这是一切现代国家发展的前提；20世纪60—90年代是非洲由传统社会到构建现代国家的"民族国家构建与国民文化构建"时期，发展成就表现为统一的国家政治共同体的巩固和国民文化认同体系的成长。而21世纪的头二十年，非洲大陆将在上述两个发展成就的基础上，逐渐进入以经济发展和社会现代化为主题的新发展时期。非洲半个多世纪发展进程之三大步的推移，是一个合乎人类文明与国家形态成长的"自然历史过程"，我们若要透过错综复杂的历史迷雾而真正理解、把握非洲之现状与未来，不得不有这样的视野和知识。尽管这一过程在非洲数十个国家之间的发展水平与成就并不平衡，有的较为成功，有的历经曲折，这将是一个长期的过程，在发展的道路上还会有反复有动荡，但这一过程总体上一直在向前推进着。

四、非洲发展研究与理论创新舞台

在当代世界体系中，在当代人类追求现代发展的努力中，非洲大陆面临的问题是极其复杂而特殊的。正因为如此，在当代非洲数十个年轻国家与民族现代发展这一复杂进程中，正深藏着人类现代发展问题之最终获得解决的希望。可以说，非洲发展问题解决之时，便是现代人类发展进程历经磨难、千曲百回而终成正果之时，而要实现这一宏大目标，不能不说是对人类之智慧、毅力、良知、合作精神与普世情怀的最大挑战和考验。

从全球发展的前景上看，非洲大陆面积约三千零六十万平方千米，比中国、美国、欧洲各国三部分加起来还要大。无论是从理论的层面上还是从现实的角度上说，非洲大陆在自然资源、劳动力市场、商品消费市场等发展要素方面的规模与结构，它在未来可供拓展的发展潜力、增长空间，都会是具有全球性冲击力与影响力的。我们认为，虽然目前非洲大陆总体上尚比较落后，但这块广阔大陆上有五十多个有待发展的国家，有十亿以上有待解决温饱、小康到富裕问题的人民，其现代发展进程一旦真正启动并走上快车道，其影响与意义必将超出非洲自身而成为21世纪另一个具有全球性影响的人类发展事件。

在这个过程中，基于历史与现实的原因，中国或许正可以发挥某种特殊的作用，而非洲国家对此也有普遍的期待。在未来二十年里，如果中国能够与非洲国家建立起一种新型的战略合作关系，通过"政治上平等相待、经济上合作共赢、文化上交流互鉴、国际上相互支持"的全方位合作，促进非洲国家实现千年发展目标，推进非洲大陆的脱贫减贫和发展进程，那将会大大提升中国外交的国际感召力、亲和力、影响力，提升中国外交的国际形象和道德高度，改善中国外交的整体环境，减轻中国外交的外部压力，使国际上某些敌对势力恶意鼓吹的"中国威胁论""中国新殖民主义论""黄祸论"不攻自破。

近年来，非洲国家领导人、知识精英们对于中国的国际地位上升有着强烈的感受和认同，并因此而日益重视中非关系，重视与中国的合作，对中国的期待也随之上升。一些非洲国家领导人开始提出非洲大陆的"第二次解放"这样的概念。他们认为，非洲在20世纪60年代通过民族解放运动获得了政治解放，建立了数十个政治上独立的主权国家，但几十年来，非洲多数国家的经济发展一直比较缓慢，目前在国际上还处于依附与从属的地位。只有实现经济发展，才会有非洲的真正"解放"。当代中国的经济发展及其模式，给了非洲新的启发和思考，非洲应该有新的发展思路、新的发展战略与模式。一些非洲国家领导人提出，与中国乃至亚洲新兴国家的合作，或许可以为非洲的"第二次解放"带来新的机会，也可能是非洲再不可错过的机会。对于非洲大陆正在酝酿的这一历史性变化，我们应该给予高度重视，放眼长远，审慎把握，顺势而为。我们认为，新时期中非合作的战略意义就在于它可以从外部国际环境方面有效延伸中国现代化发展的战略机遇期，拓展中国现代化发展事业所必需的外部发展空间，并在复杂变动着的国际格局下继续实施和优化"走出去"战略。

事实上，在当今这样一个相互依存的全球化时代，发展早已成为人类面临的共同问题，当代非洲发展问题之最终解决，与其说是非洲自身的问题，毋宁说是全人类的共同问题。对于任何一个富于理论探索勇气与实践创新精神的人来说，当代非洲发展问题之理论上的探索与实践上的尝试，无论是从经济学、政治学、社会学的层面上看，还是从人类学、民族学、文化学的层面上看，都会是充满挑战性与刺激性的，其中必然会有孕育人类知识与理论创新的巨大空间与机会。

在这个巨大的理论、知识、实践的创新空间与机会面前，当代中国学术界、思想界能够有所作为、有所贡献吗？能够在这个关于当代非洲发展问题研究的国际学术平台上有一席之地甚至更多的发言权吗？

过去三十年，中国因自身的艰苦努力，因自身的文明结构中一些积极因素的作用，因比较好地利用了全球化带来的机遇，而成为发展最快、受益最多的国家，而相形之下，非洲大陆却似乎成为全球化进程中受负面影响最大的地区，成为发展进程最为缓慢的地区之一。虽然从一个长远的进程来看，非洲未必就一定是现代发展的失败者，非洲过去三十年也有许多进步，而中国本身也还远未达到可以轻言现代化大功告成而沾沾自喜之界。但是不管怎样，在认知非洲之文化与文明，在探求非洲之现代发展进程这个重大而复杂的命题方面，西方确实一度走在了中国前面，今日的中国应该在此领域有自己的新的思考与探寻。

我们常说，中国是一个大国，一个文明古国。远在古代，在自身文明的视域以内，中国人就建立了古人称为"天下"的世界情怀，建立起了具有普世色彩的"大同"理想，其中的宽广与远大，在根本上支持着中华民族的生存与发展。今日，肩负新的历史重任的中国当代学者，更应该有一种中国特色的普世理想，发展起来的中国应该对世界对人类有所贡献。我们想表述的是，中国学术之未来，应该有一个更开阔的全球眼光，一个更完整意义上的全球品格，关注的视野应该更全面一些，胸襟与气度更开阔一些，以此来努力锻造我们作为一个文明古国、世界性大国的现代学术品格与敞朗境界，以一种更具学术单纯性与普世性的情怀，涉足、关怀、问鼎一切挑战人类思想险滩、攀越智慧险峰的领域，即便它与我们当下之生活、眼前之发展目标似乎相距甚远，也当远涉重洋、努力求之。①我们希望，在未来的年代，会有越来越多的中国年轻学子向着那"遥远而清冷"之非洲研究学术领域探寻，去拓展出日见广大之中国学术"新边疆"，以中华文明之慧眼识得异域之风光，拾回他乡之珍珠，用以丰

---

① 据说，一千多年前，伊斯兰教先知穆罕默德曾这样说过："学问虽远在中国，亦当求之。"

富现代中国之学术殿堂。

五、非洲研究与中国学术的全球胸襟

一百年前，梁启超在谈到中华与世界之关系时，也曾就中国文明演进之历史形态有一个"三段论"的基本看法。在他看来，中华文明由上古之时迄于秦统一王朝建立之三千年，为"中国之中国"时期。在此阶段，中国文明之存在，尚限于中华之本土，为自生自长之中华文明。由秦汉及于18世纪末期乾隆末年之两千年，是为"亚洲之中国"时期。在此期间，中华文明之存在范围已扩展出中华本土，开始将其影响逐渐波及周边之亚洲各地，成为"亚洲之中国"。而清代乾隆末年之后，中国则进入"世界之中国"的大变革时期，中华文明开始向着"世界之中华"的第三期转变。[1]当时，梁启超曾把这一外力推动下的变革称为中华文明"千古未有之变局"。基于此种对中华与世界关系走向的总体认识，将此古老之中华民族改造为具有世界眼光、对人类命运有所担当的"世界公民"，也成为梁启超心目中的"少年中国"的梦想。[2]

百年过去，梁启超的梦想似乎正在一天天地成为现实。事实上，伴随着当代中国政治经济快速发展与全球化进程，中华文明在承继传统并使之发扬光大的背景下，也进入一个面向外部世界而转型重构的新阶段，中华文明与外部世界的关系结构正在发生历史性的变革，逐渐地成为一种"世界性之文明"。这是一个立根于中华文明包容、开放、理性之传统品质而必然要向前推进的过程，其意义重大而深远。而在这一转变过程中，来自非洲的独特文明，对于遥远非洲的认知与了解，在当代中国人的现代世界图景的构建过程中，正发挥一种特殊的增益作用。

我们说，千百年来，中华文化总体上是在东方世界演进的。国人的思维结构、生活方式、情感表达，总体上已是自成一统，成规成矩，如空气一般自我不觉却时时框定着国人的生命存在状态，影响着国人与外部世界的交往方式。

① 梁启超：《饮冰室合集·文集之六》，中华书局1989年版，第583页。
② 梁启超《少年中国说》："纵有千古，横有八荒。前途似海，来日方长。美哉我少年中国，与天不老；壮哉我中国少年，与国无疆！"

近代以后，因西风东渐与欧式文明洗礼，国人多了一个认知世界的维度，国人的世界观与自我认识为之拓宽和改变。但西方帝国如此强势，相形落后了的中国，于救亡图存之中努力认知西方，移译西学，以为变法求强之路径。百年来，中国人学习西方可谓成效甚大，这一师法欧美的过程本身也便构成中国文明复兴与崛起过程之一侧影。不过，在此过程中，太过强势的西方文明几被国人理解成为一种普适性的世界文明，部分国人更以西式文明为现代文明之同义语，以西式文明之尺度为一切文明之尺度，其结果，是使国人之世界观念于不知不觉中形成了一种"中西二元"维度，向外部世界开放也就几乎成为向西方文明开放。在许多时候，我们所说的"中外文明"已经变成了"中西文明"，所谓进行"中外文明比较研究"，其实是进行"中西文明比较研究"。在很长一段时间中，我们对世界的认知，总体上跳不出这种"中西对比""不中即西"的二元思维结构与对比框架的束缚。

然而，20世纪50年代以后中国与遥远非洲大陆现代关系的建立，以及这种关系在随后年代的不断发展与提升，让国人看到了另一个完全不同的世界，感受到了另一种全然不同的文化。虽然在过去半个世纪里，在西方主导的世界体系中，中国和非洲皆处于相对落后边缘之境地，其文化于世界之影响也呈弱势之态，但中非双方自主交往关系的建立，给了当代中国人另一个观察世界的窗口。这一窗口即便尚小，却也透进了不同的景色。循着这小小窗口，国人得以意识到世界之大，远非中国和西方可包裹全部。

半个多世纪以来，通过与遥远非洲文明的交往，中国人开始切实地感受到全球范围内那些既不属于西方也不属于中国的人类多样性文明与历史形态的真实存在。通过日益增多的多元文明之间的直接交往和由此而来的认知世界的视角变换，中国人对于全球社会和现代性的认知，终于突破了"中西二元对立"的简单思维模式及其偏颇，而开始呈现出新的更加多元、更加复杂也更加均衡的认知取向。事实上，今日之破除"中西二元"史观，与近代早期中华先贤"睁眼看世界"而摈弃夷夏之辨和"天朝中心"之传统史地观念，进而树立五大洲四大洋之新世界史地观，在某种意义上实有异曲同工之妙。而这，正是建构有特色之中国非洲学的特殊意义所在。

六、非洲情怀、中国特色、全球视野：路径与取向

中华文明是在一个极为广阔之疆域上发展起来的多样性和整体性并存的文明，一个由内地汉民族和边疆各民族构成的多民族国家共同体。作为一个疆域辽阔的古老大国，中华文明在历史上之所以得以长期存在与持久繁荣，一个重要原因是它始终以一种包容、持中、理性的文明观念，兼容并包地综合汲取国内数十个民族之文化财富和思想智慧。这一优良传统使中华民族在其漫长历史上形成了一种富于内部凝聚力和外部感召力的多民族国家文化关系结构，一种在多元而差异的自然与文化环境中维持多民族国家长期存在与持久繁荣的政治智慧和国家传统，这正是中华民族传承下来的一笔珍贵历史财富。①

在人类走向21世纪的今天，这一古老传统依然有其独特之价值和意义。在相互依存之全球化时代，没有一个国家和民族可以独享繁荣与太平。从根本上说，作为一个疆域辽阔的世界性大国，今日中华民族复兴大业之最终完成，其内在的方面，需以中华民族内部汉民族与各少数民族之共同繁荣共同发展为基础，而其外在的方面，则需要以开阔之胸襟和多维之眼光，在与东西南北之世界多元文明交流汇合的过程中，锻造中华民族在全球化之时代与世界上所有民族共生共存的能力和品质。

从世界文明和全球历史的时空结构上看，推进古老的中华文明、原生的非洲文明、现代的西方文明这三大文明体系之交流和结合，实有助于为中华文明在当代的自我超越和现代复兴提供一个坚实的三角支柱，一个开阔的三维空间。因为这三大文明形态，中华的、西方的、非洲的，各有其独特之历史背景和发展形态，各有其优长之文化魅力和精神品质，它们提供了最具互补性的文化结构和知识形态。这三大文明之交融互动，正可以为当代中国人提供更平

---

① 对于中华文明之多样性及中华文明区域结构下汉民族文化与边疆少数民族文化之互动问题的比较研究，是笔者从世界范围思考中华文明与非洲文明交流合作的一个相关性维度，参见刘鸿武：《民族文化关系结构的独特性与中国文化的连续性发展》，《思想战线》1996年第2期；刘鸿武等：《中国少数民族文化简史》，云南人民出版社1996年版。

衡、更全面的精神形态和文化模式，使当代中华文明在复兴与崛起过程中，得以在天、地、人的不同层面上，在科学、艺术、自然的不同维度上，实现更好的综合和平衡。①

今天，在经过了漫长岁月的沧桑磨难后，非洲文明依然保持着它的个性和活力，依然作为现代世界文明体系中的重要部分丰富着人类的精神世界。无论人们怎样地轻视非洲，从经济和政治的角度将非洲边缘化，但如果我们这个世界没有非洲，那这个世界一定会"因失去许多的奇异光彩与生命激情而变得更单调乏味"②。实际上，离开非洲文明的元素和贡献，现代世界文明几乎是不可想象的。然而，我们对非洲文明能做何种欣赏，我们能否看重非洲文明的精神价值与生存意义，在很大程度上取决于我们内心有着怎样的感知力，取决于我们内心世界有着怎样的包容度。虽然说从西方现代文明的角度上看，非洲常常被理解为原始的、落后的、不发达的，但从人类文明的本真意义上看，正是因为非洲文明的存在，我们才得以知道人类那不加修凿的本真文明应该是什么样子，我们才得以感受到那让我们心灵自由起来的淳朴生命快乐是什么。非洲艺术的天然品质，非洲音乐的本真美感，都足以冲洗现代物质文明施加在我们心头的铅尘，都足以让我们那被现代都市文明压迫而扭曲的精神生命重新伸展开来。

时代环境的变革为中非合作关系跃上历史新高提供了机遇，也为中国的非洲问题研究提供了广阔的社会基础与发展条件。在此过程中，我们认为，"非洲情怀、中国特色、全球视野"这三个层面的有机结合与互为补充，"承续中国学术传统、借鉴国外研究成果、总结中非关系实践"三个维度的综合融通与推陈出新，或许可以作为未来时代中国之非洲学建构过程中努力追求与开拓的某种学术境界和思想维度，某种努力塑造的治学理念和学术品质。③

所谓"非洲情怀"，是想表述这样一种理念，即但凡我们研究非洲文明，认知非洲文化，理解非洲的意义，先得要在心中去除对非洲之偏见与轻视，懂

---

① 关于非洲本土知识系统及传统文化的现代价值与意义，参见刘鸿武等：《基于本土知识的非洲发展战略选择——非洲本土知识研究论纲（上、下）》，《西亚非洲》2008 年第 1—2 期。
② W. Beby. *African Music: A People's Art.* Lawrence Hill，1975，p.29.
③ "非洲情怀、中国特色、全球视野"是浙江师范大学非洲研究院追求的治学风格与治学境界。

得这块大陆之人民，数千年来必有不凡之创造、特殊之贡献，必有值得他人尊重之处。19世纪中叶，魏源遥望非洲而告诉国人，非洲之"天文历算灵奇瑰杰，乌知异日不横被六合，与欧罗巴埒欤"，此番情怀，足显中华贤哲于世界大势之开阔视野与历史情怀。对非洲人民和他们创造的历史文化，我们当怀有一份"敬意"与"温情"，一份"赏爱之情"与"关爱之意"。或许，有了此般非洲情怀，有了此般非洲情结，方能在非洲研究这一相对冷寂艰苦的领域有所坚持、有所深入，才愿意一次次地前往非洲，深入非洲大陆，做长期而艰苦的田野调查、实地研究，以自己的切身经历和观察去研究非洲，感悟非洲文明的个性与魅力。而所谓"中国特色"，在于表明，今日中国对非洲之认知，自当站在中华文明的深厚土壤上，站在当代中非合作关系丰富实践的基础上，秉持中华文明开放、包容、持中之传统，以中国独特之视角、立场与眼光，来重新理解、认知非洲文明及当代中非关系。这种立场，一方面需要了解和借鉴西方对非洲认知的成果，尊重西方学者过去百年创造的学术成果，但也不是简单地跟在西方的后面，如鹦鹉学说他人言语。毕竟，作为中国人，若要懂得非洲文明，也必得对中华文明个性、对中国学术传统有一份足够的理解和掌握，知己知彼，并有所比较，看出中国文明与非洲文明之何异何同、共性与个性。而所谓"全球视野"，是说在今日之世界，我们无论是认知非洲文明，还是认知中华文明，自然都不可只限于一隅之所、一孔之见，既不只是西方的视角，也不局限于中国的眼光，而是应有更开阔的全人类之视野，有更多元开放的眼界，在多维互动、多边对话的过程中，寻求人类之共同理想和普遍情感。

更为具体言之，中国的非洲认识和研究，或者说其"中国特色"，可以分为三个不同但相互关联的层次：第一个层次是服务于并产生于国家和人民之间了解交往的一般知识，如非洲的自然地理、国家与人民、历史与文化、风土与人情及与中华文明的比较等一般知识；第二个层次是为现实的中非合作与交流服务的关于非洲的政治、经济、社会、文化、国际关系等的专门的理论研究和政策研究；第三个层次是在"社会科学发展"一般意义上的非洲学术研究。三个层次中，第一个层次的知识属于感性的层面，它们是具有普遍性的全球知识的一部分，在这一层面上，中国的非洲认识是全世界的非洲认识的一部分；第二个层次则是时代的和专属的，它针对并服务于中国的对外开放和中国的和平发展战略，服务于中非合作发展的战略关系，具有特定的现实意义；第三个层次则是纯粹知识和科学层面上的，具有最为一般性、学术性、个体性的纯粹知识与思想形态的研究。加强这一部分的研究，正是当代中国文明及当代中国社会科学获得现代性发展的内在要求，也是有效克服百多年来引导同时也束缚中国学术思想发展的"中西二元"思维惯性及相应的"古今中西"狭隘框架的现实途径，是中国思想界从根本上建立自己的现代性知识话语体系，实现与他人平等对话交流所必需的知识平台。

当今时代，世界历史进程正进入一个新的大变革时期。我们有理由相信，当代中非关系之发展，当代中非文明对话与合作事业的持续推进，必将作为具有中国特色的外交与国际合作实践的一个重要方面，从人类社会发展与全球体系变革的深层意义上引导中国学人思考如何在更广泛的层面上推动当代中国国际关系学、外交学、世界史学及发展理论和国际合作理论诸学科的变革与创新。

原　序

　　本书是一部促进非洲经济增长与创造就业机会的指南。逢很多非洲国家仍然贫困，必须为逐步扩大的人口规模及大量待就业的年轻人做好准备之时，尤其需要这样一幅蓝图。

　　我们对非洲国家的前途充满希望，但前提是现在要做出艰难的决定。非洲各国政府与领导人想要应对即将到来的人口爆炸问题，必须改变"一切如常"的老做法。改革，需要从根本上改变非洲经济体的运作方式。这意味着需要国际贸易与资本投入而不仅是援助和开放，要依靠企业而非个性化制度及恩惠制度，政府应以发展私营部门而不是公共部门的再分配为目标。要付诸这些行动的原因在于，在人口大潮淹没非洲社会之前创造就业机会已迫在眉睫。

　　尽管非洲大陆在21世纪初实现了约5%的了不起的经济增长率，但该大陆的经济情况没有足够改观。经济增长在很大程度上不是治理、改善的结果，而是因为中国等国家需求飙升所带动的大宗商品价格的大幅上涨。

　　现在，随着大宗商品价格下跌，人们对非洲国家在"美好时代"未能对其政治与经济治理进行足够的改革表示担忧。如沃伦·巴菲特的名言，"只有当潮水退去，才会发现谁在裸泳"。

　　这不仅仅关乎经济增长。衡量非洲改革成功的另一个标准是社会稳定。1990年以来，在全世界与冲突有关的死亡中，非洲所占的比例达2/3。[①]贫困人

---

① 自1990年以来，非洲共发生过630次冲突。Paul Williams. "Conflict in Africa: Why it persists". African Centre for Strategic Studies, 2016-10-24.

口仍在我们身边，超过40%的非洲人生活在极度贫困中。①

　　尽管存在上述事实，但时至今日，有证据表明，非洲很难改变旧有的经济运行方式。这种惯性反映了当代非洲民主的倒退与治理不善——即使政府高效运行，也只是为了某一个精英。②在这种情况下，保持现状的利益超过了国家经济自由化的动力，因为精英们很容易操纵或阻碍国际社会等鼓励经济变革的措施的实施。

　　不过，那些今天已经认识到有必要做出改革的领导人，将来一定会因为他们为国家带来的繁荣与稳定而声名显赫。同时，那些坚持走老路的统治者则会看到国家更加贫困，他们的统治也会受到威胁。年轻人因看不到未来，在几周的时间内就推翻了领导人，使国家陷入瘫痪的"阿拉伯之春"（Arab Spring）凸显了这种紧张关系快速的溢出效应，甚至造成政治崩溃。移动通信的大范围使用使权力越来越掌握在公民手中，这种威胁变得尤其严重。

　　非洲的"失败国家"在全世界最多，如果非洲各国的领导人不采取措施应对人口大规模增长带来的挑战——伴随制度崩溃而产生的民不聊生与社会动乱，那么这一数字仍将变大。非洲国家还面临着其他严峻的挑战，包括应对气候变化，提高妇女地位以降低性别不平等，等等。只有国家经济实现增长，创造更多就业岗位，这些问题才能得以解决。否则，人口危机将变成吞噬一切的恶魔和阻挡所有道路的拦路虎。

　　本书以12年前布伦舍斯特基金会成立起至今我们在非洲各地的田野调查为基础，以始于2014年大宗商品价格大幅下降之后的研究为重点。书中利用统计分析与案例研究的方式分析了非洲要实现繁荣所面临的挑战，以及世界其他地区成功减贫所实施的战略。书中详尽分析了非洲国家领导人在促进国家发展过程中将面临的各种挑战。我们认为，将非洲的情况与国际上的成功案例进行对比具有重要意义，因为我们所列举的这些不断进步的国家可以成为非洲的榜样。后殖民时期非洲政府的急剧衰败源于其僵化的发展战略。应将非洲所面临的挑战以通行的原则与实践予以理解，非洲的问题绝非孤立的、特别的问题。

---

① World Bank. "While poverty in Africa has declined, number of poor has increased". http://www.worldbank.org/en/region/afr/publication/poverty-rising-africa-poverty-report. (2016-12-01)
② 感谢菲利普·卡特（Phillip Carter）大使的真知灼见。

毕竟亚洲与拉丁美洲不久前也面临着与今天的非洲十分相似的困境。不论是制定工业化政策抑或通过发展实现社会公平，非洲都不能闭门造车，可以向他者学习的地方很多。

本书根据不同部门设计如下领域：矿业、农业、基础设施建设、服务业和制造业等。这种以发展领域为基础的分析具有重要意义，因为一国的治理情况是不同领域的大量决策的集合。通过分析整个非洲地区经济发展所面临的共同挑战，很容易发现国家行为是如何影响经济发展的。本书所分析的均为非洲最重要的领域。本书全面分析了非洲最古老、最传统的部门，以及企业家利用最新技术参与其中的领域等诸多重要方面。

在每一章的开头，我们都会对非洲国家取得成功的关键步骤，将面临的挑战与机遇做一个简介。结语章节将把针对所有部门的建议整合在一起，为非洲领导人提供一个综合性规划。

这种布局及提出对策的写作方式反映了作者的多样性。写作团队中，格雷格·米尔斯与杰弗里·赫伯斯特是长期合作者。另一位合作者迪奇·戴维斯少将拥有30多年为政治领导人出谋划策的经历，其中大部分是在波斯尼亚与阿富汗等艰难环境中。结束军旅生涯后，他将大部分精力投入撒哈拉以南非洲事务。最后，相比非洲其他在世的领导人，尼日利亚前总统奥卢塞贡·奥巴桑乔在应对棘手的挑战方面无疑拥有更多的经验。

2016年8月，我们参加了康拉德·阿登纳基金会（Konrad Adenauer Stiftung）主办的为期2天的研讨会，受益匪浅。30多名来自非洲及在该大陆诸多不同领域有丰富经历的政府官员、学者和私营部门主管回顾了非洲的发展状况，并提出了很多重要的观点与建议，极大地丰富了我们的研究。尽管我们对他们所提的所有观点并未全部认同，但此次集中研讨会强化了我们的观点：如果非洲领导人能做出必要的艰难决策，那么非洲有宝贵机会实现重大发展与减贫；反之，如果不采取重大措施，则非洲国家将面临反乌托邦的未来。

致 谢

　　2005年，奥本海默家族创立了布伦舍斯特基金会，提高非洲之经济效益为创立该基金会的宗旨，我们均加入了该组织。本书所载的诸多经验与教训均取材于非洲，以确定国际上的最佳实践，提出可行的政策措施。

　　在布伦舍斯特基金会，我们有幸与众多英才一同撰写本书。他们的睿智、活力、专业与正直激发我们将这些词句付梓。

　　尼基（Nicky）、乔纳森（Jonathan）与詹妮弗·奥本海默（Jennifer Oppenheimer）为基金会及本书的写作给予了一贯宝贵的支持。基金会的曼德拉·梅切尔会员（Mandela Machel Fellow）和项目投资者恩奇穆亚·"礼物"·哈姆科玛（Nchimunya "Chipo" Hamukoma）一直为本书提供所需要的参考资料和图表。海龙·哈佳德（Ghairoon Hajad）为我们提供了宝贵的后勤服务。基金会长期的制度性合作伙伴康拉德·阿登纳基金会友好地承办了一次研讨会，对本书的早期草稿进行了讨论。对于在举办研讨会过程中起到组织作用的会场科里纳别墅（Villa La Collina）的工作人员，以及霍尔格·迪克斯（Holger Dix）、特伦斯·麦克纳米（Terence McNamee）、莱拉·杰克（Leila Jack）和安德里亚·奥斯泰默（Andrea Ostheimer），我们感激之至。

　　伊夫兰阿可汗旺大学（Al Akhawayn University）校长德里斯·瓦乌瓦查（Driss Ouaouicha）博士，亲切地组织并陪同我们在摩洛哥开展研究计划。大卫（David）、维琪（Vicky）、彼得（Peter）与劳伦·霍西（Lauren Horsey）慷慨地邀请我们住在他们在肯尼亚的家，忍受我们这些研究人员懒洋洋地躺在沙发里连续打字数小时。约翰·科利亚斯（John Kollias）为我们提供了技术作用方面的有用材料。奥利·斯特恩（Olly Stern）为我们安排伦敦的行程，使我们得以了解投资决策背后的原因。克里斯托弗·克拉彭（Christopher Clapham）一如既往地为我们提供撰写材料的住所，令我们有宾至如归的感觉。而莱亚·怀特（Lyal White）则是我们在拉丁美洲遇到的一位慷慨的旅行伙伴。在越南和菲律宾期间，托马斯·维斯特（Thomas Vester）和达菲德·刘易斯（Dafydd Lewis）为我们安排了非常精彩的行程。在新加坡及印度尼西亚期间，巴里·戴斯克（Barry Desker）大使、哈利·萨利普丁（Hery Saripudin）和普拉多诺·安因蒂托（Pradono Anindito）也同样令我们的行程意义非凡。在利隆圭期间，从安排实地考察、组织召开研讨会到维修坏掉的车轮，罗德·海格（Rod Hagger）无不尽心尽力，而为确保我们在赞比亚数月中的安全，保罗·诺曼（Paul Norman）、马克·皮尔森（Mark Pearson）和大卫·利特尔福特（David Littleford）的工作同样高效、令人舒适。我们对赞比亚采矿业的深入了解，主要是受益于2016年4月在《赞比西河协议》的签订地——赞比西河皇家小屋（Royal Zambezi Lodge）举行的圆桌会议。保罗·克鲁弗（Paul Cluver）慷慨地把自己的时间给了我们，断绝了与他人的联系，陪着我们在西开普省的农场调研。兰柏·菲克（Lampie Fick）在卡列登也做了同样的工作。乔·西格尔（Joe Siegle）在民主与发展的关系方面为我们提供了独特而有益的见解。布兰科·布尔基奇（Branko Brkic）善意地允许我们复制最初刊印在《异议者日报》（*Daily Maverick*）上的材料，《兰德每日邮报》（*Rand Daily Mail*）的雷·哈特利（Ray Hartley）也是如此。约翰尼·克莱格（Johnny Clegg）不仅花费时间为我们写书评，更为本书开篇提供祖鲁谚语，这句话堪称对作者及领导人所需的坚韧精神的最好诠释。

汤姆·阿尔温都（Tom Alweendo）、艾萨克·库西·菲利普·卡特（Isaac Kgosi Phillip Carter）、费德勒·萨拉索罗（Fidèle Sarassoro）和艾哈迈德·夏尔（Ahmed Shire）充满善意地帮我们安排采访纳米比亚总统、科特迪瓦总统、博茨瓦纳总统及埃塞俄比亚总理。路易斯·皮纳尔（Louis Pienaar）大使、达汉·艾哈迈德·马哈茂德（Dahan Ahmed Mahmoud）大使、安东尼·穆库图玛（Anthony Mukutuma）和马特·帕斯卡尔（Matt Pascall）在我们于2016年10月赴毛里塔尼亚的努瓦克肖特调研期间也给予了热心接待。

在本项目中，塔弗伯格的吉尔·穆迪（Gill Moodie）和艾丽卡·乌斯图森

（Erika Oosthuysen）是令我们十分放心的两位同事，而马克·罗南（Mark Ronan）的编辑工作同样出色。

本书还配有歌曲《非洲妈妈》（*Mama Afrika*），由罗宾·奥德（Robin Auld）演唱，格雷格·米尔斯（Greg Mills）作词。可在布伦舍斯特基金会网站 www.thebrenthurstfoundation.org 下载。

最后，当然并非最不重要的，我们各自的家人无私鼓励我们"完成此工作"，并让我们有时间和空间为之！

OO，GJBM，JIH，RRD

阿贝奥库塔、约翰内斯堡、华盛顿及马尔堡

缩略语

ADMARC：Agricultural Development and Marketing Corporation（农业发展和市场营销公司）

AGOA：African Growth and Opportunity Act（非洲增长与机遇法案）

APRM：African Peer Review Mechanism（非洲互查机制）

AU：African Union（非洲联盟）

BEAC：Botswana Economic Advisory Council（博茨瓦纳经济咨询委员会）

BSGR：Beny Steinmetz Group Resources（贝尼斯·坦恩梅茨集团资源公司）

BRT：bus rapid transport（快速公交系统）

CAR：Central African Republic（中非共和国）

CBD：Central Business District（中央商务区）

CEO：Chief Executive Officer（首席执行官）

DRC：Democratic Republic of the Congo（刚果民主共和国）

DTC：Diamond Trading Company（Botswana）（博茨瓦纳钻石贸易公司）

ET：Ethiopian Airlines（埃塞俄比亚航空公司）

EU：European Union（欧洲联盟）

FAO：UN Food and Agriculture Organization（联合国粮食及农业组织）

FDI：Foreign Direct Investment（外国直接投资）

GDP：Gross Domestic Product（国内生产总值）

GMO：Genetically Modified Organism（转基因生物）

ICMM：International Council on Mining and Metals（国际采矿及金属协会）

IMF：International Monetary Fund（国际货币基金组织）

IPO：Initial Public Offering（首次公开募股）

IPPUC：Instituto de Pesquisa e Planejamento Urbano de Curitiba
（Curitiba Institute of Urban Planning and Research）（库里蒂巴城市规划研
究院）

MIT：Massachusetts Institute of Technology（麻省理工学院）

NAFTA：North American Free Trade Agreement（北美自由贸易协议）

NGO：Non-governmental Organisation（非政府组织）

OECD：Organization for Economic Cooperation and Development（经济合作与
发展组织）

PAN：Partido Acción Nacional（National Action Party，Mexico）（墨西哥国家
行动党）

PRI：Partido Revolucionario Institucional（Institutional Revolutionary Party，Mexico）
（墨西哥革命制度党）

SAA：South African Airways（南非航空公司）

SADC：Southern African Development Community（南部非洲发展共同体）

SOE：State-owned Enterprise（国有企业）

SWAPO：Southwest African People's Organization（西南非洲人民组织）

SWOT：Strengths and Weaknesses；Opportunities and Threats（优势、劣势、机
会与威胁）

UAE：United Arab Emirates（阿拉伯联合酋长国）

UN：United Nations（联合国）

UPND：United Party for National Development（Zambia）（赞比亚国家发展联
合党）

ZNBC：Zambia National Broadcasting Corporation（赞比亚国家广播公司）

lim' uze ushay' etsheni!

非遇巨砾，莫歇耕事！

（祖鲁谚语）

目 录
CONTENTS

引　言

除非立即巩固民主，采取经济自由化政策，实施有利于投资人的发展与基础设施建设的政策，以及确保法治，否则非洲的未来将困难重重，甚至会多灾多难。

在一代人的时间里，撒哈拉以南非洲的人口数量将翻一番，达到20亿。因此，如果不采取果断的行动鼓励长期投资，该大陆将无法承受人口增长的压力，城市尤其如此。不过，如果采取恰当的政策与制度化行动，则将有助于为高速增长的人口红利创造条件。

东方大道展现了非洲所面临的挑战，该大道始自赞比亚靠近马拉维边境的奇帕塔镇（Chipata），延伸至赞比亚首都卢萨卡。该国道的路况令人痛心，尽管距奇帕塔570公里的路段多得以修复，交通速度也因此得以提高，但仍旧是四轮与两轮汽车、拖拉机、卡车、羊群、牛群、牛车、驴车、行人、狗，甚至助残车的"碰碰车游乐场"。行走在这条路上，我们为躲避不时出现的羊群而走走停停不下20次，后来就没有再数。

该道路向下延伸至卢安瓜河，且架设了长达222米的大吊桥，这也给卡车增添了困扰。吊桥西段由英国人援助修建，以纪念1968年肯尼思·卡翁达（Kenneth Kaunda）就任总统。身着细条纹服装的准军事部队在吊桥上担任交通警察，每次只允许一辆卡车通过。这些车上主要装载供应赞比亚与刚果民主共和国的加工食品与燃料，有的车身上印着《圣经》经文等鞭策性语句，如"只有上帝知道"、耐人寻味的"第三垒"等。

该道路折射了赞比亚的现状。赞比亚人口数量不断增加，且人们多涌向城市。到2030年，赞比亚的人口将从目前的1600万增至2500万。越来越多的人将被吸引到城市地区，原因在于，尽管赞比亚土壤肥沃，但农业的潜力始终未得到挖掘，这不仅仅是由于政府对玉米定价的干预，还因为农民没有土地使用权、物流运输困难、运输成本高等。

卢萨卡只能容纳100万人，如今生活在此的人却达250万之多，且如果按照目前的速度增加，则15年的时间里还要翻一番。未来数年时间里，谁能够为寻找工作的年轻人提供就业岗位？

赞比亚尚未找到答案。两轮车运输是首任总统肯尼思·卡翁达的一项举措，旨在通过创造若干国内新产业，刺激经济多样化发展，其中就包括位于奇帕塔的生产鹰牌自行车的卢安瓜实业公司（Luangwa Industries）。赞比亚曾生产三菱卡车与汽车，装配菲亚特、标致和路虎等品牌的汽车，曼萨（Mansa）生产电池，卡皮里姆波希（Kapiri Mposhi）与卡布韦（Kabwe）生产玻璃和服装，尼伦噶（Mwinilunga）加工凤梨罐头，芒古（Mongu）加工腰果。邓禄普公司（Dunlop）曾经在恩多拉（Ndola）生产轮胎，并在该地区销售；思利斯公司（Serioes International）曾生产品牌服装并出口到英国和德国；利华兄弟公司（Lever Brothers）、强生公司（Johnson & Johnson）及高露洁公司（Colgate-Palmolive）曾在此生产日用商品及化妆品；国际电话电报公司超音速（ITT Supersonic）曾在利文斯敦（Livingstone）生产电视机和收音机。

然而，尽管赞比亚工业发展水平曾经在撒哈拉以南非洲地区仅位列津巴布韦与南非之后，但是到2016年，只有少数工业尚存。奇帕塔自行车厂已变成一个啤酒仓库，利文斯敦摩托车装配厂（菲亚特公司曾经在世界上仅设的7家装配厂之一）变成了一家小型木材厂，卡布韦的穆隆古希纺织厂沦为猪舍，而卡富埃纺织厂则成了玉米储藏室。随着政府的工业发展公司（为实施进口替代性工业战略而设立的中心代理）关税保护及税收优惠被取消，这些公司也撤离了。

赞比亚对工业化的尝试不仅受到了缺乏竞争力、市场规模过小的限制，也因同时实施的基础产业的国有化而受阻。1968年4月，卡翁达宣布，国家将对所有私营零售业、运输业及制造企业予以控制，这就是人们所称的"穆隆古希改革"（Mulungushi Reforms）。18个月后，赞比亚又实施了"马泰罗改革"（Matero Reforms）。根据该改革方案，政府将收购英美公司（Anglo American Corporation）及罗恩精选托拉斯（Roan Selection Trust）等时存矿业公司51%的股份。1973年，两家公司完全被收归国有，被并入国有企业——赞比亚联合铜矿公司（Zambia Consolidated Copper Mines, ZCCM）。当年，赞比亚矿山出产了至少72万吨铜，受雇者达4.8万。

然而时过境迁，由于国家管理不力，赞比亚铜业衰竭，国家经济也随之崩溃。正如第五章将进一步解释的那样，2000年，赞比亚联合铜矿公司的产铜量降至25.7万吨，受雇者仅有2.1万。矿业对国家经济的贡献率从1973年的1/3降至30年后的不足8%，后来逐渐有所恢复。

同时，赞比亚无力发展可雇用新工人的其他产业。例如，世界银行于1966年指出："（赞比亚）农业尚有相当大的挖掘潜力，旅游业进一步发展的空间也很大。"[1]正如第四章将介绍的那样，这在今天仍是个令人痛心的情况——一种潜力、一个承诺而已，终未付诸实践、有所进展。

另外，由于相关规定变化无常，许可文化（permit culture），以及前往赞比亚或周游全国的成本（高）、难度（大），半个世纪之后，本可以创造大量就业机会的旅游业也萎靡不振。赞比亚的潜力很少得到挖掘，只有国家公园在一定程度上有所发展。因此，尽管赞比亚对包括世界七大自然奇观之一的维多利亚瀑布在内的旅游资源给予了特别投入，但全国每年接待的国际游客最多只有15万。

尽管如此，赞比亚仍是非洲进入21世纪后非洲经济增长的典范，其经济自2004年起以每年7%的速度增长。人们认为，赞比亚的经济表现或因治理与政策未得到改善而出现衰退。当铜价下跌，经济增长随之放缓，这种效应更因税收政策前后矛盾、政府挥霍无度而恶化。2015年，赞比亚经济增速降至3%。[2]这一增长率仅可以维持当下的人均收入水平，而对于将于未来数年内寻找工作的大量年轻人的就业需求来说是完全不够的。

赞比亚所面临的特别挑战是整个非洲大陆面临的共同问题的例证。

非洲的现实

过去20年，非洲经济获得了前所未有的增长，至少打破了后殖民时期的记录。1995年以后，撒哈拉以南非洲的地区生产总值年均增长率达4.3%，比此前20年的水平高出3个百分点。[3]人民的实际收入水平因此大幅提升，如年人

---

[1] World Bank. *Current Economic Position and Prospects for Zambia*. Washington D.C.: World Bank Group, 1966, p.ii.

[2] 参见赞比亚世界人口金字塔，https://populationpyramid.net/zambia/2030/.（2016-12-01）；Zambian Association of Manufacturers. "Bringing back the 'glory days' of Zambian manufacturing". The Bulletin and Record, 2012, p.14—15; D. Limpitlaw. "Nationalisation and mining: Lessons from Zambia". The Southern African Institute of Mining and Metallurgy, 2011, p.111; World Bank. "Zambia, Overview". http://www.worldbank.org/en/ country/zambia/overview.（2016-12-01）

[3] Steven Radelet. "Africa's rise – interrupted?". *Finance & Development*, 2016, 53(2).

均收入从1994年的726美元提高到了2005年的984美元。[①]

不过，这一增长率并非普遍见于整个非洲大陆。有8个国家的人均收入实际上是下降的，尤以津巴布韦30%的下降水平为甚。此外，非洲的经济增长并不像其他地区那样惠及贫困人群。在世界其他地区，人均消费水平每提高一个百分点，贫困率就会下降2%，反观非洲，这种增长所带来的贫困率下降仅为0.69%。[②]出现这种情况在一定程度上与非洲经济增长的来源有关，即主要依靠采掘业（石油、天然气和矿产资源），而不是农业或制造业。

这种情况反映了人们获得金融、教育、医疗等基本服务的巨大差距，正规就业的发展前景也千差万别，包括在农村与城市地区定居。贫困水平下降缓慢在一定程度上也与贫困人群缺乏适当技术及缺失培养其技能的必要制度有关。撒哈拉以南非洲的小学入学率已由1970年的不到70%提高到了如今的100%，从该地区的水平与全世界平均水平的比率来看，则从略高于60%，提高到了90%。高文盲率导致了这一人群在经济生产与社会生活中普遍被边缘化，健康与营养水平每况愈下也与之相关。尽管官方公布的整个撒哈拉以南非洲的失业率为8%，仅略高于6%的全球平均水平，[③]但实际的失业率要高很多。官方数据中很多就业人员是个体经营户或从事收入很低的工作。非洲人工作是为了生存，总体很贫困。[④]

此外，由于大宗商品价格降低、世界市场前景不明，（非洲的）美好时代已告终结。据预测，撒哈拉以南非洲2016年的经济增长率为1.4%，[⑤]连2015年3.5%的一半都不到，更远远低于此前20年期间的增长率。[⑥]

大宗商品价格暴跌之前，观察人士普遍大呼非洲"正在前进"或援引当时

[①] 按实际（2005年）人均国民总收入计算。World Bank. "Sub-Saharan Africa". http://data.worldbank. org/region/SSA.（2016-12-01）

[②] World Bank. http://www.worldbank.org/content/dam/Worldbank/document/Africa/Report/Africas-Pulse-brochure_Vol7.pdf.（2016-06-20）

[③] World Bank. http://data.worldbank.org/indicator/SL.UEM.TOTL.ZS.（2016-12-01）

[④] World Bank. http://documents. worldbank. org/curated/en/2014/01/18829981/youth-employment-sub-saharan-africa-vol-1-2-overview.（2016-12-01）此外，参见http://www.brookings.edu/blogs/africa-in-focus/posts/2014/08/12-youth-unemployment-africa-mcarthur.（2016-12-01）

[⑤] 2016年，撒哈拉以南非洲的实际经济增长率为1.3%。（译者注）

[⑥] Abdi Latif Dahir. "It's bleak: Africa is in a slump for the first time in twenty years". Quartz Africa, 2016-10-11, http://qz. com / 806292 / imf-sub-saharan-africasgdp-economic-growth-will-fall-to -its-worst-level-in-two-decades/.（2016-12-01）

的评价——"如日中天"。①鉴于绝望之霾时常笼罩该大陆，因此受狂妄、信仰及趣闻的共同作用，即使小小的产业获得了快速发展，亦可为非洲点燃希望的灯火，这不足为奇。例如，《经济学人》曾撰文称："非洲的12亿人口……孕育了许多希望。他们很年轻：除南非外，撒哈拉以南非洲各国人口的平均年龄均在25岁以下。他们的受教育水平比以前有所提高：今天，除少数沙漠国家外，撒哈拉以南非洲国家年轻群体的识字率均超过了70%。"该文章认为，"内罗毕（Nairobi）购物商场的繁荣与阿比让（Abidjan）港口的忙碌景象"，以及冲突的减少与医疗条件的改善即可为证。②

尽管非洲的贫困率已从1994年的61%降至20年后的43%，③但非洲的极度贫困人口在全世界所占的比重高达50%左右，世界的"脆弱国家"也多在非洲。尽管他们实施了些许改革，并获得了轻微效果，希冀弥补20世纪60—80年代所遭受的损失，但是非洲仍任重道远。世界银行早在2000年论及非洲问题时即估计，"随着该地区人口的快速增长，仅为控制贫困人口数量的增加所需要的年均经济增长率就高达5%，如果想要实现极度贫困人数于2015年减半，年均地区生产总值增长率需超过7%，且收入分配应更加合理"。④

即使在大宗商品价格暴跌之前，非洲大多数国家的收入结构也并没有重大变化。《经济学人》指出⑤，"大约90%的非洲人每天的生活费仍低于10美元"，而"日消费水平在10—20美元的中产阶级的比重仅从2004年的4.4%上升至2014年的6.2%"。此外，"在这10年间，上层阶级（日消费水平为20—50美

---

① 这是许多关于非洲的图书的主题，包括：Vijay Mahajan. *Africa Rising: How 900 Million African Consumers Offer More Than You Think*. US: Prentice Hall, 2008; Kingsley Moghalu. *Emerging Africa: How the Global Economy's "Last Frontier" Can Prosper and Matter*. London: Penguin, 2014; Charles Robertson. *The Fastest Billion: The Story Behind Africa's Economic Revolution*. London: Renaissance Capital, 2012; Kevin Bloom and Richard Poplak. *Continental Shift: A Journey into Africa's Changing Fortunes*. Johannesburg: Jonathan Ball, 2016.
② The Economist. "1.2 billion opportunities". 2016-04-16, http://www.economist.com/news/special-report/ 21696792-commodity-boom-may-be-over-and-barriersdoing-business-are-everywhere-africas. （2016-12-01）
③ CNBC Africa. "One million people out of poverty in Rwanda". 2016-06-30, http://www.cnbcafrica. com/video/?bcpid=1572473874001&bckey=AQ~~,AAABbeppM1E~,YSfB5eRxPEbUu52DyyunfxqhQ1KV6HP4 &bctid=5012356830001. （2016-12-01）
④ World Bank. "Can Africa claim the 21st century?". http://go.worldbank.org/Z7KUASD0N0. （2016-12-01）
⑤ The Economist. "Africa's middle class: Few and far between". 2015-10-24, http://www.economist.com/ news / middle-east - and-africa / 21676774-africans-aremainly-rich -or-poor-not-middle-class-should-worry. （2016-12-01）

元）的比重从 1.4% 上升到了 2.3%"。文章还指出："除将中产阶级日消费水平定为 15—115 美元的南非外，撒哈拉以南非洲的 11 个较大经济体中，只有 1500 万个中产阶级家庭。"

非洲于 21 世纪初所出现的经济增长水平的提高堪称了不起的成就。然而，非洲希望实现未来的可持续发展还任重道远，尤其是 21 世纪初大宗商品市场繁荣的景象已不大可能重现。①而整个非洲人口数量激增将导致其经济增长更加艰难。

人民：非洲所面临的根本挑战

本书提出了非洲所面临的最根本问题，以及事关世界减贫的重大问题。非洲可以向东亚学习，大幅减少低收入人口的数量，如其他曾被认定为没有希望的国家近年来那样，取得降低婴儿死亡率，改善儿童与成人健康状况，提高教育与生活水平等成绩吗？更重要的是，鉴于非洲大陆的人口将出现激增，可以为由此导致的数量庞大的年轻人提供充足的就业岗位吗？

我们认为，为了使非洲国家为即将到来的人口现实做好准备，必须现在就回答这些问题。如果非洲领导人等到人口已经大幅增长时再思考对策，对于无业人民而言已为时过晚。到 2050 年，非洲人口数量将翻一番，达到 24 亿。联合国指出，2015—2050 年，非洲的人口增量在全世界人口总增量中所占的比重将超过 1/2。几乎所有的新增人口均发生在撒哈拉以南非洲的 49 个国家，届时其人口规模将达到 20 亿。本书将重点聚焦这一人口现象。②事实上，即使是人口规模快速膨胀的亚洲，对非洲的人口规模来说也只是小巫见大巫：到 2050 年，亚洲的人口数量将是其 1950 年规模的 3.7 倍，而到 2100 年，非洲的人口规

---

① 2014 年，撒哈拉以南非洲的地区生产总值增速从 2013 年的 4.2% 升至 4.6%，但低于 2002 年至 2008 年 6.4% 的平均水平。参见 http://www.worldbank.org/content/dam/Worldbank/GEP/GEP2015b/Global-Economic-Prospects-June-2015-Sub-Saharan-Africa-analysis-pdf.（2016-12-01）
② 了解这些增长的详细信息，参见 http://www.un.org/en/development/desa/news/population/2015-report.html；https://africacheck.org/factsheets/factsheet-africas-population-projections/；https://esa.un.org/unpd/wpp/publications/files/key_findings_wpp_2015.pdf.（2016-12-01）

模将是其2000年水平的5.18倍。①

瑞典统计学家汉斯·罗斯林（Hans Rosling）指出："非洲人口正在增长的原因与欧洲、美洲及亚洲人口先后增长的原因相同，即人口处于大量新生命诞生与诸多现存者临死的阶段。随后，死亡率将下降，而一段时期后，出生率也会降低。"②

非洲人口的增加与世界其他地区人口的减少形成了对比，这意味着该地区的人口年龄层将越来越分化。非洲（人口）将比世界其他地区更年轻化。《经济学人》指出："非洲人在世界年轻人口中所占的比重将越来越大：到2100年，在全世界年龄低于14岁的人群中，非洲所占的比重将达到48%。"③或者换一种说法，世界上10个最年轻国家均位于非洲。④

由于出生率高、平均寿命短，尼日尔是非洲乃至世界上人口年轻化程度最高的国家，平均年龄只有14.8岁，是全球平均数值29.6岁的一半。尼日尔的平均生育率为7.6%，全球水平为2.5%，而该国的平均寿命只有58岁。乌干达是全世界人口年轻化程度第二高的国家，乍得则以平均年龄16岁的水平排在第三位。

相比之下，世界多数其他地区的人口则正在逐渐老龄化。2015年，60岁以上的人群在全世界总人口中所占的比重为12%。按照目前每年3.2%的人口增速计算，到2050年，除非洲外，世界其他主要大陆60岁以上的人在总人口中所占的比重将接近1/4，甚至更高。

如能适当利用、合理规划，则非洲人口的增长以及由此产生的年轻群体比重的提高将成为社会变革的巨大动力，可以有机会弥补劳动力缺口（世界其他地区曾出现过类似的情况，即老龄人口国家可提供更多就业机会）。随着每年

---

① Max Fisher. "The amazing, surprising, Africa-driven demographic future of the earth, in 9 charts". *The Washington Post*, 2013-07-16, https://www.washingtonpost.com/news/worldviews/wp/2013/07/16/the-amazing-surprising-africa-driven-demographic-future-of-the-earth-in-9-charts/? utm_term= . 31a6a7c11bc5. （2016-12-01）

② http://www.bbc.com/news/world-africa-34188248.（2016-12-01）

③ The Economist. "The young continent". 2015-12-12, http://www.economist.com/news/briefing/21679781-fertility-rates-falling-more-slowly-anywhere-else-africa-faces-population.（2016-12-01）

④ World Economic Forum. "The world's 10 youngest populations are all in Africa". https://www.weforum.org/agenda/2016/05/the-world-s-10-youngest-countriesare-all-in-africa/.（2016-12-01）

1000万—1200万年轻人进入劳动力市场，60%的非洲人口及45%的劳动力将低于25岁。到2015年，年轻人在非洲总人口中所占的比重超过了75%，且据预测，这一比重在一代人甚至更长的时间里不会下降。例如，世界银行估计，2011—2030年，人口红利可为非洲带来11%—15%的地区生产总值增长。但是这种增长有赖于教育与技术水平的提高，雇用年轻人的适当的基础设施与体制的建设，以及使一切变为现实的高效政府的建立。

如果不能做好上述规划，制定一系列有利于发展的政策，那么就会造成人口灾害、社会动荡，以及越来越多人口在非洲内部或向欧洲等地迁移。而这一抉择权掌握在非洲政策的制定者手中。

一个棘手的问题是未来几年时间里即将成年的大量年轻人需要工作。

国际货币基金组织（International Monetary Fund，IMF）预测，为最大限度利用人口激增所产生的福利效应，到2035年为止，非洲平均每年需要创造1800万个高生产率的工作岗位。年轻人口的激增产生了一种极高的甚至前所未有的岗位提供速度。IMF同时指出，在此期间，相关国家需要制定相应政策，使非正规行业的工作岗位逐渐向正规行业转化。2015年，在撒哈拉以南非洲低收入国家的4亿个就业岗位中，此类岗位所占的比重约达90%。[1]

但非洲的就业创造水平尚未跟上人口出生速度。例如，《2015年非洲经济展望》报告称，非洲低收入国家的15—24岁人群中，只有7%拥有"体面"的工作。在非洲中等收入的国家中，该数值略有提高，为10%。[2]在这一极具挑战性的背景下，世界银行预计，到2030年，尽管各国会做出重大努力，但19%的非洲人仍将生活在贫困中。到那时，这3亿人在全世界日消费不足1.25美元（参照2005年的数值）的人口中所占的比重将达80%。[3]

大量无业青年将产生很高风险。[4]他们不会坐等而是会要求变革。城市、

① IMF. "Regional economic outlook: Sub-Saharan Africa: Navigating headwinds". 2015-04-20, https://www.imf.org/external/pubs/ft/reo/2015/afr/eng/pdf/sreo0415.pdf.（2016-12-01）

② African Development Bank, OECD and UN Development Programme, *African Economic Outlook 2015*. Paris: OECD, 2015, p.xiii.

③ African Development Bank, OECD and UN Development Programme, *African Economic Outlook 2015*. Paris: OECD, 2015, p.xiv.

④ British Council. "Can higher education solve Africa's job crisis?". https://www.britishcouncil.org/sites/default/files/graduate_employability_in_ssa_final-web.pdf.（2016-12-01）

年轻人及雇用年轻人的科技行业将越来越成为非洲未来的政治焦点。

同时，非洲年轻人生活与工作的环境也在不断发生变化。据预测，撒哈拉以南非洲将成为全球城市化速度最快的地区。到2050年，生活在这一地区的城市的人口比重将提高16%，达到56%。[①]在此期间，全世界城市新增人口将达到25亿，其中亚洲与非洲所占的比例几乎达90%。[②]例如，1970年，拉各斯的城市人口规模为140万，1991年为500万，2020年将达到2500万，直逼该大陆城市人口最多的开罗的水平。非洲城市人口的增长速度将远远超过发达国家与发展中国家的历史水平。1800—1910年，伦敦的人口以每年2%的速度增长，每35年翻一倍，而一些非洲国家的城市人口正以每10年翻一倍的速度增长，年均增长率超过了7%。[③]

目前，甚至未来，非洲的城市化都没有（也不会）像世界其他地区一样，以与经济增长同样的速度发展。如世界银行所指出的，非洲城市"不具有经济性人口密度、互联互通性及宜居性。相反，这些城市人满为患、缺乏联通性、生活成本很高"。[④]城市移民主要是农村地区的低生产力就业人群，他们来到城市地区后，从事的仍是同样的低收入、低效率工作。不论是移民还是非洲国家，均未从城市群、劳动力集聚及规模经济中获取经济利益。

快速增长的人口不断向城市集聚已是一种必然，对此，非洲必须想办法"改变游戏规则"。

整个非洲不同程度的国家干预经济、腐败及忽视发展的老政策不但无法适

① Mark Anderson and Achilleas Galatsidas. "Urban population boom poses massive challenges for Africa and Asia". *The Guardian*, 2014-07-10, http://www.theguardian.com/global-development/2014/jul/10/urban-population-growth-africa-asia-united-nations.（2016-12-01）

② UN. "World's population increasingly urban with more than half living in urban areas". 2014-07-10, http://www.un.org/en/development/desa/news/population/world-urbanization-prospects-2014.html.（2016-12-01） 此外，参见 http://www.prb.org/publications/datasheets/2013/2013-world-population-data-sheet/data-sheet.aspx.（2016-12-01）

③ Remi Jedwab, Luc Christaensen and Marina Gindelsky. "The speed of urbanization and economic development: A comparison of industrial Europe and contemporary Africa". the World Bank-GWU Conference on Urbanization and Poverty Reduction, http://siteresources.worldbank.org/INTIE/Resources/475495-1368648404460/Jedwab_The_Speed_of_Urbanization_Tales_from_Europe_and_Africa.pdf.（2016-12-01）

④ World Bank. "An analysis of issues shaping Africa's future". 2016-04-15, http://documents.worldbank.org/curated/en/970911468563846454/text/104729-REVISED-PUBLIC-WB-AfricasPulse-Spring2016-vol13-v17-final.txt.（2016-12-01）

应人口增长的需要，更糟糕的是，如果固守这些政策，非洲领导人将会成为历史罪人。这些情况或将动摇政府，或将结束低效统治者的政治生涯。随着人口规模不断扩大，城市化进程持续推进，非洲领导人未来的命运将与经济表现直接相关。

大宗商品：收拾残局

在大宗商品市场繁荣的时期，人们对非洲经济体发生转变，不再靠出口原材料十分乐观。2010年，麦肯锡全球研究院（McKinsey Global Institute）指出："大宗商品市场的繁荣只是实现非洲经济增长的一个因素。2000—2008年，自然资源对非洲地区生产总值所做的直接贡献只有约24%。"该研究院称："非洲蓬勃发展的主要原因在于政治与宏观经济稳定性的提高，以及微观经济改革的实施。"不过，为照顾非洲人的感情，麦肯锡认为，非洲将继续从"全球对石油、天然气、矿产、粮食、耕地等自然资源的日益提高的需求"中受益。[1]

类似的分析还见于麦肯锡2010年关于非洲的报告《前行的雄狮》（*Lions on the Move*）。[2]该报告指出："我们发现，非洲经济的繁荣发展见于整个大陆各个国家、各个行业，其根本原因远不止于全球大宗商品市场的繁荣。……非洲的商业潜力巨大，涉及零售业、通信业及银行业等面向消费者，基础建设领域和农业价值链的企业尤其如此。"该报告还宣称："全球企业高管及投资者决不能忽视非洲大陆巨大的潜力。"

不过，非洲依赖大宗商品作为经济增长的驱动力因中国需求的减少而降到最低的说法是错误的。麦肯锡低估了原材料出口对非洲国内经济的整体影响。很显然，该报告忽略了对非洲政府治理水平提高的广度与深度的探索，以及其寻求政策变革的意愿。6年后，麦肯锡在《前行的雄狮》（第二版）中修订了非

---

[1] McKinsey & Company. "What's driving African growth". 2010-04-10, http://www.mckinsey.com/insights/economic_studies/whats_driving_africas_growth.（2016-12-01）

[2] McKinsey & Company. "Lions on the move". 2010-06-10, http://www.mckinsey.com/global-themes/middle-east-and-africa/lions-on-the-move.（2016-12-01）

洲主题。①在该版本中，麦肯锡承认了非洲增长放缓及各国不同的发展路径。该报告承认："一些国家继续快速增长，而另一些国家则因资源价格下降及社会政治高度不稳定而经历了明显减速。"如果希望取得进步，政府及"非洲企业必须好好表现"。

不论这样的大胆假设的价值与正确性如何，有一点是明确的：非洲经济增长不能再依赖大宗商品，这不仅是因为持续性的需求值得怀疑，也在于大宗商品无法为非洲提供所需的工作。（大宗商品）价格上涨主要受中国需求的推动，其对金属的消费在全世界消费总量中所占的比重从1990年的6.4%提高到了2015年的43.9%。不过，中国对金属消费量的年均增长率从1995—2008年的10.3%降低到了2010—2014年的3.2%。②

伴随大宗商品"超级周期"（super-cycle）终结的是其他资金来源的枯竭。自2005年后的10年间，鉴于投资者们纷纷赴非洲寻求高额收益，17个非洲国家向外国投资者发行了以美元计价的债券。加纳首次发行的美元债券获得了5倍的超额认购。赞比亚于2012年发行的10年期债券获得了20倍的超额认购，收益率为5.6%。

由于债务减免，30个非洲国家的外部债务在其地区生产总值中所占的比重从1994年76%的峰值降到了2008年的25%，非洲政府可以获得新贷款。尽管非洲国家于2014—2015年获得了近140亿美元的贷款，但由于大宗商品价格走低，非洲国家货币贬值及世界其他地区的利率走高，非洲市场发展放缓。③尽管债务在非洲地区生产总值中所占的平均比重只有42%，但对一些曾经繁荣的经济体，这一水平很高，如赞比亚（50%）、加纳（超过70%）。除非情势有变，否则非洲的现金流可能将恶化，因为这些债券多于2020年之后进入偿还期。④

---

① McKinsey & Company. "Lions on the move II". 2016-08-10, http://www.mckinsey.com/global-themes/middle-east-and-africa/lions-on-the-move-realizing-the-potential-of-africas-economies.（2016-12-01）
② Frik Els. "IMF warns of another 14% drop in metal prices this year". Mining.com, 2016-04-12, http://www.mining.com/imf-predicts-another-14-drop-in-metal-prices-this-year/.（2016-12-01）
③ The Economist. "Africa discovers the downside of foreign borrowing". 2016-04-02, http://www.economist.com/news/finance-and-economics/21695939-africa-discovers-downside-foreign-borrowing-ante-upped?zid=304&ah=e5690753dc78ce91909083042ad12e30.（2016-12-01）
④ World Bank. "Zambia". http://data.worldbank.org/country/zambia.（2016-12-01）

此外，很多非洲国家并没有利用大宗商品高价的"美好时光"根本改变其制度、政策与政治。遗产基金会（Heritage Foundation）的经济自由度指数（Index of Economic Freedom）是以一国法治、财政表现、规章制度及市场开放程度为基础的综合评级方法。尽管该指数不尽完美，且没有一种适用于所有国家的评价机制，但可以对不同国家、不同时期进行连贯的对比。

根据该指数，2010—2015年，非洲所取得的进步不大。该地区（国家）的平均得分仅从54.07提高到了54.95，而得分最高的中国香港为89.6。在该评级中，非洲大陆的位置从与排名129位的苏里南大致相同，到2015年相当于排名124位的埃及（2015年表）。①

非洲治理水平的微弱提高也在其他评级中得到证实。在穆·易卜拉欣基金会（Mo Ibrahim Foundation）第十次发布的报告——2016年易卜拉欣非洲国家治理指数（Ibrahim Index of African Governance）②中，非洲国家的总体治理水平较10年前仅提高了1分。但是，在该总体水平的背后趋势仍然堪忧。2015年，几乎2/3的非洲人生活在安全与法治较前10年恶化的国家中。非洲的腐败与官僚主义两个指标的平均得分较前10年也有所下降，33个国家的记录为"恶化"，而其中的24个国家在2015年的得分降至历史最低水平。此外，代表67%非洲人口的2/3非洲国家表达自由的水平也较过去10年有所下降。③

管理与行政程序是保证稳健增长与提供就业岗位的关键要素。实际上，正如保罗·科利尔（Paul Collier）曾指出的那样，大宗商品价格较低时，正是调整规章制度的理想时间。因为所有行为体均清楚：自己不能因身处高价的浪潮中而高枕无忧，因此政府管理是促进经济增长的关键。

尽管没人能够预测大宗商品价格的未来走势，且那些尝试预测的人也因"出洋相"而罢手，但大宗商品价格似乎回到了"常态"。如果认为过去10年的

---

① Heritage Foundation. *2015 Index of Economic Freedom*. Washington D.C.: Heritage Foundation, 2015, http://www.heritage.org.（2016–12–01）

② Mo Ibrahim Foundation. "A decade of African governance, 2006—2015". http://s. mo. ibrahim. foundation/u/2016/10/01184917/2016-Index-Report.pdf?_ga=1.149205750.1138767584.1476258984.（2016–12–01）

③ Mo Ibrahim Foundation. "The 2016 Ibrahim Index of African Governance: Key findings". http://mo. ibrahim.foundation/news/2016/progress-african-governance-last-decade-held-back-deterioration-safety-rule-law/.（2016–12–01）

高价将很快重现未免武断。

实现发展的较优做法

尽管非洲面临诸多挑战，但是我们仍对该大陆充满希望，因为其他国家已经成功克服了似乎无法克服的类似障碍。贫困是不可避免的。世界范围内存在着大量可知的发展国家经济、提高人民生活水平的案例。

截至2015年，全世界极度贫困人口数量在人口总量中所占的比例不到10%，尽管界定这一群体的日收入水平从1.25美元提高到了1.90美元。[①]实际上，尽管有人抗议贫富人群之间的不平等日益加剧，但过去10年中贫困人口的数量确实出现了世界史上最大规模的减少。自1990年以来的20年间，发展中国家极度贫困人口在总人口中所占的比例下降了一半，降至21%，脱贫人口的数量将近10亿。

贫困人口数量的减少很大程度上源于东亚的发展。中国的经济发展使其中3/4的人实现了脱贫。自1980年以来的30年间，中国有6800万人摆脱了贫困。33年的时间里，极度贫困人口的比例从84%降至只有10%。[②]

过去30年间，贫困率的下降很大程度上是因为发展中国家的年均经济增长率从1960—2000年的4.3%升高至2000—2010年的6%。据估计，大约2/3的减贫是经济增长的结果。

但是，国际范围内的领导人广泛认为减贫事业仍任重道远，并予以支持。如2015年12月25日召开的联合国大会提出了17项"雄心勃勃"的可持续发展目标，作为对千年发展目标的继承。[③]非洲的贫困程度也得到了更高关注，如前所述，主要表现为提高整个大陆的城市化水平——不足与过度以相近水平并存，以及对世界范围内日益加剧的不平等的关切。过去，后代会期待比前代有更高的收入，这种情况或将不复存在。

---

① BBC News. "World Bank: Extreme poverty to 'fall below 10%'". 2015-10-05, http://www.bbc.com/news/world-34440567.（2016-12-01）

② The Economist. "Towards the end of poverty". 2013-05-30, http://www.economist.com/news/leaders/21578665-nearly-1-billion-people-have-been-taken-outextreme-poverty-20-years-world-should-aim.（2016-12-01）

③ 联合国可持续发展目标，https://sustainabledevelopment.un.org/sdgs.（2016-12-01）

　　确实，我们任何时候都不能低估非洲政府在促进经济增长与减贫问题上所面临的挑战。本书将尽可能详尽地介绍非洲领导人在改变半个世纪或多数非洲国家独立以来形成的很多标准化行为模式时所要做的艰难抉择。

　　同时，对全世界发展中国家的研究表明，为使经济发生非凡的改变，需要在提高治理水平方面付出不懈努力。例如，人们认为20世纪50年代东亚的经济发展是一项艰难的任务，甚至不可能实现，其原因在于包括儒家思想在内的所谓的"文化"因素的存在。中国同样曾一度被视为"毫无希望"。

　　尽管任何国家与地区都不可能完全被效仿，但东亚的经验确实取得了令人惊讶的成绩，强有力的政府有值得学习的执政方略。

　　新加坡于1965年独立，仅比赞比亚晚一年，这两个不同大陆的国家却书写了截然不同的发展历史。2016年，赞比亚的人均收入为1000美元，仅为1964年独立时的3倍多；而新加坡2016年的人均GDP则高达56284美元，是其1965年独立时的50倍之多。很难想象，当年的新加坡是一种支离破碎、一潭死水般的状态。在马来联邦（Malay Federation）与印度尼西亚对抗（konfrontasi）①之际，新加坡从马来联邦分离，但是受多民族、种族、宗教及行为差异等的共同作用，新加坡的诞生可谓危机重重。尽管新加坡的改革被李光耀（Lee Kuan Yew）控制住了，但国家的走向主要以商业原则为指引，并受到"国父"②之间对等的权利与责任的制约。

　　新加坡的经验对非洲的未来发展有很多可借鉴之处。但是，尽管非洲国家拥有很多宝贵的机会，但他们却没有抓住类似的转变机会，向新加坡学习。

　　颇具讽刺意味的是，非洲似乎走向了相反的方向。如肯尼亚前总理拉伊拉·奥廷加（Raila Odinga）所言："1968年，新加坡人来到肯尼亚学习我们的经验，因为我们当时比新加坡更加发达。"40年后，奥廷加说："作为总理，我率领6位部长赴新加坡开启了学习之旅。这是在肯尼亚政府主导下的最近的一

---

① konfrontasi，马来语，意指1963年至1966年的马印暴力冲突，起因为印度尼西亚反对马来西亚的独立。
② 通常指的是总理李光耀，律师大卫·马歇尔（David Marshall）、工会主义者德文·奈尔（Devan Nair）、律师艾迪·巴克（Eddie Barker）、经济学家吴庆瑞（Goh Keng Swee）、林金山（Lim Kim San）、王邦文（Ong Pang Boon）、奥斯曼·渥（Othman Wok）、S.拉惹勒南（S. Rajaratnam）与杜进才（Toh Chin Chye）。参见 *Founding Fathers*. Singapore: The New Paper, 2015.

次旅程，此次旅程未经任何报道，所有参与人员均自行记录所见所闻。我指出此次旅程意义非凡，我们务必将调研结果付诸行动。回到肯尼亚后，我要求各部长根据其在新加坡所学制定《2030愿景》（*Vision 2030*）的行动计划。"但是，奥廷加在2013年离任后失望地说"毫无进展"。①

不过，东亚在去殖民化方面似乎比非洲有一些优势。人们通常认为传统的东亚社会具有民族不统一、制度不健全、国家对首都以外地区治理有限、民主弱势、农业自给性、与外部的贸易关系碎片化及社会分层严重等特点。这些情况在以前的非洲国家也很普遍。②不论在东亚还是在非洲，外来移民都会被用来影响当地族群，从而引发了（两者之间的）紧张关系。③这不但导致当地族群之间人为划定边界、低微的贸易地位，当地人民自己的价值观也遭到贬低，尽管对自己的能力缺乏信心，对同胞疑心重重，但对外来者仍满怀怨怒。

然而，东亚实现了繁荣发展。正如巴拉克·奥巴马于2009年就任美国总统后访问非洲时曾指出的那样，④殖民主义并不足以解释导致非洲发展无法满足人民需要及落后于其他国家、地区的部族主义、接受援助、裙带关系、腐败横生、自毁政策等因素。

尽管很多东亚国家接受外部因素所导致的种族构成复杂这一现实，但在多数情况下这并未致使其一蹶不振。东亚也同样必须解决人力资本欠发达问题，但是总体而言，各国通过投资教育迅速使其人民获得财富。非洲的制度通常被视为结构性发展障碍，而一些东南亚国家则在独立之初，在比非洲国家更糟的情况下实现了经济发展。

实际上，非洲国家在独立之初，有很多方面均优于亚洲国家。毕竟没有几个非洲国家比越南、老挝及柬埔寨因大规模冲突所造成的痛苦与破坏更严重。

尽管人们目前喜欢抨击援助来解释非洲所面临的所有问题，⑤但是亚洲国家同样接受了大量援助。20世纪60年代，两个地区人均受援助水平大致相同。

---

① 摘自2016年2月1日格雷格·米尔斯与拉伊拉·奥廷加在内罗毕的讨论。

② Milton Osborne. *Southeast Asia: An Introductory History*. Sydney: Allen & Unwin, 2013, p.45.

③ 感谢克里斯托弗克拉彭提供的观点。

④ Whitehouse. "Remarks by the President to the Ghanaian Parliament". 2009-07-11, https://www.whitehouse.gov/the-press-office/remarks-president-ghanaian-parliament.（2016-12-01）

⑤ Dambisa. *Moyo, Dead Aid: Why Aid is Not Working and How There is a Better Way for Africa*. New York: Farrar, Straus and Giroux, 2009.

尽管韩国等一些亚洲国家及地区受到了大量援助，但是他们决不允许自己把援助作为单一的收入来源。通过提高治理水平、制定合理的政策、高效规划及争取对诸多工程明确而强力的所有权等措施，亚洲国家很好地利用了援助。[①]

良好的政策环境也是一些东亚国家获得成功的原因，他们利用其重要的自然资源优势（如越南、马来西亚），而没有因过于依赖自然资源而受价格波动的影响。

民主与发展

鉴于非洲的历史与后殖民经历，我们认为民主与发展密切相关。不论非洲领导人如何受威权主义（authoritarianism）的吸引，认为其是一种"世上无难事，只怕有心人"的政权。民主与增长并非非此即彼的关系，而是互相促进的两个方面。

如第二章所述，为顺应人民的强烈意愿，很多非洲领导人转变了20世纪60年代颇受追捧的政体——独裁政权，转而实行20世纪80年代的选举民主制。不过，非洲领导人所实施的很多民主制度与选举不可避免地存在瑕疵。"仁慈的独裁者"支持这样的民主而非"实质民主"，当然还有其他原因。如后文将论述的那样，其中的一个原因是东亚模式中的部分领导人所实施的大众福利在非洲十分少见。此外，实验证据也表明：非洲的民主发展很快，相比其他人而言，这对于在位者及富人更安全。

实践证明，"软性威权主义"（soft authoritarianism）目前还很难为非洲所复制。以新加坡为例，由于该国为一座结合紧密的小岛，因此，国家领导人可以以如果新加坡继续贫穷落后则将受马来西亚与印度尼西亚的现实威胁为由，劝服其人民做出"牺牲"。此外，尽管非洲国家也面临诸多挑战，但极少有国家能认识到或切实希望"通过政绩获取政权合法性"，而这正是新加坡值得尊敬的领导人获取及维持人民对其信心的首要原因。

[①] 格雷格·米尔斯进一步探讨了这一问题，参见 Greg Mills. *Why Africa is Poor: And What Africans Can Do About It*. Johannesburg: Penguin, 2010.

东亚国家的经济成功还有其他原因，同样受到了独裁支持者的忽视。包括对教育的较高投资，提高官员反应能力，制定吸引商业投资的政策，提高工资与生产力水平，加强对基础设施的投资，以提高农业产量作为刺激经济增长首要手段及特别重视提高竞争力等。

总之，如本书所强调的那样，非洲与东亚最显著的区别在于政府与私营部门的关系。非洲私营部门的发展总体而言是一个"诅咒"，不仅仅在独立之后是这样。不论是英国、法国、葡萄牙还是比利时的殖民主义者，不论其在欧洲的意识形态如何，无不在非洲建立了高度干涉主义的政府，在保护白人定居者、殖民者的企业及垄断资本的同时，极力阻止非洲当地的经济发展。

总体而言，独立后的非洲领导人满足于他们所继承的经济制度（曾经使其失去民族性），尤其国家干预为他们提供了很多获得资助的机会。在国家总体处于虚弱状况的形势下，扩大国家控制与干预是他们可以采取的若干手段之一。该模式更由于这些解放者所制订的计划中未对其所偏爱的群体进行利益的重新分配而越加夸张。①此后，非洲的精英仍旧在很大程度上对重大改革与开放毫无兴趣，而仅仅对该制度以阻止对现状造成任何威胁的方式进行了零星"开放"，如移动电话公司和基础设施投资等。

因此，使国家经济实现多样化发展，创造就业机会（尤其是工业领域）的投资增长，在非洲仍处于很低水平。

培养紧迫感与主人翁精神

数名乞丐聚集于菲斯市的交通灯下。摩洛哥同事告诉我，他们是撒哈拉以南非洲人民，他们正试图通过摩洛哥前往欧洲。据估计，2016年有大约100万撒哈拉以南非洲移民等候在北非海岸（主要是摩洛哥、阿尔及利亚及利比亚），意图前往欧洲大陆。在萨赫勒地区，尼日尔的阿加德兹市（自15世纪起就是西非与北非的通道）变成了人口走私的重灾区。2016年，每月从这里走私的人口

---

① 关于非洲独立后政治经济性质的讨论，参见 Jeffrey Herbst and Greg Mills. *Africa's Third Liberation: The New Search for Prosperity and Jobs.* Johannesburg: Penguin, 2012.

数量多达2万人,这些人主要来自西非,尤以尼日利亚为主。①

由于该大陆的人口仍将增长,因此,如果经济不能实现增长,则非洲的贫困必将对整个欧洲造成威胁。尽管欧洲国家将努力维护其边境安全,并会寻找途径使非洲人留在非洲,且提供资金支持,但相比非洲人自力而言,欧洲人将无法更成功地支持与促进非洲的经济增长,他们也不会对此项工作付出更多努力。

但是,相比东亚,非洲没有相同的紧迫感,也没有认识到为应对迫近的危机而实施改革的需要,尤其实施从根本上提高经济增长水平、增加就业机会的改革。某种程度而言,这反映出非洲人对外国资本怀有敌意,与国家缺乏发展能力及领导人能力不足也不无关系,更反映出非洲人未能向他人学习经验。

非洲欲实现自己的理想,并非必须复制亚洲的道路,但是应向亚洲及其他快速发展的地区学习,设计出一种可以保证领导人与人民共同进步的愿景。经历一场"有益的"危机——利用危机所带来的机遇启动艰难,同时这也是此前在政治上无法实现的变革,是刺激亚洲及包括哥伦比亚、智利、厄瓜多尔与哥斯达黎加在内的拉丁美洲实施改革的一大关键要素。

明确与利用危机感的过程中,非洲领导人必须努力摒弃"紧急情况下的暴政"而设计一种促进国家进步的共同愿景。一位同事曾对我说过:"严格的民族主义是发展的秘密武器。"这一点可以解释不论正式的政府制度如何,东亚领导人多能为人民福祉而不懈努力。不能设计一种全社会都能进步的共同愿景,意味着国家领导人无法在更大的背景下解释其行为,重要的选民不能理解为何自己要做出牺牲,而政治稳定也难免受到威胁。

支持解决该危机的理由超越了人类希望与恐惧历史的统计记录,应对危机的方法也如此。殖民主义与种族排斥留下了深深的不公与对抗的伤疤。这也造成了被殖民者对商业尤其是外国企业的疑虑。在此背景下,在做出政策选择的时候,情感与经验主义同样重要。

因此,领导人从一开始就需要培育一种"发展理念",而不是颁布一些载

---

① 参见 http://www.washingtonpost.com/sf/world/2015/07/20/a-remote-city-of-smugglers/; https://www.iom.int/news / iom-records-over60000-migrants-passing-through-agadez-niger-between-february-and-april-2016.(2016-12-01)

着杂乱无章政策的空洞文件。政府与执政党需摒弃对商业的敌意，而不是雇用更多的顾问。这种做法要求政府对商业予以谅解，改变针对商业的善意忽视与过于排斥的毫无意义的态度。就商业而言，需要明确理解并以开放透明的方式履行其广泛的社会责任，以建立与维护他人的信任。在人口快速增长期间，如果不能实现这一点，则有加速引发社会与政治危机的危险，并最终导致国家失败，从而造成大范围的人类灾难。

　　本书接下来的章节将对构成非洲国家经济的关键部门予以介绍，并将对改革路径及最优方法进行阐释。

第一部分

非洲人民、制度与社会结构现状

第一章　人民与城市

成功的五个步骤

·非洲必须将城市作为经济多样性增长与增加就业机会的驱动器。多数非洲经济体以前主要靠出口自然资源，而以城市为中心的经济增长表明这种模式已发生了巨大转变。

·立即采取行动是解决即将发生的城市人口爆炸问题的唯一出路。

·重视市级政府的筹资能力与权力，对资源进行重新界定，使地方政府能够应对人口迅速增长的挑战。

·提高住房密度与运输效率，以实现城市红利。

·重视地方的安全性，发挥其门户作用，为其他领域的发展奠定基础。

挑战与机遇

目前，非洲人口的快速增长与就业岗位的增加不相匹配。非洲的城市化目前还没有如其他地区，尤其亚洲那样可以促进经济增长、提高生活质量。相反，非洲城市正以无计划的方式发展，只是将既有的基础设施和服务向极致发展，而未能提高其生产力、创造就业机会。人口激增究竟是好是坏，在很大程度上取决于政府如何予以应对，如何创造就业机会及如何提高人们进入私营部门的门槛。

关键数据

根据2016年易卜拉欣非洲治理指数，33个非洲国家的安全与法治水平自2006年开始下降，其中半数国家大幅下降。2013—2015年，非洲大陆近半数国家在此方面的得分为历史最低水平。该指数显示了安全和法治与政府表现之间的紧密联系。[①]

　　修布罗（Hillbrow）是约翰内斯堡（Johannesburg）人口最密集的城区。这里汇集了各类民族、各种风俗、各种饮食和各种语言，正式与非正式、合法与非法之间没有清晰的界限，仅截取一些片段就可以发现这座非洲现代城市的神秘之处。

　　我们的向导布莱顿（Brighton）[②]，2005年从津巴布韦退役后另谋出路，他自称从2009年起就一直在一所学校担任保安。当我们向东行驶时，他说："尽管没有任何群体控制郊区，但是不乏种族特区的存在。"当我们沿着大街行驶时，他又提到："梅菲尔区的居民多为索马里人和孟加拉人。"他指着一对躺在伯里亚的阳台上晒太阳的年轻夫妇说道："在这里居住的多为学生。其实所有人都是混杂在一起的——尼日利亚人、加纳人、津巴布韦人、马拉维人、莫桑比克人。为了生存，我们都变成了南非人。"

　　修布罗的郊区是一个南北走向、占地面积超过1平方公里的矩形区域。官方数据显示的居民人数为10万，但从约翰内斯堡人口密度略低于2500人每平方公里的情况看，实际数字可能2倍于此（即20万人）。

　　作为世界五十大城市之一以及南非最富有的城市，约翰内斯堡在其地下财富（矿产）之上而建，城市人口达700万，汇集了豪登省的大部分人口，是南非经济的心脏地区。

　　今天的修布罗成了20世纪90年代治理不力的同义词，富有的南非白人逃到约翰内斯堡北部或更远的地方。这里的违法活动不证自明，布莱顿急切地指出，一队男人正等着从一辆在奥莱利路（O'Reilly Road）上行驶的货车后面跳下来的便衣警察那里购买毒品。当问及有哪种毒品时，得到的回答是："大麻、可卡因、海洛因类等，凡你所需，应有尽有。"酒似乎是更可怖的魔鬼，有人会经常提醒你"提防某人"，指的是站在马路中央面无表情的酒鬼或在人行道上摇摇晃晃的醉汉。

　　与其称之为非法行为，不如说是非正规贸易与正规贸易间令人匪夷所思的

---

① 穆·易卜拉欣基金会，http://mo.ibrahim.foundation/news/2016/progress-african-governance-last-decade-held-back-deterioration-safety-rule-law/.（2016-11-30）
② 他喜欢别人只称呼他的名字。

共存。商业街两侧遍布着食品摊和蔬菜摊，摊位后面则是无处不在的典当行、小酒馆、理发店、诊所、夜总会、电子商店、肉食店，以及一些叫不出名字的门店。实际上，修布罗的生意已经越来越冷清。通过拜访埃塞伦（Esselen）、图韦斯特（Twist）及科茨街（Kotze）的电子商户（大部分是伊博人和孟加拉人），就会发现这里的非正规化日趋明显。尽管因法律要求或缴纳增值税义务，销售电视必须持销售许可证，但这里的销售商没有此类证件。对他们而言，合规经营（包括纳税）的成本高于收益。他们的利润已经最低。

修布罗最东面的耶奥维尔的罗利大街，则是相对有序的市场。市场内是由刚果人和尼日利亚人经营的摊位，出售黑烟熏肠，主要来自赞比亚的腌过的剔除脏器的罗非鱼、洋芋头、颜色鲜艳的刚果蜡布、橙辣椒和红辣椒油、茄子、各式各样的罐头，以及袋装的豆腐、大米和粗面粉。各个摊位的价格都是一样的，竞争激烈。

俯瞰修布罗，映入眼帘的是庞特城，共54层，高173米，钢筋混凝土的卷状结构，这是非洲最高的住宅楼。庞特城始建于1975年，当时修布罗拥有"非洲曼哈顿"的美誉。

该城由29岁的建筑师罗德尼·葛罗斯科夫（Rodney Grosskopff）设计，是20世纪70年代摩天大楼生活和抱负的象征。庞特塔在内城衰败时首当其冲，中产阶级带着他们的企业逃亡到更安全、更繁荣的环境中。90年代末，塔内的垃圾堆了5层楼高，庞特塔被犯罪、毒品、卖淫和枪支滥用所吞没，一度转变成众人口中的监狱。然而15年后，庞特塔开始翻新和重建，现在成为3000名学生的家园，他们有南非人、尼日利亚人、刚果人和津巴布韦人。他们全都小心翼翼地选择忽视入口处洗车的尼日利亚人，捏着鼻子走过散发恶臭的垃圾。大公寓的月租是5000卢比，很便宜也很便利，虽然住在这里的人需要面对各种各样的人。

"我们的居住地已经增加了不少，"葛罗斯科夫说，"否则我们不会碰到乘坐公交车上班和遇到交通问题的人。""问题难道不在于，"他继续问，"不在于这是否合乎逻辑或科学，而是能否得到社会的关爱与允许吗？"①生活与工作在

---

① 摘自2016年与格雷格·米尔斯的电话交流。

同一个地点将极大降低交通成本。

就经济增长未按计划实现及发展潜力未得以释放而言，修布罗绝非非洲的个案。不久前有标语宣告"禁止空转"，两个巨大象牙的摹本吸引了游客前往蒙巴萨（Mombasa）的丹尼尔·阿拉普·莫伊国际机场。2016年伊始，某重要建设项目正在施工，通往内罗毕的巴拉克·奥巴马道路先是拓宽到四车道，然后从昌果维（Changamwe）绕道马里亚卡尼（Mariakani），蒙巴萨西北方向36公里处拓宽到八车道。穿过蒙巴萨到马库帕（Makupa）的路线，将蒙巴萨岛屿与大陆连接起来。布满灰尘的路边摊常有用破旧的锡罐售卖相似的物品：食物、蔬菜、水果、可乐、电视报纸、鞋子、衣服、化妆品、书籍、建筑材料及其他能想象到的任何物品。前面的卡车尾部写着"相信我会在这里"，躲避着嘟嘟（以发动时发出的声音为名的交通工具）、摩托计程车和小巴士，并和其他卡车一起在人行道和大道上横冲直撞。

梵蒂冈酒店坐落在通往肯雅塔大道的繁华的马库帕交叉路口，虽不能如其名有神明指引，但以开国领袖的名字命名。如今小贩们在这里兜售10先令的花生、菠萝片、香蕉和二手衣服。拥堵的车辆躲避着满载蔬菜、水果和生活用品的手推车，以及大汗淋漓地推着手推车的人们。跨海的纳亚利大桥提供了唯一的北部路线，紧邻着一个新开发的高档住宅小区。目前，正在计划建造一座桥梁，以替代现有的笨拙而耗时的轮渡服务。今天，即使没有新的基础设施在建，前往蒙巴萨的游客也会为交通的便捷所震撼。据司机透露，总统乌胡鲁·肯雅塔（Uhuru Kenyatta）来到海岸一个月，一切都明显改善了。解决办法很简单：根据车流量增加车道的数量，并分配交警管辖关键路口。

作为东非的主要港口，蒙巴萨是肯尼亚滨海旅游产业的中心。尽管有潜力成为肯尼亚和东非经济增长的发动机，但蒙巴萨港口一年的货物吞吐量是78万集装箱[①]，仅等同于上海和新加坡一个星期的数量。[②]

除了港口，蒙巴萨努力发展经济。然而，这是生意成本高的地方。尽管是

---

① 单位：英尺标准箱。
② Wolfgang Fengler. "Why Kenya needs a world-class port in Mombasa". *Africa Can World Bank Blog*, 2012-04-04, http://blogs.worldbank.org/africacan/why-kenya-needs-aworld-class-port-in-mombasa. (2014-12-01).

肯尼亚第二大城市和最重要的经济中心之一，但世界银行的营商环境指数（World Bank's Ease of Doing Business Index）显示在13个肯尼亚城市中蒙巴萨仅排名第六。[①]蒙巴萨融资渠道有限，工作和市场信息匮乏。[②]蒙巴萨人口有120万，约80%生活在非正式定居点，占土地面积的90%以上，并且有近40%的人口生活在贫困线以下。

大部分人参与或至少主要参与非正式行业，做着低附加值的工作。[③]

蒙巴萨同样存在多重不安全性，这与其作为毒品中转站，港口官员和海关官员之间的腐败有关。此外，城市的穆斯林特点又进一步增加了其复杂性。以2012—2014年为例，不少于21名的伊斯兰神职人员被枪杀。在缺乏其他机遇的情况下，激进主义和犯罪行为盛行。[④]一些蒙巴萨的年轻人甚至宣称他们"不再是肯尼亚的一部分"。[⑤]

虽然地处东非门户的战略位置，但蒙巴萨错过了一个发展机会，犯罪和恐怖主义都增加了其治理成本。要从根源上解决这些问题需要从多方面出击，以从未有过的政治决心来提高港口运营效率，打破和重塑腐败体系，投资软性和硬性教育及职业教育基础设施。这将是庞大的工作。

修布罗和蒙巴萨都是非洲城市和人口挑战隐约可见的例证，尽管这两个城市都曾经许下加快发展的承诺。

城市优势

非洲人跨越地中海迁徙到欧洲是当下欧洲关注的焦点。据国际移民组织估

[①] 世界银行 2012 年营商环境指数，http://www.doingbusiness.org/data/exploreeconomies/kenya/sub/mombasa/.（2014-12-01）

[②] 亚当斯密的国际贸易理论，http://www.adamsmithinternational.com/exploreour-work/east-africa/kenya/mombasa-county-youth-employment-programme.（2014-12-01）

[③] Margaret Ngayu. "Sustainable urban communities: Challenges and opportunities in Kenya's urban sector". *International Journal of Humanities and Social Sciences*, 2011, 1（4），http://www.ijhssnet.com/journals/Vol._1_No._4;_April_2011/9.pdf.（2016-12-01）

[④] 亚当斯密的国际贸易理论，http://www.adamsmithinternational.com/exploreour-work/east-africa/kenya/mombasa-county-youth-employment-programme.（2014-12-01）

[⑤] IRIN. "Gunned down in Mombasa – The clerics that have died". 2014-07-28, http://www.irinnews.org/report/100412/gunned-down-in-mombasa-the-clerics-thathave-died.（2014-12-01）

计，2015年有100多万人从海上，3.49万人由陆地到达欧洲，而在2014年，全年移民数量（含经由海上和陆地两种方式）共计28万人。以上数字不含那些已进入欧洲但尚未被发现的人。①移民主要来自西非、非洲之角及2013年内战后的叙利亚。不管是现在还是将来，这一移民数字可能会更大。仅在利比亚，可能有多达100万人准备开始险象环生的海上之旅，希望经此到达欧洲大陆。②

　　而在过去的100年间，发生在非洲内部的农村流入城市及非洲国家间的人口迁徙（如图1.1所示）与上述移民行为性质不同，但在数量上远远超过移民数量，且仍在不断增加。

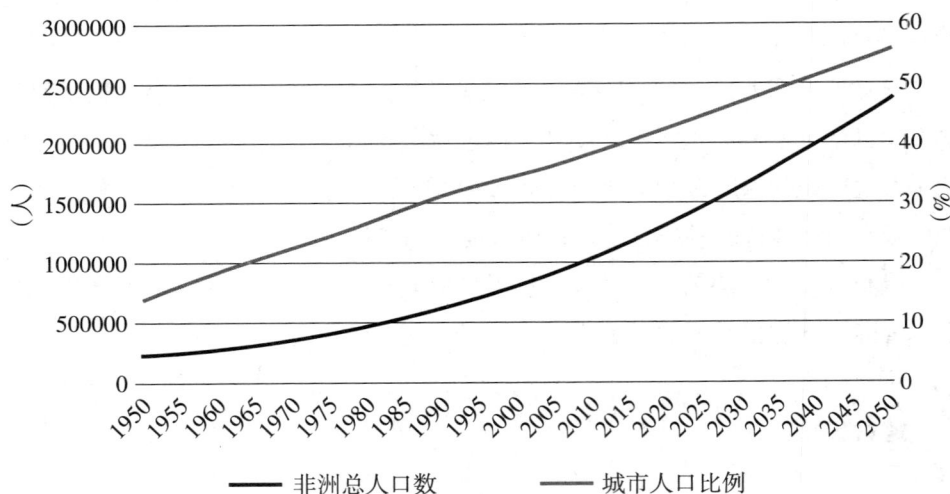

图1.1　非洲：城市化与人口（1950—2050年）

（资料来源：联合国经济和社会事务部人口司，《世界城市化前景：2014年修订本》，
https://esa.un.org/unpd/wpp/DataQuery/。）

　　从历史的角度看，这种城市的发展是就业和发展的福音。城市聚集现象作为劳动力储备库为人们提供了规模经济，缓解了城市在基础设施和服务方面的

---

① BBC News. "Migrant crisis: Migration to Europe explained in seven charts". 2016-03-04, http://www.bbc.com/news/world-europe-34131911.（2016-11-30）
② The Economist. "Everything you want to know about migration across the Mediterranean". 2015-05-04, http://www.economist.com/blogs/economist-explains/2015/05/economist-explains-6.（2016-11-30）

压力，解决了影响生产力提高的两大难题：联通性和能源。①随着发达国家将就业源头从制造业转向服务业，人口聚集密度就不那么重要了，因为许多工作可以在家完成。相反，一些国家主要靠制造业推动就业，而一些非洲国家希望从制造业中获利，因此在这样的国家中，配备交通便捷的密度住房十分重要，公共交通的成功需要密集的住宿分布。

迄今为止，非洲错过了城市主导型增长机会。2007年进行的对90个发展中国家的一项研究称，非洲是其中唯一的城市化与减贫无关的地区（正如引言所言）。②根据布鲁金斯学会（the Brookings Institute）的说法，与其他地区不同，非洲城市化没有受到农业生产率提高或工业化的推动。相反，非洲是消费中心，从自然资源中获得的财富由富人享用。因此，非洲城市基本没有配备基础设施，反而促进了其他城市的繁荣。③

除去没有利用聚集的优势，非洲仍然存在严重的问题（将在第七章中提到）。特别是在发电和输电方面，移民带来的影响是产生了越来越多的拥塞，而不是加强了连接。超过半数的撒哈拉以南的非洲城市居民住在贫民窟，仅40%的人口获得适当的卫生设施。这个占比与1990年相同。而非洲城市儿童抚养比率比拉丁美洲高40%，比亚洲高65%

在城市覆盖的范围内，诺言需要实现，政策需要实施，政策制定者需要直面社会问题。虽然市政人员的角色常常被忽视，但他们的直接影响比总统还大。事实上，各国政府在政策制度和执行方面的崛起是一个相对较新的全球现象，这是由全球化、筹集军队的需求（特别是考虑到20世纪的世界大战）和应对不平等的国家级重要性决策所推动的。

国家政府政策制定和实施能力的提升演变为一种全球现象，市政府保持务实和少量党派，因为不论政治忠诚度如何，他们的工作是"扫街"。市长们的

---

① 感谢保罗·科利尔的真知灼见。
② The Economist. "African cities: Left behind". 2016-09-15, http://www.economist.com/news/middle-east-and-africa / 21707214-all-over-world-people-escape-poverty-moving-cities-why-does-not? frsc=dg%7Ca. （2016-11-30）
③ Jeremy Barofsky, Eyerusalem Siba and Jonathan Grabinsky. "Can rapid urbanization in Africa reduce poverty? Causes, opportunities, and policy recommendations". Brookings Institute, 2016-09-07, https://www.brookings.edu/blog/africa-in-focus/2016/09/07/can-rapid-urbanization-in-africa-reduce-poverty-causes-opportunities-and-policy-recommendations/. （2016-11-30）

职责不是立法而是行政。或者，正如管理了耶路撒冷28年的泰迪·科勒克（Teddy Kollek）那样，当政府试图将其放入以色列和巴勒斯坦社区之间的谈判时，他说道："饶了我吧，我来修理你的下水道。"①

针对所有的层面工作，城市大多缺乏政策工具。正如哈佛大学的城市发展专家爱德华·格莱泽（Edward Glaeser）所言："城市是脱贫的最好方式。他们是文明的最佳传递者，但是，他们也是密集造就的恶魔。"②

遇到的第一个挑战就是政治环境和边界没有跟上扩张的速度和现实。需要在城市和国家责任之间进行明确的划分，并适当地下放权力和分配资源给市政府。在一个市长是要"统治世界"的时代，直接选区规模不断扩大，但地方政权拥有的权力有限，获得的资助工具和资源也较少。

第二个挑战就是不平等、压力及滥用现有优势。例如，南非旅游业的龙头城市——开普敦就是一个对比极其明显的例子。在海景豪宅、原始沙滩和"古老"财富的背景下，到达开普敦国际机场的游客被数千米肮脏的寮屋营地所震惊，基本的卫生设施和电力都是难以触及的奢侈品。贫富悬殊反映在区域划分上，提醒着人们种族隔离的不公正。这个贫穷的、黑帮横行的开普敦公寓郊区以及这些乡镇，与城市中心相隔很远，因此，这里的居民要走很长的路才能到达工作地点。

对于各个国家和大陆的移民来说，城市仍然是一个有吸引力的目的地。住房、基本服务和公共交通系统也因此遭受着巨大的压力，其中就业问题尤为严重。

开普敦政府的前投资主管蒂姆·哈里斯（Tim Harris）认为，政府当局有三个优先事项来应对新的城市移民挑战：第一，通过投资公共交通和信息技术设施来连接公民；第二，在城市扩张的同时，维持高水平的基本服务（为那些无力支付的人免费供水供电）；第三，制定解决方案来确保充分和适当的居

---

① Freakonomics. "If mayors ruled the world: A new Freakonomics radio podcast". 2014-04-10, http://freakonomics.com/2014/04/10/if-mayors-ruled-the-world-anew-freakonomics-radio-podcast/.（2016-11-30）
② Freakonomics. "If mayors ruled the world: A new Freakonomics radio podcast". 2014-04-10, http://freakonomics.com/2014/04/10/if-mayors-ruled-the-world-anew-freakonomics-radio-podcast/.（2016-11-30）此外可参见非洲银行年会，2016-06-13，https://www.youtube.com/watch?v=37O58T4Jyx4&feature=youtu.be&t=10m07s.（2016-11-30）

民区。①

但是，和众多非洲国家的城市相比，开普敦可以独立于中央政府来解决这些具体挑战，或者可更积极地称其为发挥优势。如其他领域一样，原因归结为资金和自主性。

目前该市拥有370万人口，年预算是360亿法郎（约26亿美元），包括60亿法郎的资本支出——相较于国家财政预算1.25万亿法郎和5200万的总人口。该市80%的收入来自公共事业的额外费用（尤其是电力）、房地产税和其他费用。

剩余收入还有三个来源：根据国家公示的官方的政府决定部分，财政部的有条件拨款（取消市政当局可能需要支出的自由裁量权），部分在市政边界内销售增加的燃料税。这些资金的大部分（比如其他市政预算）用于基础设施的维护和扩大，并在此基础上提供包括水、电和垃圾在内的基本服务。哈里斯表示，资金缺乏现象因"短期资金指令"而恶化，包括图书馆服务和诊所，在这里"城市因提供服务而花光了亿万兰特（南非货币单位），这与上层建筑的收入或分配不相匹配"。②

财政和政治环境严重限制了开普敦的活动范围，使开普敦和众多南非城市一样，行动独立，比如，设立强劲的投资激励机制提供"非金融"激励：加快计划审批程序，生物多样性抵消交易，设立市长办公室投资便利点，整体"生活方式"的优势。在金融方面，为了支持投资，该城市已经能够提供优惠电价，并免除基础设施项目通常会产生的各种申请费用和开发投入。同样，该城市还提供折扣率和土地租赁，尽管这在政府内部存在争议，尤其是考虑到预算资金。

就城市优势而言，关乎市政命运的最重要的改革就是中央政府下放税收权力。在这方面，宪法起草者的任何意图都很快与众多次国家政府的低能力以及国家政府向中央集权主义靠拢的行为相冲突。这就消除了国家政府之间税收竞争的可能性，这是促进全球发展的一个关键工具。

---

① 2014年12月4日，对蒂姆·哈里斯的邮件访谈。
② 2015年1月13日，对蒂姆·哈里斯的访谈。

城市面临的共同挑战是如何充分发挥高密度住房所能提供的互联互通的潜力。但是，非洲城市通常是不规则扩张而不是类似修布罗的那种密度扩张，它在延伸但不是向上。

但是非洲可再次向其他地区学习。例如，巴西南部的一座城市库里奇巴（Curitiba）就成功示范了如何通过巧妙的思考、周密的计划、连续的领导力和果断的执行力解决看似无法解决的问题。库里奇巴展示了如何通过一种新型交通系统的发明和应用来影响交通环境，从而实现联通性，该城市也因此而闻名。细究看来，这只是总体规划的一个因素，这一因素就已使整个城市和人民的生活取得了真正的进步。

库里奇巴及其快速公交①

库里奇巴，是巴西的巴拉那州的首府，人口为200万。该市曾因其在城市发展取得的成就而获得2010年度全球可持续城市奖，这是实至名归的，因为它确实实现了创新和一体化。

库里奇巴交通监管机构的西尔维亚·拉莫斯（Silvia Ramos）称："我们有很多来自中国、南非、哥伦比亚和其他国家的游客。"

这一点也不奇怪。库里奇巴是一种地面运输系统，即快速公交系统（BRT）的发源地，这已成为其他国家试图学习的榜样。目前全球有250多个城市有BRT。

要想让这个工作顺利进行，不仅仅需要流动性。库里奇巴成功地使用了一个相对低廉的地面公共交通系统来改造城市，这不仅仅是关于人口的流动，还包括如何使用土地和公共空间。通过建立人与人之间的联系来实现一体化，这是城市经济发展的关键。

1966年，库里奇巴制定了一个总体规划，他们研究了来自包括法国和英国在内的众多国家的模型。由于该市是农业型经济，无法承担地铁的建设成本，

① 本部分节选自格雷格·米尔斯与莱亚·怀特于2015年11月首发在《异议者日报》上的一篇文章，见 http://www.dailymaverick.co.za/article/2015-11-25-brazils-lerner-driver/#.WC3YG3ecaA8. （2016-12-01）

因此他们选择了一个有公交专用道的地面运输系统，成本仅是地铁的1/10。

　　该系统在1974年首次运营，年载客量只有5万。今天，库里奇巴BRT全长85.6公里，共有6条线路，1368辆公共汽车，每辆载客250人，共6500个站点，一天载客170万。这些公共汽车每天行驶328公里，由私营公司提供和运营，按公里收费。这一收入用来补贴那些距市中心较远的穷人。

　　杰米·勒纳（Jaime Lerner）是这个系统中的关键人物。他是赢得城市总体规划投标的原始团队成员。1965年，他协助创办了库里奇巴城市规划与研究学院（Curitiba Institute of Urban Planning and Research，IPPUC），该机构由市政府资助，用来监测和执行研究项目。

　　勒纳三次当选为市长，第一次在1971年。即使对库里奇巴实施了一系列重要改革，包括建立多个公园，为失学年轻人建立一个学徒制度和成功启动一个垃圾分类计划，但BRT是他最大的成就，是库里奇巴带给世界的礼物。

　　他说道："BRT不仅仅是一个交通系统，还是一个城市设计。它是城市发展的发动机。我们从小做起，但在每个阶段都要用创新来解决每个问题。"

　　不仅车道和公共汽车的数量呈指数增长，其服务也从根本上得到了改善。超过90%的车身为残疾用户进行了改装。不同型号和类型的巴士最后会与多个铁路支线交会。管状车站提升了乘客的乘车体验。引进的三车道系统，慢速和快速车道以及交错的BRT定位站，减少了阻塞。现在，越来越多的公共汽车使用生物燃料，同时，电动和混合动力汽车即将问世。

　　勒纳说道："巴西的所有资源都是为车服务，仅在圣保罗就有至少500万辆汽车，每辆车在路上和停车场占据了25平方米的空间。这相当于一个小型住宅单元的大小。即使有一半的人力从事住房建设，我们也可以让250万人的住房接近他们的工作地点。但要做到这一点，我们必须提供公共交通，将汽车从私人转向公共。"

　　　　早在20世纪70年代，当时我们就这么做的时候，当时正流行一
　　句话："每一个人口达到100万的城市都应该有地铁。因为我们没钱，
　　所以我们问：什么是地铁？答案是一个速度快而且频率高的系统，你
　　不必等。"我们没有资源建造地铁，我们问道："为什么不在地面上发

展交通？所以我们选择了现有的街道，并将它们与城市的发展结构联系起来。我们把生活、工作、休闲和人口流动联系在一起。"他说："这就是为什么库里奇巴与众不同。它影响了现有制度的革新和发展。"

BRT的投入运行使得每年减少大约2700万辆汽车。鉴于这种效率，库里奇巴在过去30年间的经济增长率一直高于7%，而人均收入比全国平均水平高出30%。有趣的是，库里奇巴现在是巴西第二大汽车生产商，同时也拥有活跃的服务业和高科技产业。

库里奇巴已经能够在巴西城市面临的长期和类似的挑战中取得显著进展：运输、治理、基础设施和安全。然而，巴西几乎没有其他城市可以效仿它的成功经验。勒纳说："原因很简单——政治。"他认为问题在于："今天的决定与达成共识密切相关，但民主不是共识，何谈有效处理冲突？"与其尝试一个需要时间才能实现的完美解决方案，不如实际一些。改进需要有一个开头，需要一个演示效果来让事情动起来。

库里奇巴成功的一个关键原因是计划和实施的一致性。

丹尼尔·莫拉（Daniele Moraes）是库里奇巴城市规划研究院的建筑师。她提醒我们，1965年的总体规划在库里奇巴的历史中并不是第一次出现。第一个城市规划在1853年提出，90年之后再提出阿格希计划（the Agache Plan），给18万人口设计了一个高密度的市中心，由郊区向外辐射，这是当时的设计潮流。中标的1965年规划，当时有50万居民，以阿格希计划为基础，但集中于土地的使用，道路和公共交通的结合，以实现环境、社会和经济的更好发展。自那以后，2004年和2014年又进行了两次修订。

莫拉解释，除规划外，群众的连续性同样重要。她指出："库里奇巴从研究院获得了6个市长任期，共24年。杰米·勒纳连任三届，卡西奥·谷口奇（Cassio Taniguchi）连任两届，拉斐尔·格瑞卡（Rafael Greca）仍然在研究院工作。他们来自同一个政党，该政党已统治该地区40年。"她补充道："杰米·勒纳是老练的政治家和外交家。例如他教孩子们如何回收利用，在此过程中，创造出一代关心城市规划和环境的人。"

群聚效应同样重要。作为一个市资机构，研究院有160名员工，其中一半是建筑师和工程师。

当然也存在挑战。来自专注于商业的巴西私立大学——圣保罗工程学院（FESP）的著名本土经济学家卡洛斯·吉玛雷斯（Carlos Guimaraes）指出，研究院团队与市政大厅擅长理论但不懂操作的专家相比是有区别的。研究院也一直存在资金短缺问题，他的同事路易斯·费尔南多·费雷拉·达·科斯塔（Luis Fernando Ferreira da Costa）认为其原因是巴西仍然是一个非常集权的国家。"税收从城市到州再到联邦，但是下放资金部分取决于政治，它同样反映了联邦政府的规模：每一个巴西人民都希望为政府工作。我们需要地方分权和更多的自主性，就像美国，这样州政府就可以调高和使用自己的税收。"开普敦并不是唯一的。

"问题的解决与城市规模大小无关，也与财政来源无关。问题主要来自组织，以及建立公民与政府、公共和私营部门的共同责任机制。否则你不会得到你想要的结果。"

库里奇巴的成功经验已经传播到世界各地，包括尼日利亚、坦桑尼亚、南非和摩洛哥的城镇。奥斯卡·艾德蒙多·迪亚斯（Oscar Edmundo Diaz）与市长恩里克·佩纳罗萨（Enrique Peñalosa）合作，在哥伦比亚首都波哥大应用快速公交BRT系统。该系统在2000年开始运营时有2条路线、40万名乘客和4个私人运营商。到2016年，它已经扩大到12条路线、250万名乘客和10个运营商。一些路线每小时运送5.2万名乘客，相当于世界上最高效的地铁。但对于一个900万人口的城市来说，这仍然是不够的，同时也反映了开放更多路线的需要。

佩纳罗萨在缺席14年之后于2015年重回政坛。他面临的挑战之一是在2015年实现建成366公里交通网的目标，并确保到2030年，85%的人口生活在距离自己1公里的公共交通系统以内。迪亚斯以市长特别顾问的身份回归，在援助非洲国家期间，他们也有自己的BRT计划。他强调，政府通过反思意识到了管理政治路线、提供公共汽车的安全保障和足够的票务设施的重要性，以及密度是大众运输系统成功的先决条件。"建立起来，"他说，"否则系统无法运作。"①

　　然而，应对这样一个充分利用城市化优势的挑战不仅需要规划，还需要拥有合适的技能和对该技能的投资。同时，还要改善安全状况并确保法治。糟糕的安全措施直接与城市化优势背道而驰，因为解决城市安全问题就是通过高墙或单独的运输系统将人们分开。

　　正如引言所述，非洲是世界上暴力发生率最高的大陆，世界2/3的非正常死亡发生在非洲。②2016年易卜拉欣非洲治理指数显示，安全条款和法治的缺失成为非洲取得治理进展的障碍。自2006年以来，约有33个国家的安全和法治水平出现下降，其中有15个国家的情况相当严重。正如该指数所显示的，安全和法治范畴内的4个子范畴都显示出了消极的趋势，个人安全和国家安全在亚类层次上显示出了最大恶化。这一数据表明安全和法治与政府绩效息息相关。③

　　在开普敦的部分地区可以看到统计数据的实际情况。

安全维度

　　神父克雷文·恩格尔（Craven Engel）拥有橄榄球运动员的健壮结实的体格，就像与他名字相近的南非著名橄榄球运动员丹尼·克雷文（Danie Craven）。

　　他在开普敦的汉诺威公园（Hanover Park）小镇工作了27年。这个小镇只有混血人，是世界上暴力发生率最高的居民区之一。在煤渣砌成的两层楼房内和周围，每年的谋杀率非常高，平均每10万中人就有100人死亡。由于其他小镇也有高暴力率，包括尼扬加（Nyanga）、兰加（Langa）、卡雅丽莎（Khayelitsha）、代尔夫特（Delft）、拉维斯教区（Bishop Lavis）和斐利比（Philippi），开普敦被认为是南非甚至是非洲暴力发生率最高的城市。④2015年4月1日至2016年3月31日的报道显示，斐利比东部警察分局记录了该国最高

---

① 摘自2016年11月8日在波哥大的访谈。
② Paul Williams. *War and Conflict in Africa*. Cambridge: Polity, 2016.
③ 参见2016年易卜拉欣非洲治理指数的调查结果，2016-10-04，http://mo.ibrahim.foundation/news/2016/progress-african-governance-last-decade-held-back-deterioration-safety-rule-law/.（2016-11-30）
④ 关于暴力城市的国际"排名表"，参见http://www.worldatlas.com/articles/most-dangerous-cities-in-the-world.html.（2016-11-30）

的谋杀率，每10万人中有203.1人死亡，紧随其后的是谷谷乐图镇（Gugulethu），每10万人中有140.1人死亡，以及尼扬加，每10万人中有130.6人死亡。[①]的确，开普敦每10万人中还有52人被谋杀，这是全球平均谋杀率的8倍。开普敦和委内瑞拉的加拉加斯、洪都拉斯的圣佩德罗苏拉、萨尔瓦多的圣萨尔瓦多均是世界上最危险的城市。

汉诺威公园占地仅2平方公里，被警方正式划分为两个部门。事实上，正如恩格尔的会议室里展示的谷歌地球地图所显示的，它被分成了多个社区：牛仔城、后街、政府区、塔利班区，以及富饶的山谷和丛林。每一区都由一个组织控制，这个组织又附属于当地两个主要帮派：混血派（获英国支持）和美国派。

恩格尔神父在五旬节教会下主持一个由开普敦市资助的节目，以阻止暴力，在帮派之间进行调解并改造其成员。节目会雇用5位"防爆者"和5位推广人员，还有4位数据采集者和研究员。监控安全事件的团队使用一种"炮检"系统，安装在街灯上的麦克风与谷歌地球系统和手机相连。该技术可以实时监控枪击事件，并立即进行干预和调解。虽然他们共享"分析"信息，但这里的警察很少能得到信任或任用。有人称，这里出现越来越多的重型武器，包括16发和21发的乌兹冲锋枪，它们从警察军械库进入汉诺威公园。

恩格尔神父平均每年要处理40到50起谋杀案。例如，2015年5月份，小镇共发生325起枪击案，在36个涉黑案件中有5人死亡、8人受伤，其中30%与毒品和地盘之争有关。他指出，剩余的暴力案件是"零星"的，通常是针锋相对的。在我们访问神父恩格尔的非政府组织"停火"（ceasefire）的前一天，有2名匪徒被枪杀，其中一人是一名15岁的保镖。

恩格尔神父认为，加入党派是汉诺威公园5.5万人的一种生活方式。尽管该市的总体失业率（21.1%）与南非的平均水平36.3%相比较低，但仍居高不下。黑帮成员经常早早离开学校，在被称为"犯罪大学"的监狱里，形成一个拥有"上将""军官"和"枪手"头衔的严格等级制度。暴力活动中心在黑帮之间的边界上，那里暗无天日。

---

① 根据西开普省犯罪分析数据。南非警察局于2016年9月2日发布2015—2016年犯罪统计数据。

　　他说，汉诺威公园中高危人群的比例不到总人口的8%。"如果你想把暴力从这些地区赶走，就像清理厕所和下水道的垃圾一样，是有解决方案的。"然而，这并不简单，这个地区信心偏低，到工作地点的交通成本非常高，不安全感无处不在。恩格尔神父已介入这个国家来稳定局势。但是，要做到这一点，公民社会的倡议是不够的。部署技术监控仅是一个方面，还应增加警员比例。在开普敦，平均每10万人中有439名警官（有些地区，如某些城镇，远高于这个数字），达到了220万比10万的国际标准。①市安全局长史密斯（Smith）提到，警力的缺乏和暴力高发生率同时发生，仅15个城区就占了犯罪率的一半。②"我们还需要做更多的事情"，"创造替代品——工作。如果我们能创造10%的就业机会，那么剩下的人就会开始期待工作"。开普敦警察辖区内的高谋杀率不足为奇，这里社会经济不平等，失业人数持续增加。③

　　非洲并不是唯一需要应对这些挑战的大陆。在一代人的时间里，看似无望的局面很快就会被扭转。哥伦比亚麦德林（Medellin）的故事足以说明这一点。

成功是什么样子？

　　哥伦比亚第二大城市麦德林的转机，部分是由于更好的领导力和城市规划。但是，这座城市的安全环境的变化也使成功变成可能，它曾经与毒枭巴勃罗·埃斯科巴（Pablo Escobar）齐名。

　　麦德林曾经是世界上犯罪率最高的城市，20世纪90年代初，在巴勃罗·埃斯科巴统治的巅峰时期，每年发生近7000起谋杀案。到2008年，这个数字下降到1000多起，到2014年下降到658起。④1991年，在麦德林，每10万名居民中就会产生381起他杀，是20年后的华雷斯（Ciudad Juárez）的2倍，该城是之后墨西哥毒品战争的中心。2015年，麦德林的谋杀率与华盛顿特区

① Buchule Raba. "Cape Town's police-to-population ratio way below national norm". Times Live, 2016-07-27, http://www.timeslive.co.za/local/2016/07/27/.Cape-Town%E2%80%99s-police-to-population-ratio-way-below-national-norm.（2016-12-01）
② 摘自2016年11月24日在开普敦市政大厅的访谈。
③ 根据西开普省犯罪分析数据。南非警察局于2016年9月2日发布2015—2016年犯罪统计数据。
④ Jorge Giraldo-Ramírez and Andrés Preciado-Restrepo. "Medellín, from theater of war to security laboratory". *Stability: International Journal of Security and Development*, 2015, 4(1), pp.1—14.

相同。①

早在20年前，改良的火花和经济增长逐渐显露，而当时埃斯科巴于1993年12月被麦德林巴里奥当局追捕并杀害。他的死亡标志着一种新的安全与情报体制，一场关于毒品的新战争，以及一种处理安全与发展的政府方针的出现。②2002年阿尔瓦罗·乌里韦（Álvaro Uribe）总统的当选，见证了哥伦比亚安全局势的戏剧性转机，他向安全部门提供了更多的资源，加大了对基础设施的投入，并投入了更多精力到哥伦比亚最偏远的地区。这一举动使其在2016年底之前能够与哥伦比亚革命武装力量（FARC）的游击队达成停火协议。③

如今，警力由位于市长办公室的麦德林高科技调度中心控制，通过大屏幕进行跟踪。随之，警察的能力也大大提高。例如，2015年在麦德林附近的大都市地区，大约有350万名居民，共配有10211名警察，④这一数字实际上是15年前的2倍。⑤与此同时，特别是由于警力中有更高比例的研究生，以及加强了与军方的合作，⑥警务工作的质量得到了提高。

麦德林现在是城市发展的全球引领者。就哥伦比亚整体而言，城市安全是所有成就的门户。伴随着对安全的认知，城市的规划和基础设施发生了重要的改变，比如，依靠不同的操作系统，并通过利用公共空间将边远地区与中央商务区（CBD）联系起来，实现了经济增长。

城市一体化项目给城市提供了所谓的缆车运输系统，将各种偏远的非正式定居点连接到地铁系统和市中心。该项目还鼓励在地铁站周围建造图书馆和绿

① Francis Fukuyama and Seth Colby. "Half a miracle". *Foreign Policy*, 2011-04-25, http://foreignpolicy.com/2011/04/25/half-a-miracle/.（2016-12-01）
② 有关规划和体系结构在此转型中的作用的详细信息，参见http://www.architectural-review.com/archive/colombias-infrastructure-reclaimed-as-public-space/8684196.fullarticle；http://www.pps.org/reference/ten-strategies-for-transforming-cities-through-placemaking-public-spaces/；http://architectureindevelopment.org/news.php?id=49；http://www.forbes.com/sites/ashoka/2014/01/27/the-transformation-of-medellin-and-the-surprising-company-behind-it/#35b9b3954752.（2016-11-30）
③ 参见Greg Mills, et al. *A Great Perhaps? Colombia: Convergence and Conflict*. London: Hurst, 2016.
④ 安蒂奥基亚省（Antioquia）的人口为600万，其中大约250万居民来自麦德林，麦德林和更广阔的都市地区的居民总计350万。
⑤ 相比之下，2000年在大都市区有5863名警察。信息由麦德林和大都市合作与投资局的安娜玛利亚·博特罗·莫拉（Anamaría Botero Mora）于2015年8月17日提供。
⑥ 研究生军官的人数占比已从1994年的10%左右增加到2015年的70%，这主要是2004年人力资源战略的结果。摘自2015年3月与麦德林警方的讨论。

化带。麦德林地铁J号线经过拉克姆那13（La Comuna 13）——麦德林最贫困的地区之一。缆车运输系统于2007年落成，将拉克姆那2.8万名居民及其他地区与市中心相连。这趟旅途曾经需要花费数个小时在狭道上上下蜿蜒，如今只需10分钟，花费1美元。

2014年，一名当地警察观察山坡上锈迹斑斑的铁皮屋顶和红砖房屋时说道："我们要解决电缆车面对的一个首要问题就是当地人从地面对它的射击。"安全问题通过改进巡逻得以解决。J号线是横跨麦德林的三条线路之一，每天运载3万人，缆车以每小时16公里的速度迅速驶过拉克姆那，高效地将人送到山谷底部的盛哈维耶尔车站（San Javier Station）和2.7公里外山坡上的拉奥罗拉（La Aurora）。

过去，在盛哈维耶尔车站，往返者跳上地铁。该地铁于1995年首次开通服务，由西班牙的一个德国财团建造。地铁是智能的，它的27个车站和现代化车厢象征着麦德林命运的变化。曾经的埃斯科瓦尔（Escobar）小镇，如今已成为哥伦比亚矿业和制造业的中心。地铁每天运送50万名乘客，其中包括35万来自东北地区的居民，还有许多住在这里的工人。它打破了曾经贫穷和富裕地区之间不可逾越的障碍，并促进了新产业的发展。

由于地铁的建设费用为每公里1000万美元，地铁本身耗资20亿美元，因此，发展城市交通系统是一个大胆的举措。麦德林的规划者认为，地铁作为发展轴心，在社会变革和不稳定时期满足城市的现代需要是至关重要的。自20世纪60年代以来，麦德林的城市扩张使整个阿布若（Aburra）山谷充满了人群，同时毒品贩运、失业和暴力使生活环境的恶化加剧。

在这个良性循环中，安全的改善带来了经济繁荣，也巩固了地区稳定。麦德林，哥伦比亚最大的城市，从纺织业到服务业，拥有大约1750个出口企业。他们还与采矿、发电、建筑及越来越多的旅游业形成互补。无论在自己的社区还是在国际市场上，麦德林的成功与开放息息相关。这些发展帮助改变了当地的态度，使社区融入城市生活，将正式与非正式结合起来。在2013年击败了纽约和特拉维夫，获得了城市土地研究所的年度创新城市奖。

随着时间的推移，大多数非洲城市并没有做到这一点，至少没有如麦德林那样的积极的方式。

结论：一个新的城市议程

在不久前，麦德林是无政府状态的代名词，即使是最具挑战性的非洲城市也没有达到那种状态。然而，一个拥有全面的安全、经济和基础设施计划的政府，能够扭转许多人认为无望的局面。关键是认识到了情况的严重性，领导阶层对问题和解决方案非常负责。

麦德林对非洲领导人的积极经验是，变革可能发生，即使是非常困难的情况，也可以在相对较短的时间内解决。从另一方面来看，城市环境的积极变化影响着比农村地区更多的人，这样做会释放大量企业家活力和经济增长潜力。

实现这一目标需要国家和其领导人共同努力。有时，如恩格尔神父，也会有一些英雄个体竭尽全力改善居民区。然而，他们不能确保哪怕是小地区的安全，更不用说高度复杂和矛盾突出的非洲城市，因为维持此项目较为艰难。人口增长、就业不足和城市化的快速发展能够发展大片政府统治相对较弱的地区，犯罪分子和其他人群可以自由行动。结果，未来只要"一切如初"的局面继续，就会出现越来越多的无政府城区，人们在巨大的压力和危机感下求生。鉴于目前的政策，非洲各国政府将无法提供城市所需的条件或资源来充分利用其固有的密度和规模优势。

如果城市环境能够为非洲社会和经济相斥的极端挑战提供解决方案，那么解决方案不得不来自整个政治经济。在这个框架内，能够找到一个解决方案，将住房、融资、安全、互联网、交通和治理与教育、经济增长、医疗保健、就业创造联系起来吗？关键当然在于法治安全和腐败治理。

非洲挑战的难度不可小觑。如第六章所示，非洲当前的城市框架，与其说是积极推动和拉动因素的产物，不如说是一种绝望。利用这个机会创造一个不同的未来，一方面，是对住房密度需求的接受；另一方面，是对日常社区和企业的积极作用的接受。规划、治理和建构，通过这种方式，无须重新构建，更多的是将这些结构嵌入非正式部门,并在现有资源的基础上建构。①

无论这些挑战的规模、时间和资源的限制如何,麦德林证明,如果好的领导和适当的激励措施到位,20年的时间足以从根本上打破过去的负面模式。非洲领导人面对的挑战是,这种激动人心的结果需要从产生这些条件的现状中大幅度扭转才能得到。

安全当然无法单方面取得成功。投于伊拉克和刚果民主共和国等不同环境的大量军事和财政资源说明能够安全解决一个国家的问题的方案是不存在的。安全打击可能会提供空间,但政治和经济的解决方案还需要长期的稳定。

---

① Edwin Heathcote. "Venice Biennale: Architects' social conscience". *Financial Times*, 2016-05-20, http://www.ft.com/cms/s/0/4a3b84a8-18fc-11e6-b197-a4af20d5575e. html? siteedition=uk#axzz4LYVM2Tur. (2016-11-30)

第二章　民主和发展

成功的五个步骤

·民主和发展是密不可分的。民主政府代表了普通民众的利益，而不仅仅是精英阶层的利益。

·鉴于全球经济的突出表现和民主政府的长期稳定，必须采用怀疑的态度看待独裁统治带来的稳定局面。

·必须精心设计民主体制用以解决各国面临的特殊的政治、经济和人口挑战。

·民主对赋予城市权力至关重要，因为只有民主领袖有能力下放权力。

·"民主纲领"是民主选举和制度面临威胁时所必备的。

挑战与机遇

推动非洲经济发展的重要举措是建立促进私营部门发展和人民致富的结构和激励机制。因此，非洲大陆精英阶层的利益和想法必须被"压制"。从广义上来说，民主制度是能够带领整个社会致富的最佳方式，因为民主制度是在选民及其利益驱动下建立的。经验表明，民主国家常常治理得更好，因为民主的优势即问责制度会推动积极的政治参与和良好的经济管理。然而，在非洲的部分地区，民主进程似乎停滞不前甚至出现倒退。

关键数据

尽管面临建立民主制度方面的挑战，加上非洲各国民主发展不均衡，但截至2013年，在接受调查的34个非洲国家里，有70%的非洲民众更愿意选择民主政府。1980年，非洲选举民主国家仅有2个，25年之后，这一数量上升至40

多个。但是，被认为是"非自由"国家的数量超过了那些被认为是"部分自由"的国家。尽管非洲有着世界上最年轻的人口，其人口平均年龄为19.5岁，[①]但非洲最年长的10位国家领导人的平均年龄为78岁。相比之下，世界上最发达的10个国家的领导人平均年龄为52岁。截至2016年，非洲在位时间最长的5位总统执政时间在29—36年间。

亨利·基辛格（Henry Kissinger）在评价新加坡前总理李光耀时写道："历史的非对称性之一表现在一些领导人的能力和其所在国家的权力之间缺乏一致性。"基辛格曾经的上司理查德·尼克松（Richard Nixon）甚至更讨人喜欢。基辛格推测，如果李光耀生活在另一个时间和另一个地方，他可能已经达到了丘吉尔、迪斯雷利或格莱斯顿那样的世界地位。[②]

新加坡一直是卢旺达总统保罗·卡加梅（Paul Kagame）等人不实行完全民主化的借口。事实上，新加坡的经济成功与李光耀的统治风格密不可分。然而，肤浅地用新加坡的例子来说明民主存在替代品的观点忽视了一些重要的事实。

和韩国、印度尼西亚等国家一样，新加坡是在严格的政治控制体制下实现现代化的。然而，新加坡在个人选择和经济开放上享有相当大的自由，这种温和的独裁统治与李光耀批判的时有暴力和腐败发生的非洲独裁体制时代截然不同。此外，一些独裁者虽拥有像李光耀一样的"巨人"形象，但是新加坡的发展不仅仅依赖的是个人的作用。从根本上来说，新加坡依赖的是制度和在追求发展的过程中不断改善的政策和治理体制。

李光耀展现出善于表达的公众形象，以及灵活处理政治和管理性格的能力，他还拥有一个强大的政治团队。李光耀在其回忆录《从第三世界到第一世界》中高度评价了他的同事的主张，并且讲述了他和同事在政府关键议题上的意见分歧。[③]接纳不同观点，竞争中的思想往往能产生更好的结果。

① David E. Kiwuwa. "Africa is young: Why are its leaders so old?". CNN, 2015-10-15, http://edition. cnn.com/2015/10/15/africa/africas-old-mens-club-op-ed-david-e-kiwuwa/.（2016-11-30）
② Fareed Zakaria. "A conversation with Lee Kuan Yew". *Foreign Affairs*, 1994, 73（2）, p.109.
③ Lee Kuan Yew. *From Third World to First: The Singapore Story, 1965 to 2000*. New York: Harper Collins, 2000.

　　此外，新加坡确保能够吸引最优秀和最聪明的人才，这些人才能够得到适当的报酬，并在领导的全力支持下完成工作。正如李光耀所言，如果我们遵守帮助我们进步的基本原则，就有更好的机会立于不败之地，即对于所有普通人和精英来说，通过和工作中优秀的人，尤其是和政府中的领导分享收益、平等的机会来增强社会凝聚力。①

　　新加坡成功的另一个关键因素是种族的多元性和吸引全球人才的政策，这与一些非洲国家的排外主义和身份政治形成鲜明对比。新加坡在获得独立后人口只有100多万。在新加坡现有的530万人口中，约有150万人是外国侨民、永久居民或劳务移民。吸引移民一直是新加坡保持GDP目标战略的一部分，这与其不断创新和提高效率的需要是一致的。

　　这些都源于新加坡决心实现全球化而非民族化。非洲各国政府的政策通常会导致货物难以运进和运出本国，并从根本上怀疑外国投资者的动机。相比之下，新加坡将政策和重要制度与其战略地理位置充分结合。新加坡对进口货物实行零关税制，或者低税率，签署一系列自由贸易协定，实施积极的贸易和出口政策。新加坡国内拥有近4万家国际公司，其中包括7000家跨国公司。新加坡试图避免与市场、跨国公司和国际金融的需求和敏感点产生冲突。事实上，新加坡一直通过加强监管机构力量来阻止任何给国家带来危险的负面观点。

　　那些更支持独裁统治的人所持的理由是：识字率低、常规性的国内选举周期时间长且经济成本高，缺乏强有力且能力出众的领导候选人等综合因素导致西式民主在非洲无法奏效。支持这一观点的人更推崇像李光耀这样的强硬人物。从长远角度来看，"谁能把事情办好"是仁慈的独裁统治采用的一种形式。

　　目前，这种统治模式的问题在于许多非洲国家已经经历过这样的一党或一人统治，但他们的统治模式并不像李光耀领导下的新加坡，而更像是一幅关于劣质产品的讽刺漫画，他们经常采用极端残暴的独裁统治。在非洲及更偏远的地方，独裁者往往并不仁慈。他们经常采取暴力形式，包括通过镇压来控制他们的公民。非洲的问题在于，非洲威权主义者没有把重点放在经济增长、重视

---

① Asia Week Magazine. "In his words". 2000-09-22, http://edition. cnn. com / ASIANOW / asiaweek / magazine/2000/0922/cs.singapore.words.html. （2016-11-30）

人才和融入全球化上，而这些都是新加坡奇迹出现的关键因素。

因此，我们认为，经济能否实现长期发展取决于非洲国家能否变得更加民主。民主是迫使政府建立惠及大众的制度的唯一途径。在过去的几十年里，一些依靠少数精英的善意和智慧来治理的国家并未取得成功。离开重新选举这一必要的规则，就没有明确的制度能促使非洲领导人在面对非洲人口激增的现状时发展私营部门和创造就业。

非洲民主发展

冷战期间，非洲许多国家陷入一党专政体制或者威权统治，这从根本上压制了这些国家的竞争思想和制度。

在柏林墙被推倒之前，只有博茨瓦纳和毛里求斯这2个国家能被视为制度化的民主国家。[1]1990—2005年，随着超级大国的竞争逐渐减弱，加上军事和经济援助养活了许多非洲独裁者，那些定期举行有竞争力的多党选举的国家数量急剧增加，超过40个。科特迪瓦于1990年举行民主投票；1991年，贝宁和赞比亚紧随其后；此后，肯尼亚和坦桑尼亚也分别于1992年和1995年举行民主投票。加纳和尼日利亚在1996年和1999年通过多党选举恢复了文官统治。自1991年以来，在撒哈拉以南非洲国家的选举中有36次和平移交了政权。[2]

在这段时间里，被美国智库自由之家（Freedom House）评定为"自由"的非洲国家的数量增长到了11个。[3]可以说，那些被贴上"非自由"标签的国家发生了巨大的转变。1990年，"非自由"国家占非洲大陆总国家数的70%；到2005年，这一比例仅为33%。从"非自由国家"转至"部分自由"国家的比

① Freedom House. *Freedom in the World, 2015*. New York: Freedom House, 2015.
② The Economist. "The march of democracy slows". 2016-08-20, http://www.economist.com/news/middle-east-and-africa/21705355-threats-democratic-rule-africa-are-growing-time-and-demography-are? zid=304&ah=e5690753dc78ce91909083042ad12e30.（2016-11-30）
③ 根据"自由之家"的排名，"自由"国家是指有开放性政治竞争，尊重公民自由的氛围，重要的独立公民生活和独立媒体的国家。"部分自由"国家是指"对政治权利和公民自由的尊重有限"，"经常受腐败困扰，法治水平较低，种族和宗教冲突较多，以及尽管存在一定程度的多党竞争，但一个政党享有统治地位"的国家；"不自由"国家是指"基本政治权利缺失，基本公民自由被广泛而系统地剥夺"的国家。参见http://www.freedomhouse.org/report/freedom-world/freedom-world-2013.（2016-11-30）

例从24%上升至2005年的44%。

　　然而，从2005年到2014年的10年间，政治改革取得了些许进展，但也可以说是倒退。2014年被评为"自由"的国家数量比2005年减少了1个，尤其是马里等国家十分令人失望。或许更值得注意的是，10年前，"部分自由"国家的数量超过"非自由"国家。而10年后，那些被认为是"非自由"国家的数量明显超过了"部分自由"国家，两者之比为21∶18。

　　当然，非洲国家政权的转换往往是流动的。在那些发展停滞不前以及上述提到出现倒退的国家中，有80%的国家通常在3年内回到民主道路上，有些国家不止一次。这些政权常常出现不断变化的复杂联盟，既有体制和族群的伙伴关系，有时也包括军队上的伙伴关系。自1989年以来，非洲各国在任的91位总统和总理中有近一半（45%）要么曾在武装部队服役，要么曾经是游击队员。①

　　非洲民主面临的威胁各不相同，如处理与那些对短期收益（包括来自矿产和石油的收入）更感兴趣而不是乐于帮助改善管理体制的外部国家的关系，或者脆弱的体制、摇摇欲坠的民族主义和长期的贫困等根深蒂固的问题导致选票被一顿饭或者一件T恤收买。②民主机构（议会、法院和检察院）往往是新生和脆弱的，这仅仅是因为要建立这样的弹性结构非常困难。正如下一节所述的增长率差别所表明的那样，财政廉洁和透明度也会随着这些机构的建立而得到改善，尽管治理与民主之间的关系并不是线性的。选举的威胁表现在诸多方面。2002年《非盟关于非洲民主选举原则的宣言》中突出了由"公正、包容、有竞争力和负责心的国家选举机构"组织选举所面临的一些挑战。该宣言还呼吁成员国避免欺诈、操纵和其他非法行为。③

　　使这些挑战更加复杂的是，国际社会在促进民主方面的作用发生了明显的变化。自21世纪初以来，国际社会的关注点似乎已转向防止激进主义和恐怖主

---

① The Economist. "The march of democracy slows". 2016-08-20, http://www.economist.com/news/middle-east-and-africa / 21705355-threats-democratic-rule-africa-are-growing-time-and-demography-are? zid=304&ah=e5690753dc78ce91909083042ad12e30.（2016-11-30）

② 同上。

③ 联合国人权事务高级专员办事处，http://www2.ohchr.org/english/law/compilation_democracy/ahg.htm.（2016-11-30）

义。这种趋势也在整个非洲大陆扩散开来。美国对2016年乌干达大选做出温和
批判，因为非洲联盟驻索马里特派团需要乌干达维和部队的参与。在得知乌干
达反对派政府在2016年2月的选举中面临政府操纵、干扰和缺乏透明度等重重
困难时，赞比亚2016年总统候选人哈凯恩德·希奇莱玛（Hakainde Hichilema）
评论说："我们只能自救。"①又如肯尼亚反对党领袖、前总理拉伊拉·奥廷加
在2016年所说的那样，"非洲大陆上出现了对民主的攻击"。选举被当作一种仪
式来举行已成为一项既定的宪法要求，目的是维持当政者的统治。美国曾经是
非洲大陆的民主捍卫者，但现在它不愿意扮演这个角色。或许，美国会说，美
国现在所做的是为了维护自身的战略利益。②

联合国前秘书长科菲·安南（Kafi Annan）观察到，部分国际社会对民主
的兴趣发生了变化，在经历了最初阶段的真正变革后，统治者意识到选举并不
一定意味着民主，即统治者可以通过操纵选举维持政权甚至无限期掌权。安南
认为，这样带来的结果是一些选举仅仅成为不民主领袖在民主上所做的表面文
章，即使法院证明了选举结果，也会在过程中混淆"合法性"与"合理性"。
"对稳定的镇压"，特别是长期的镇压，以及"在选举授权上开出空头支票"，
这两者导致政治空间被封闭。

安南写道："健康的社会有赖于三大支柱：和平与安全、可持续发展、人
权和法治。今天，许多州认为，他们可以通过公正的选举在没有第三个州参与
选举的情况下取得前两名。但他们错了。"③

从2016年乌干达和赞比亚的选举结果中，我们可以看出，这些选举是当政
者控制有利于他们选举过程的一个范例：关闭民主空间，进行干预，滥用国家
资源，控制信息库，以及在必要时改变数字。

这些事件表明，举行选举本身不足以实现民主。事实上，如果允许通过选
举舞弊来颠覆民主进程的话，他们甚至会强化威权主义。

近年来，许多"宪法政变"都表明了这一点，即领导人通过选举巩固自己

---

① 摘自2016年2月对哈凯恩德·希奇莱玛的访谈。
② 摘自2016年9月9日于内罗毕对拉伊拉·奥廷加的访谈。
③ "Are elections giving democracy a bad name?". http://www.kofiannanfoundation.org/articles/4696/.（2016-
11-30）

的权力。例如，纳米比亚的开国总统萨姆·努乔马（Sam Nujoma）在1998年提出了一项法案，允许他本人破除宪法规定的两届任期限制，开启第三任期。①虽然赞比亚和马拉维分别于2001年和2003年采取了相同做法，然而当政者弗雷德里克·奇鲁巴（Frederick Chiluba）和巴希利·穆卢齐（Bakili Muluzi）未能获得成功。全民公决改变了乍得、几内亚和尼日尔的宪法。2005年，乌干达的约韦里·穆塞韦尼（Yoweri Museveni）以回归多党民主制为承诺取消了总统任期限制。②2015年12月，卢旺达通过全民公投修改了宪法，允许其总统保罗·卡加梅延长任期。自1994年以来，卡加梅就已经有效地统治了这个国家。在宪法修正案之前，卡加梅并没有资格在2017年竞选总统职位，因为卢旺达宪法限制总统最多两届任期。但最终全民公决以98.3%的多数票通过了宪法修正案，从而使卡加梅得以继续连任7年，然后再连任两届共5年任期。到2034年，卡加梅将执政达40年。

这些统治者的惯用做法是使自己成为不可或缺的人。英国前首相托尼·布莱尔（Tony Blair）曾在2016年的时候问卡加梅：为什么追求第三任期？卡加梅对这一问题的回答是：他只是在尊重卢旺达人民的愿望。卡加梅说："我没有要求这件事。我说，也许你们需要和别人一起冒险。但是他们不停地说，不，我们想让你留下来。"③

相比之下，美国排名前500位的公司的总裁的平均任期为4.9年，这大约是一个总统的任期年限。所有总裁的平均任职年限是8.1年。④尽管这也有例外，但公司往往害怕"帝国"总裁的角色。

因此，一个有助于增强公民经济权能的民主制度一定不仅仅体现在选举上。民主涉及确保司法、立法和行政三权分立；民主涉及保证政府各部门的精英管理，特别是在关键的治理监督机构；民主还涉及实行采购改革，确保合同

---

① 这一论点是围绕对纳米比亚宪法的有限解释而提出的，其理由是萨姆·努乔马总统第一次由立宪会议选举产生，但他的第一个任期没有届满。

② Joseph Siegle. "Why term limits matter for Africa". Center for Security Studies blog, 2015-07-03.

③ Quartz Africa. "Kagame says he is seeking a third term for the sake of democracy". http://qz.com/682038/kagame-pushes-back-at-third-term-critics-but-for-the-westits-not-just-about-rwanda/.（2016-11-30）

④ Jeffrey Sonnenfeld. "CEO exit schedules: A season to stay, a season to go". *Fortune*, 2015-05-06, http://fortune.com/2015/05/06/ceo-tenure-cisco/.（2016-11-30）

是透明的，并且在采购改革的过程中接受一个自由且充满活力的媒体的监督。民主要求政治家们关注政策选择，而不是身份政治。在机构缺乏实力或独立性及治理能力薄弱的情况下，国家机构的"捕获"及由此产生的对优惠、就业和合同再分配的阶段就已经开始。①

在这方面，撒哈拉以南非洲的首都城市预计会比其他国家的城市规模更大，因为政府需要从这些城市资源中拨款援助或支付租金。相比之下，非洲的非首都城市不仅人口集中程度降低，而且人口增长率上升。②政治制度的性质也会影响城市化进程。20世纪90年代发布的一项研究结果表明，独裁国家的城市规模比民主国家大50%。③这种相对集中现象的原因是国家外部关税高、内部贸易成本高和国际贸易水平低。更清楚的是，该研究指出政治（如不稳定程度）决定了城市的首要地位。

民主制度的优势不仅体现在公共机构的性质上，而且体现在政府与这些公共机构和政治反对派打交道的方式上。

民主对非洲经济前景影响重大的三大原因

支持非洲实现民主的第一个原因是，非洲大陆上民主国家的经济增长率通常比独裁国家高1/3。因此，随着人口的增长，这些民主国家更有能力创造所需的就业岗位。

这与较长时期内全球范围内所发生的情况相符合。约瑟夫·希格尔（Joseph Siegle）及其同事的研究表明，④自冷战结束以来，全球85个独裁国家

① Jeffrey Sonnenfeld. "CEO exit schedules: A season to stay, a season to go". *Fortune*, 2015-05-06, http://fortune.com/2015/05/06/ceo-tenure-cisco/. （2016-11-30）

② Jeremy Barofsky, EyerusalemSiba and Jonathan Grabinsky. "Can rapid urbanization in Africa reduce poverty? Causes, opportunities, and policy recommendations". Brookings, 2016-09-07, https://www.brookings. edu / blog / africa-in-focus / 2016 / 09 / 07 / can-rapid-urbanization-in-africa-reduce-poverty-causes-opportunities-and-policy-recommendations/. （2016-11-30）

③ Alberto F. Ades and Edward L. Glaeser. "Trade and circuses: Explaining urban giants". *NBER Working Paper*, 1994 （4715）, http://www.nber.org/papers/w4715. （2016-11-30）

④ Joseph Siegle, Michael Weinstein and Morton Halperin. "Why democracies excel". *Foreign Affairs*, 2005, 83（5）, pp.57—71. Morton Halperin, Joseph Siegle and Michael Weinstein. *The Democracy Advantage: How Democracies Promote Prosperity and Peace*. London: Routledge, 2010.

中只有9个实现了持续的经济增长。此外，其中48个独裁国家在此期间至少经历了一次经济灾难（经济灾难被定义为人均国内生产总值年收缩至少10%）。民主和经济发展之间存在着联系。在联合国人类发展指数排名前47位，被归类为"人类发展水平非常高的国家"中，有41个被认为是"自由国家"，2个被认为是"部分自由国家"，仅有4个被认为是"不自由国家"。

尼古拉斯·范德·瓦莱（Nicolas van de Walle）和塔卡基·马萨基（Takaaki Masaki）所做的分析进一步证明了民主与发展之间的关系。[1]在对1982年至2012年期间撒哈拉以南非洲的43个国家（当时非洲共49个国家）进行调查时，他们发现"有强有力的证据表明民主与经济增长是正相关的"，而且这种"民主优势"在那些长期处于民主状态的非洲国家内更为明显（见图2.1）。

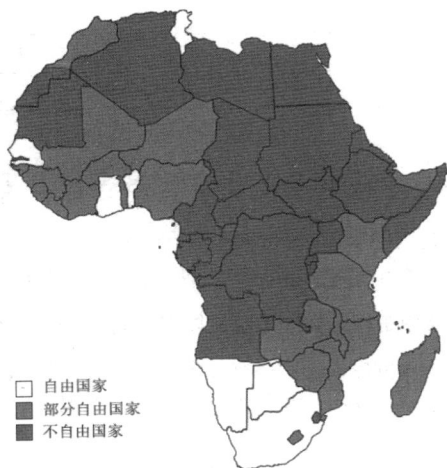

图例：
□ 自由国家
▨ 部分自由国家
■ 不自由国家

图2.1 2016年非洲国家自由状况

（资料来源："自由之家"2016年发布的全球自由报告，https://freedomhouse.org/report/freedom-world-2016/table-scores。）

图2.2是"自由之家"在分类的基础上计算出来的。该图显示，被归为"自由"国家的国内生产总值增长率远远高于"部分自由"和"非自由"国家。

---

[1] Takaaki Masaki and Nicolas van de Walle. "The impact of democracy on economic growth in sub-Saharan Africa, 1982—2012". *WIDER Working Paper*, 2014（57）.

从图2.2可以看出，如果将石油生产国（苏丹、赤道几内亚、安哥拉、加蓬和刚果民主共和国）排除在外，那么"非自由"国家的经济表现就会糟糕得多。虽然在短期内，大宗商品的优势能够提高经济增长率，但从中长期来看，由于大宗商品的价格具有周期性，再加上良好的治理是吸引投资所必需的，因此国家治理的质量就变得更加重要。

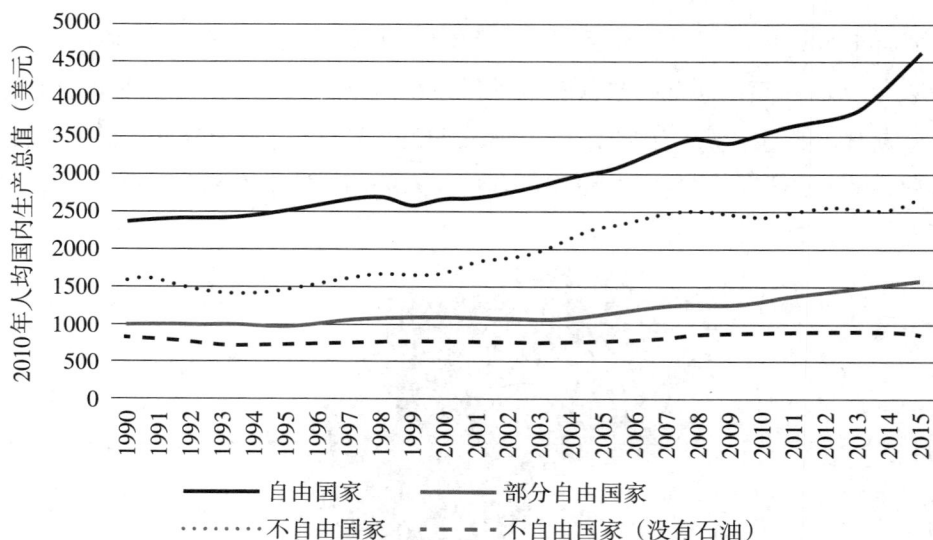

图2.2　按自由指标分类的撒哈拉以南非洲人均国内生产总值

（资料来源："自由之家"在《世界报告》中有关自由国家的分类，https://freedomhouse.org/report- types/freedom-world；《世界发展指标》中的国内生产总值数据。）

民主制度不仅能改进问责制，而且民主的最大优点是，它还能在政治消费者市场上开展哲学实验。民主制度的内在优势之一就是其灵活性和务实性。它们使人们达成共识，即援助不再是灵丹妙药，必须促进区域一体化，必须对教育和技能进行投资，以及使得机构得以运转。①民主使政治制度和政策更具竞争力，而独裁政权尤其缺乏这种竞争力。企业和经济体制需要通过竞争优势取得成功。因此，维持"仁慈的独裁政权"是以破坏潜在的经济发展为代价的。

军事政权的糟糕表现证明了这一论点。自冷战结束以来，军事政权的数量

---

① 感谢特里·麦克纳（Terry McNamee）米提供观点。

和军事政变的频率都显著下降。尽管有关非洲"良性政变"的影响已经有了修正主义的文献记载，①但政变时代的经济管理和政治冲突的记载是不言自明的，因为非洲军队在管理国家方面比文职官员做得更糟糕。

图2.3说明了撒哈拉以南非洲不同国家政府在经济表现上的差异。在博茨瓦纳、喀麦隆、佛得角、吉布提、加蓬、肯尼亚、马拉维、毛里求斯、塞内加尔、南非、斯威士兰、坦桑尼亚和赞比亚这些国家中，军队没有干预政治，而其他一些国家自独立以来就存在军事干预。

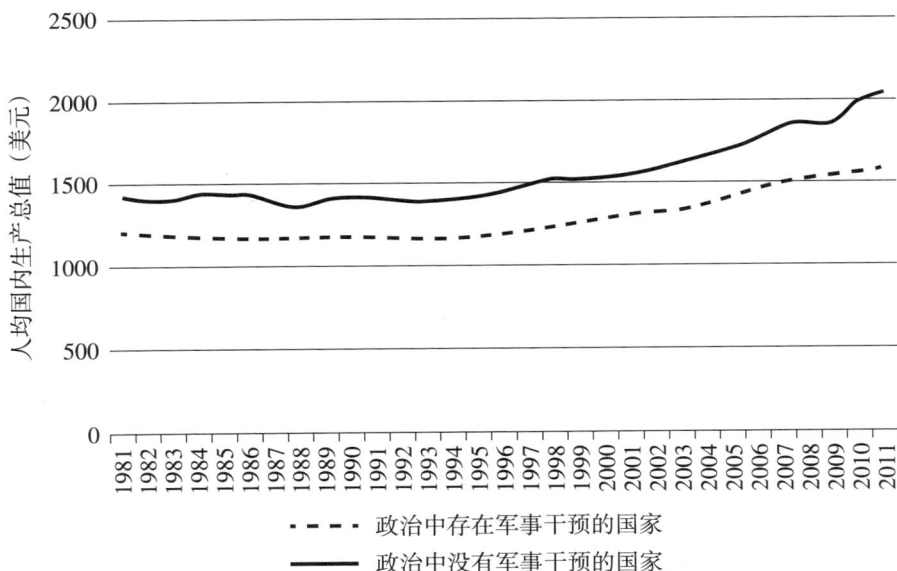

图2.3　1998—2011年撒哈拉以南非洲军事国家和非军事国家的经济表现对比

（资料来源：世界银行数据库，http://databank.worldbank.org/data/reports.aspx?source=world-development-indicators&preview=on#。）

独裁国家经济急剧下滑的可能性通常是民主国家的3倍，这导致经济危机常规化。这种波动在一定程度上是由于独裁政府更多依赖自然资源的收入，尽管并非完全如此。此外，分析表明，在经济停滞的时期（即人均增长率低于

---

① Sebastian Elischer. "Taking stock of 'good coups' in Africa". *The Washington Post*, 2015-05-18, https://www.washingtonpost.com/blogs/monkey-cage/wp/2015/05/18/taking-stock-of-good-coups-in-africa/. （2016-11-30）

1%），专制政府更有可能衰退。

事实上，这符合一个更广泛的模式——在全球范围内，专制政权经济增长的波动程度要高得多。自2000年以来，专制政体经济增长率的变异系数（标准差除以平均数）为4.28，混合政体为2.11，民主政体为1.48。换言之，专制国家经济增长的波动性比民主国家高3倍左右。从实际意义上来说，这意味着独裁政府每年的变化很大，并且独裁国家之间在经济增长方面的差异要比民主国家之间的差异大得多。经济增长和国家发展上的一致性十分重要，这种波动破坏了稳定的经济增长所带来的综合影响。[1]

如上所述，民主改革的一个关键组成部分是私营部门所发挥的作用。在私营部门衰退时，经济发展机会和创造就业的潜力就会受到限制，而这正是扭转经济停滞所需的。[2]这些问题破坏了独裁政体所主张的"绩效合法性"，或者从根本上说，通过政权移交而不是尊重人权的方式实现的合法性，更有可能导致突然的政权更迭。

民主国家更加平和

从历史上看，支持民主的第二个原因是，民主国家在和平解决社会内部的紧张局势和冲突方面更有效。因此，矛盾的是，独裁政权的领导人走向民主道路完全是出于自身利益，因为独裁政权往往以暴力方式收场，给当政者带来严重影响。如上文所述，和平与稳定，或缺乏和平与稳定，都具有经济和社会影响。

在1990年之前，撒哈拉以南非洲经历了19次民主选举、14次非民主或有争议的选举和77次非民主政权的更迭。17位国家元首在任职期间因军事政变被废黜，不久后死于暴力。1990年后的非洲大陆截然不同。自1990年以来，选举次数大幅增加。到2016年，非洲共举行了118次民主选举、77次非民主或有争议的选举和34次非民主政权的更迭。当"自由之家"最近将数据进一步细

---

[1] 摘自2016年8月与乔·西格而博士的通信。
[2] 同上。

分为"自由""部分自由"和"非自由"时，我们就有可能看到不同的政权变更轨迹如何影响一个国家的自由水平。

这并不奇怪。安南曾说过："民主国家的内部冲突程度比非民主国家低得多。"在一个90%以上的战争发生在国家内部而不是国家之间的时代，这一结论对于预防冲突的重要性应该是显而易见的。[1]民主带来领导层的有序更替。它使人们耐心等待机会，而不是再次发动政变。在这方面，1991年非洲统一组织非洲安全、发展与合作会议指出，缺乏包容性的民主是非洲大陆不安全的主要原因。[2]

一个可行的民主制度提供了替代性政府的可能性，并防止了政府领导人的自满心理。

最后，也许最重要的理由是，在非洲建立一个民主的政府体系，是公民所青睐的政府模式。2002—2012年，接受调查的16个非洲国家对民主的需求指数上升了15个百分点，即从36%上升至51%。在接受调查的34个国家中，70%的非洲人希望到2013年建立民主政府，而不是"其他类型的政府"，其中西非国家对民主的需求最为强烈。非洲人还将选举视为民主制度的最好体现。[3]民主制度还有一些很好的例证，尽管民主难以承继，但民主是行之有效的。

结束政变：尼日利亚前国家元首奥卢塞贡·奥巴桑乔对尼日利亚的个人反思

1966年1月，军方干预尼日利亚政治所造成的影响就像音乐椅一样持续了33年，它污染了政治环境，造成了不稳定性和不确定性，破坏了生命和财产，导致了内战，使该国内部分裂，被外部孤立。这在萨尼·阿巴查上将（General Sani Abacha）无情且不计后果地推行他的个人连任和终身总统任期计划时达到了顶峰。尼日利亚在经济、政治、知识和文化方面都处于落后状

---

[1] "Preventing conflict in the next century". *The World in 2000*. London: Economist Publications, 1999, p.91.

[2] 非盟安全、稳定、发展与合作会议，http://www.au2002.gov.za/docs/background/cssdca.htm.（2016-11-30）

[3] 非洲晴雨表（Afrobarometer），http://afrobarometer.org/sites/default/files/publications/Dispatches/ab_r6_dispatchno30.pdf.（2016-11-30）

态，成为一个贱民国家。"尼日利亚人纷纷逃往世界各地寻求庇护。尼日利亚被瓦解。那些大声疾呼的人要么被暗杀，要么被关进监狱，包括我自己和军队副司令、国家军事领导人谢胡·亚拉杜瓦（Shehu Yar'Adua）。我们因一场虚幻的政变而被捕，并被判处长期监禁。如果没有国际干预，我们可能已经被杀害了。"①在1993年6月12日"流产的选举"中获胜的酋长M.K.O.阿比奥拉死于狱中。

阿巴查的猝死是幸运的：打开了监狱的大门，开启了政治改革，扭转了尼日利亚的人口外流。接替阿巴查的阿布巴卡尔·阿卜杜勒萨拉米（Abubakar Abdulsalami）立即释放了政治犯，为尼日利亚流亡者返回家园创造了有利环境。他还为再次尝试民主制度开辟了道路。正是在这次新的民主试验中，奥卢塞贡·奥巴桑乔被说服去竞选尼日利亚总统。

奥巴桑乔加入了三大政党之一的人民民主党（People's Democratic Party）。自军队干预尼日利亚的政治和生活以来，关于如何制止政变再次发生和持续存在的问题曾经存在争论。政变变得越来越具有破坏性和不稳定性。无论政变的理由是什么，它们都对尼日利亚的民主、治理和统一产生了严重的负面影响。尼日利亚需要结束无休止的政变。

在宪法中明确规定禁止政变的通常举措并不是解决问题的办法。只有在政变失败后才能判处叛变者死刑，但如果政变成功，政变者就会被送进议会。政变是一种破坏稳定的做法，浪费了军队自身的资源，并且破坏了军事纪律、正常秩序和军队管理。一个下级军官拿起一把枪，对准并杀死他的政治上司和高级军官，然后进入州议会。他的地位立刻高于所有的政治和军事官员。尼日利亚1966—1999年的情况就是如此。

> 刚就任总统，我就决定制止这些不断发生的政变。我要求军方提交一份名单，列出过去曾参与政变的所有军官，或者通过担任省长或部长职务而从政变中获益的所有军官。由于不知道该名单的目的，军方如实地编制了这份清单，并将其提交给作为三军总司令和委员会主

---

① 本部分为奥巴桑乔本人的回忆。（译者注）

席的我。共有93名军官在星期五收到六小时后退休的通知，并被命令不得在星期五晚上穿制服或在兵营中度过，以防止他们做出反叛举动。

在接下来的星期一，服务委员会召开会议，批准所有军官退休。从我经过战争考验和战争胜利的有利地位和背景来看，我知道一个脱下军装和离开兵营的军官就像一条离开水的鱼，他们的力量和影响力会被大大削弱。这93名军官在一天之内退休是有利的。这意味着，无论花费多长时间，只要参与政变或从政变中获益的军官还活着都会赶上退休。这些军官退休后并不妨碍他们中的任何人进入公共领域或在公共领域中取得成就。其中一些人后来从政，当选省长，一些人进入议会，另一些人被任命为部长或大使。我的想法并不是要终身惩罚他们，而是剥夺他们在军队中的职位，因为在军队中，他们可能成为政变的策划者、密谋者、执行者或受益人。并且一旦一个军官尝到了参与政治生活，住在政府官邸，享有免费食物等的诱惑，如果他能够做到这一点的话，他就会很容易地寻找借口来要求更多的东西。

自1999年以来，尼日利亚没有发生政变或未遂政变。这一事实说明，为结束政变对尼日利亚政治生活和政权的不稳定性影响而采取的措施是有效的。1999年以前和独立以来，尼日利亚民主制度持续最长的时间是6年，即1960—1966年。

民主制度既不简单也不完美，在政治阶层中有提升和学习的空间。任何不良表现和不当行为都必须受到严格监控。对于那些有着与尼日利亚类似经历的国家来说，有必要找到一种行之有效和相对无痛的方式来遏制军事政变和腐败的发生。

防止平民政变，制定民主纲领

在非洲国家及其领导人努力应对非洲大陆面临的严峻发展挑战时，需要就民主的价值展开有意义的讨论。

领导者推迟实现民主的一个理由是，民主会分散人们在艰难的发展决策上的注意力，但随着时间的推移和国民收入的增加，民主将成为一种负担得起的奢侈品。换言之，有观点认为，在贫穷国家达到一定发展基准（有时以人均收入为指标）之前，专制统治是最佳选择。①

然而，经济计量学分析并不支持这样的观点，即"民主在发展低于某一标准时会阻碍经济增长"。②这一观点也不能解释为什么非洲在经历了10多年的高速经济增长后，却更多倾向于独裁统治。

如上所述，转向独裁统治与其说是在独裁和民主之间做出二元选择，不如说国家需要微妙的干预来改变选举或体制的方向。国际社会很少认为谴责这些干预措施足够重要，更不用说进行干预了。但是，篡夺民主成果已经成为非洲的一种艺术形式，失败者和受害者几乎没有发言权，正如赞比亚前总统盖伊·斯科特（Guy Scott）在2016年赞比亚备受争议的大选后所说的："一个一个地被击败。"③

例如，在这次赞比亚的大选中引入了一个外部小组，对选民名单中的不实之处进行审查。但是，审查工作开展的时间比原定计划晚得多，这使人怀疑推迟审查是为了防止反对派的检查和对其真实性提出任何合法质疑。虽然该审查进程本应在赞比亚总部的选举委员会进行，但报告称，官方审查和记载这一进程的笔记本电脑在总统办公室的指示下被转移至选举委员会附近的一个安全屋，并交给为总统办公室工作的顾问。赞比亚国家发展联合党（UPND）认为，政府的目标是进入赞比亚主要选举委员会的服务器，并在计票过程中根据选民名单上的信息插入有利的数字。

UPND通过一名线人得知了政府的这个计划，这名线人向他们提供了安全屋内的照片。反对派曾考虑过突袭房屋并摧毁设备。然而，这将使UPND的线人处于极度危险之中，同时为审查人员转移到另一安全地点提供了足够的时

---

① The Becker-Posner Blog. "Autocracy, democracy and economic welfare". 2010-10-01, http://www.becker-posner-blog.com/2010/10/autocracy-democracy-and-economic-welfareposner.html. （2016-11-30）

② Daron Acemoglu, et al. "Democracy does cause growth". 2014-06-01, https://www.aeaweb.org/conference/2015/retrieve.php?pdfid=333. （2016-11-30）

③ 摘自2016年10月21日与盖伊·斯科特的邮件通信。

间。UPND团队还考虑向国际媒体发布这些图片，但意识到可能会得到不温不火的回应，同时也会影响他们的消息来源。于是，UPND确认了从安全屋到选举委员会大楼的地下电缆线路，并且在无人知晓的情况下，在计票过程开始时就把线路给切断了。UPND官员回忆说："这样他们就没有时间转移了，也避免了将错误数字输入系统当中。令人惊慌的是，总统办公室的一名顾问试图进入选举委员会大楼，并尝试通过手动输入号码来解决问题。在被逮捕之前，他被UPND的一名成员发现并被按倒在地。"①在这项计划失败后，爱国阵线（Patriotic Front）显然采取了更基本但同样有效的策略，包括在各个投票站部署武装暴徒来追捕UPND的特工。

赞比亚和其他非洲国家的选举结果，包括2016年在乌干达和加蓬举行的选举［加蓬总统阿里·邦戈（Ali Bongo）在其选举大本营上奥果韦省（Haut-Ogooué）获得99.9%的投票支持率，使得他以5000张选票的优势获胜］，都表明当政者制胜的模板是：关闭民主空间、实施干预、滥用国家资源、控制信息传播及在必要情况下修改选举数据。

在赞比亚选举日的筹备过程中，没有媒体可以传播支持反对派的新闻，尽管反对派向赞比亚国家广播公司（ZNBC）支付了大笔资金和国际补贴来协助其节目制作。这就创造了一个只能听到亲政府广播信息的环境。国际新闻机构认为，阻碍反对派进行媒体宣传给赞比亚的民主蒙上了一层阴影。②

赞比亚国家广播公司直到大选前才被高级法院允许播出对反对派有利的新闻报道，包括希奇莱马的政治竞选纪录片。③这部纪录片曾在非黄金时段播出过。在法院裁定应该播出该纪录片后，赞比亚国家广播公司称，目前还没有节目播放时段。当《邮报》（Post）、MUVI电视台和科博尼（Komboni）广播电台相继报道反对派的新闻时，这些新闻机构的办事处遭到了搜查，工作人员遭到

---

① 基于与国家发展联合党团队的通信，又见"UPND demands resignation of ECZ director Pricila Isaac". *Lusaka Times*, 2016-08-13, https://www.lusakatimes.com/2016/08/13/upnd-demands-resignation-ecz-director-pricila-isaac/.（2016-11-30）
② 参见http://www.freemedia.at/IPIMain/wp-content/uploads/2016/08/2016-IPIAMI-Zambia-Press-Freedom-Mission-Report-Final.pdf.（2016-11-30）http://ccmgzambia.org/wp-content/uploads/2016/08/CCMGPreliminary-EDay-Statement-12-Aug-2016.pdf .（2016-11-30）
③ 参见http://zambiareports.com/2016/07/12/znbc-right-to-reject-unethical-upnd-adverts/.（2016-11-30）http://www.zambiawatchdog.com/high-court-orders-znbc-to-air-upnd-documentaries/.（2016-11-30）

了袭击。这些新闻机构被迫关闭。反对派的公开集会受到限制,反对派领导人被限制自由行动。①这些限制对反对党来说是一个巨大的打击,因为非洲许多政治竞选形式是会见候选人和编写大事记。

从反对派的角度来看,在2016年的大选中,警察的恐吓和暴力行为比赞比亚历史上的任何一次选举都要严重得多。反对派支持者被杀害,许多人在警察的注视下遭到暴徒的殴打,妇女遭到殴打和性侵。这一做法明显的目的是制造大规模的恐吓。在整个竞选过程中,以涉嫌犯罪为由逮捕反对派领导人的做法司空见惯,其目的是制造混乱。据反对党称,爱国阵线在选举前印制了额外的选票。在选民名单上登记外国选民也成为一个问题,因为这些人中的大多数在主要的边界城镇投票。由于直到大选开始后的第11个小时才拿到选民名单,反对派几乎做不了什么。在2016年8月11日选举当天,大多数地区的投票过程都十分顺利。此后,UPND宣称选票已作废,选举中存在大规模的恐吓行为,出现篡改计票结果和大量计票偏差。反对派声称,"创12"表格,即在每个投票站与所有缔约方代表和代理人签署的证明选举结果的协议,都对UPND代理人隐瞒,因此他们无法核实结果。反对派认为,这种拖延战术使爱国阵线能够篡改数字,特别是在首都卢萨卡,因为近1/6的登记选民居住在那里。当然,尽管人们早就对选举结果有所预料,但计票和选举结果的公布在选举后的周末有所放缓,这是一个解决问题的好兆头。

然而——或因为这一切——爱国阵线获得了50.1%的选票,在近380万张选票中只有5000票的选票优势。②即使所有有关选举不法行为的指控都被排除在外,避免竞选失败的概率也很小,只有0.13%。

这些事件表明,举行选举本身并不意味着民主。事实上,如果选举允许通过选举舞弊来压制民主进程,选举甚至可能强化独裁主义。

各种国际观察小组甚至在投票结果公布之前就发现,用英联邦报告中的话

---

① 欧盟代表团的报告指出了国家广播电台的偏见,指出国家电台和电视台的新闻报道"很大程度上排除了其他党派,或只报道了其他党派的负面消息"。它还指出,《公共秩序法》的规定和适用不合理地限制了有利于执政党的集会自由,参见 http://africanarguments.org/2016/08/17/zambias-disputed-elections-on-binned-ballots-and-systematic-bias/.(2016-11-30)
② 官方公布的差额最初是13000票,但赞比亚选举委员会最初宣布的伦达齐的数字比当时官方证书上提供的数字高8000票。选举委员会认为这是管理上的失误。

来说，投票和计票过程是"可信和透明的"。欧盟选举观察团（European Union Election Observation Mission）表示，尽管"官方媒体的系统性偏见和对反对派竞选活动的限制"破坏了选举，但投票过程是和平进行的，而且总体上得到了良好的管理。卡特中心（Carter Centre）、非洲联盟、南部非洲发展共同体（SADC）、东部和南部非洲共同市场（CMESA）及非洲可持续民主选举研究所也派出了国际特派团。[①]

国际社会以防止冲突为目标，鼓励国家发展联合党寻求法律救助，而不是走上街头。联合国驻赞比亚办事处负责人詹尼特·罗根（Janet Rogan）在最终结果公布后不久表示，从总统到地区一级，任何级别的机构对选举过程提出质疑都应收集证据并通过法律途径向法院起诉，而不是上街抗议他们。[②]希奇莱玛所在的政党在规定的7天期限内向法院请求调查选举结果。他们有14天的时间来收集材料并向宪法法院陈述他们的案件，宪法法院裁定请愿听证会将于2016年9月2日开始。此后，全体法官（由隆古总统提名）决定于9月5日（星期一）继续审理此案。星期一，5名法官中有3名法官裁定，宪法规定的14天的选举请愿听证会在9月2日到期，因此将该案驳回。[③]

国际观察人士和外国政府（及投资者）更愿意相信，在这种难以控制的环境中，维持他们利益最好的做法是什么都不做，"低头""不摇船""让他们做事情"，以及"等着看"，这是一种老套的政策选择。国际观察人士将成功选举的基准设定得很低，防止冲突比其他任何问题更重要。而且，他们不愿动摇这一体系有其战略竞争方面的原因，即其他国际行为体不太可能这样做，而且可能会从任何双边冲突中获益。因此，有必要为选举制定一个"民主纲领"。

为了打击欺诈和恐吓，反对派武装必须建立自己复杂的选举监督程序，包括平行的选民登记，并确保他们的选票结果被统计出来，并在政府机构之前公

① "Zambia general elections 2016: Observer group interim statement". http://thecommonwealth.org/media/news / zambia–general–elections–2016–observer–group–interim–statement#sthash. sswQUDgc. dpuf; http://eeas. europa.eu/statements–eeas/2016/160816_01_en.htm.（2016–11–30）

② Alexander Mutale. "Zambian elections: clear, but narrow, win". *Financial Mail*, 2016–08–19, http://www.financialmail.co.za/features/2016/08/19/zambian–elections–clear–but–narrow–win .（2016–11–30）

③ Africa News. "Zambian court throws out election petition case – Lungu to hold inauguration". 2016–09–05, http://www.africanews.com/2016/09/05/zambian–court–throws–out–election–petition–case–lungu–to–hold–inauguration/.（2016–11–30）

布。穆罕默杜·布哈里（Muhammadu Buhari）在2015年的尼日利亚大选，与竞选活动中有巨额资源支持的古德勒克·乔纳森（Goodluck Jonathan）相对抗并获胜时就是设法这样做的。

在这方面，数字技术在非洲的传播呈现出一种悖论。技术为快速动员群众运动（特别是在城市中）提供了手段。同时，在缺乏制度规范和制衡的情况下，它可以被用于无耻的宣传，而且政府可以按下（移动）交换机的开关关闭通信。

要扭转这些趋势需要保持警惕，但也需要不受政府干预的替代媒体，以及能够在广播、电视、报纸和其他社交媒体上刊登广告的反对派。它要求通过大量昂贵的调查研究来评估和瞄准这些信息，也需要政党竞选者、游说者和选举监督者能自由行动。

这些都需要巨额资金来支持。例如，据估计，在2016年大选之前，赞比亚总统候选人在2011年和2015年的竞选活动中各花费了1500万美元。有传言称，乔纳森为在2015年的尼日利亚大选中继续获胜而花费了10多亿美元，但遭遇失败。最终赢家穆罕默杜·布哈里的竞选资金接近2亿美元。然而，布哈里的胜利表明，金钱并不是万能的，也可以通过巧妙的政治联盟和选举策略来对抗。

希奇莱玛认为，国际观察人士在推进赞比亚民主进程方面"毫无用处"。[①]不管这些人用意多么美好，事实是他们反而可能导致不利影响，因为这些人不可能仅仅因为在场就承认他们组织了一场骗局。对于他们中的多数人来说，这是一个难以忽视的事实。当然，他们也可以发挥更有益的作用。例如，与其为当政者从迪拜获得支持提供便利，不如提供不能被篡改的选票；与其花钱让观察家们住在洲际酒店里，不如资助私人保安公司来保障投票站的安全。这就是观察者所发挥的作用，纳税人的钱被很好利用的方式。

如果他们缺乏政治力量，或者资源，或者两者兼而有之，那么在这种情况下，观察者们不会装腔作势，而只是远离他们。

即便如此，历史表明，无论是在非洲还是更远的地方，国内政治权力（如

---

① 摘自格雷格·米尔斯2016年8月与哈凯恩德·希奇莱玛的电话交谈。

和平）的钥匙都是由当地行为者而不是外国行为者掌握的。例如，非洲各国政府在2003年建立了非洲国家互查机制（APRM），对各国施政情况开展评估。到目前为止，该机制共有34个成员加入。到2016年11月，18个国家完成了评估过程。①尽管非洲互查机制与其他机制一样起步良好，但它就像"洗衣清单"一样，制定了一长串治理优先事项清单，但没有必要的手段或意愿来解决这些问题。一位在秘书处工作的官员解释道，非洲领导人缺乏政治意愿，尤其是在姆贝基总统和奥巴桑乔总统卸任以及埃塞总理梅莱斯·泽纳维（Meles Zenawi）去世后，这种情况变得更加严重。②

非洲各国政府和投资者没有认真对待非洲互查机制，缺乏参与选举的强烈欲望，这表明改变国内政治动态，对精英阶层及其处事方式产生影响存在困难。因此，外界在改善非洲治理和民主方面的表现不佳，因为非洲领导人经常抵制外部援助的"附加条件"。

因此，捐助方在民主和法治干预方面表现得很温和，倾向于采取较少争议的举措，如基础设施援助和技能培训。但是，从经济长期发展的角度来看，在民主问题上更加坚定和直言不讳是正确的做法，因为这意味着要站在大多数非洲人这一边。

结论：需要建立制度和加强紧迫感

非洲经济改革步伐受挫可能会助长民粹主义，以及以"把事情做好"为借口实现威权主义。但是，民主不仅仅关乎结果。民主包括公平的结果和公平的过程。后者包括公开选举、包容性治理和尊重法律。正如尼克·奇斯曼（Nic Cheeseman）所提醒我们的那样，民粹主义政客的问题在于他们很少遵循正当程序。③他们不是要建立制度，而是打破旧的制约来实现他们的目标。因为他们改变了现状，所以他们经常因为做出改变而马上受到高度赞扬。但是，他们

---

① 参见非洲同侪审查机制，http://www.au.int/en/organs/aprm.（2016-11-30）
② 摘自2016年10月28日的邮件通信。
③ Nic Cheeseman. "Deconstructing the Magufuli miracle in Tanzania". 2016-10-17, https://africajournalismtheworld. com/2016/10/17/deconstructing-the-magufuli-miracle-in-tanzania/?fb_action_ids=10154594723621419&fb_action_ types=news.publishes.（2016-11-30）

拒绝遵守制度规则和公认的规范，这必然导致本已脆弱的制度空洞化，制衡被削弱，并被政治斗争和个人崇拜所取代。这就为权力的滥用创造了更大的空间。这常常始于选举制度的腐败及对反对派的干扰、骚扰和迫害。随着时间的推移，当保持势头变得越加困难时，威权主义必然会悄然而至。

这不是在民主和发展两者间权衡。奇斯曼说："从长远来看，努力促进发展和打击腐败不会取得成功，除非它们加强国家制度。"[①]为制止腐败而做出的特别努力可能会引起注意并看起来卓有成效，但由于这些举措采取高度个性化的方式，因此它们只会导致问题更加严重。毕竟，治理的目的是减少而不是增加个人权力。尽管个别领导人在道德上发挥重要的榜样作用，但这并不是他们是否偷换政治经济定义的问题，而是关系到他们的行为是否在加强或削弱制度及其制衡。正如奇斯曼所说，民粹主义者做的事通常很少是为了维护民主或发展。

另一个值得强调的方面是，那些对公民的需求漠不关心，得过且过的政权主要为精英的利益服务。"阿拉伯之春"、英国准备脱欧、唐纳德·特朗普（Donald Trump）上台，都在教导人们消除先前政治上的阻碍，特别是金钱和传统媒体的阻碍。毕竟，推特上获得1000万的关注不需要成本。博客和互联网同样是强大的工具，它们不受传统媒体的过滤。非洲选民生活在不断增长的移动连接率下是一种趋势。政治动荡加剧的可能性也反映出年轻一代认识到他们在当前状况中的利害关系。[②]当然，利用技术的方法不止一种。相反，一些非洲国家政府对互联网准入的控制，表明这些国家了解并知道如何利用数字技术的力量。

预测撒哈拉以南非洲国家的人口增长趋势是一个巨大的挑战，且刻不容缓。为了解决这个问题，各国需要迅速创造就业机会，同时控制人口增长和

---

① Nic Cheeseman. "Deconstructing the Magufuli miracle in Tanzania". 2016-10-17, https://africajournalismtheworld. com/2016/10/17/deconstructing-the-magufuli-miracle-in-tanzania/?fb_action_ids=10154594723621419&fb_action_ types=news.publishes.（2016-11-30）

② 参见《卫报》2016年的研究结果，网址：https://www.theguardian.com/world/2016/mar/07/revealed-30-year-economic-betrayal-dragging-down-generation-y-income.（2016-11-30）此外，参见 Chris Belfield, et al. "Living standards, poverty and inequality 2016". Institute for Fiscal Studies, 2016-07-19; Jonathan Cribb, Andrew Hood and Robert Joyce. "The economic circumstances of different generations: The latest picture". Institute for Fiscal Studies Briefing Note BN187, 2016-07-19.

即将产生的社会紧张局势。历史证明，拥有强大制度的民主政体是应对这些挑战的最有效的政府形式，这也是非洲人民想要的。最终，真正强大的领导人能够坦然面对民主带来的挑战、竞争和问责。他们不需要用武力或选举舞弊来压制反对派，而是以过往的成绩作为支撑，通过更好、更有效的政策赢得胜利。

第三章　基础设施

成功的五个步骤

· 基础设施建设需要一种长期的规划来支持，一些基础设施的建设需要很多年才能完成，这需要投资者保持信心。

· 有关基本基础设施项目必须在一开始就制定明确的收入模式。

· 私营部门在基础设施发展方面的关键作用将受到公共部门垄断程度的影响。

· 基础设施必须与有关贸易、连通性、技能和开放的政策密切挂钩。

· 为支持住房建设，可给予地方当局更大的自主权，推行增加城市密度的政策，简化土地所有权程序，支持经济适用住房倡议。

挑战与机遇

运转良好的基础设施——公路、铁路、港口、电力和供水网络，以及其他使国家运转的基本系统——是后续章节审查行业发展和增长的绝对先决条件。非洲的基础设施目前非常落后，即使是轻微的改善也会对许多国家的商业环境产生显著影响，并标志着一个新的开始。非洲基本基础设施和监管体系的现状，对经济增长是一个或多或少的制约因素。仅举一个例子，很难想象非洲如何在不提高其发电能力的情况下发展其制造业，因为电力正是这些企业所不可或缺的。

关键数据

非洲2/3的人口——6亿——无法用上电。相比之下，东亚75%的人口享受着电力供应。撒哈拉以南非洲2/3的电力装机容量都集中在一个国家，即南非，但该国本身就面临着电力短缺和停电的困扰。非洲只有40%的农村居民居住在距全天候公路2公里的范围内，而其他发展中地区的这一比例约为65%。据估计，非洲每年需要花费930亿美元来解决基础设施建设的积压问题，其中近一半用于电力供应。非洲90%以上的贸易都是通过海运输出的。

"哐当哐当……呜呜……哐当哐当。"在赞比亚中部的卡皮里姆波希和距印度洋860公里之外的达累斯萨拉姆（Dar es Salaam）之间，坦赞铁路摇晃着，嘎嘎作响。坦赞铁路是赞比亚总统肯尼斯·卡翁达和坦桑尼亚总统朱利叶斯·尼雷尔的心血结晶，这是非洲团结、发展和反殖民主义的中心。如今，运营中的坦赞铁路，每周有4次客运服务，很少有货运列车。[①]2015年，坦赞铁路货物运输量仅为8.8万吨，与1975年10月中国建造这条铁路时的500万吨货运量相距甚远，这也是货运业务开始以来的最低纪录（年度数字）。[②]

坦赞铁路的运营不太有效有很多原因。

在距卢萨卡北部200公里的卡皮里姆波希火车站外的雕像讲述了一个关于建造铁路的希望、鲜血、汗水、眼泪和失败的故事。仅这条铁路就包含了从中国运来的100万吨钢轨中的1/3。一个巨大的铁铲承载了5万中国人和6万非洲人的劳动和牺牲，他们在这条道路上建造了320座桥梁、22条隧道和2225个涵洞。超过160名工人，包括64名中国人，在事故中丧生。攻克不利的地形是一项艰苦的工程。

当时，坦赞铁路是中国在非洲最大的援助项目，在20世纪70年代为修建该铁路至少花费了5亿美元。因为当时美国等其他国家已经宣布，这条铁路"没有商业意义"，于是尼雷尔转向中国寻求支持。其动机是需要为赞比亚的铜寻找另一个运输出口，而不是通过白人统治的安哥拉、莫桑比克、罗得西亚或南非出口铜矿。加上大量泛非主义和尼雷尔的"乌胡鲁"（自由），更不用提一些反西方的论断了。

---

① 本节基于在坦赞铁路上进行的路线诊断，包括在2015年5月和6月对卢萨卡、达累斯萨拉姆、卡布韦和赞比亚铜带省的几位官员和企业的采访。
② Xinhua. "Tazara's new CEO pledges to revive Chinese-built railway line". 2016-04-24, https://web.archive.org/web/20160703220928/http://news.xinhuanet.com/english/2016/04/24/c_135307983.htm.（2016-11-30）

到 2016 年，乘客们搭乘的车厢年久失修，持续的运作使车厢变得更加糟糕，刺激的气味对感官造成猛烈的冲击，而它们的功绩也仅仅是被一串潮湿的印记所铭记。高级指挥官表示："你应该看看三等车厢，他们连水桶都没有。"

火车从干燥的棕色高原上缓慢地驶过，穿过绿色的海岸平原，向达累斯萨拉姆方向驶去，路上点缀着香蕉树和棕榈树及肥沃的草丛。沿途经过 93 个车站，铁路连接了其他地方，特别是贫穷的农村地区。例如，在坦桑尼亚边境到卡普维拉 2 个小时的路程之间，人们在火车上到处叫卖水、牛肉等大量物品。这些场景有时令人同情。一个小女孩试图把她倒在旧芬达瓶子里的水卖掉，但没有成功。

在列车内部，更复杂的交易正在进行。一名售票员解释说，虽然她已经 5 个月没有拿到 90 美元的薪水，但她的工作让她可以做点小生意。例如，她在达累斯萨拉姆买了 300 克瓦查的大米，然后在列车里以 400 克瓦查的价格出售。不管政府规定如何，其他人也在做着同样的事情，包括贩卖二手服装，二手服装在本巴被称为 "salaula"（"挑选" 或 "翻找"），也包括香蕉和红薯。

我们的旅程花了近 50 个小时，火车平均每小时行驶不到 40 公里，但是我们在 10 多个小时的时间里，要停靠在沿线的火车站中，等待着人员与货物的分流、装载，并穿越边境。许多铁轨工人用大锤子修理有缺陷的刹车隔膜，也会浪费我们 1 个小时或更多的时间。铁路公司没有钱支付薪水，有时只能购买半箱燃料，从而使得火车在途中搁浅。火车延迟不仅仅因为设备的短缺，也包括软件、人力和组织方面的问题。

尽管翻倒的货车和破烂的车辆散落在铁路线上，48 个腐朽路段规定了限速，而且车厢的摇晃和倾斜的情况比往常更严重，但这条线路在一般情况下是良好的。在一些地方，中国捐赠的混凝土枕木被偷。在坦赞铁路运行的 500 多辆车中，几乎有 90 辆是来自中国的新车，包括 14 辆可用的巨型通用电气机车。

在过去 15 年里，西方援助的重点是改善道路，特别是对内陆的赞比亚。援助资金的流动与道路合同的贪污腐败密切相关，其中一些资金最终被将用于资助政治运动。而当捐助者加强对资金的管理时，这些钱就会花不出去。例如，2014 年欧洲援助赞比亚道路建设的 1.4 亿欧元有一半被返还给了布鲁塞尔。

结果，交通建设从铁路转移到高速公路上。25 年前，在从达累斯萨拉姆港离开时，有60％的人会选择乘坐中环线和坦赞线的火车离开港口，而到2015年，这一比例还不到0.7％。

到2015年，坦赞铁路的货运能力还不到其设计能力的2％。考虑到铁路运输的相对负载效率，坦桑尼亚、莫桑比克、纳米比亚或南非通过公路运输货物的成本应该会更高。但事实并非如此。两者都是每吨145美元左右。从赞比亚铜带省到南非德班市的卡车要用1个星期左右，而去坦桑尼亚达累斯萨拉姆的火车则要用2个月的时间。正如赞比亚较大的一家铜生产商所指出的，每停产一天，该公司就会损失60美分每吨铜。

坦赞铁路的情况是可以被扭转的，但要做到这一点，需要政治意愿去推动。首先，政府必须承认坦赞铁路目前的状况是不够好的，尽管几个关键的行动者保持了其最基本的服务。除其他方面外，它还要求被取消的赞比亚铁路公司改善其自身的服务，以便通过卡皮里姆波希将矿区和坦赞线联系起来。

改善的好处将是巨大的，并将超越采矿业。例如，赞比亚有可能将其年玉米产量增加1倍，达到400万吨。迄今为止，由于物流方面的限制，赞比亚一年的出口量最多只能达到60万吨。通过公路将化肥运出贝拉的成本为每吨180美元，从外面运往贝拉的成本则每吨需要50美元。因此，包含运输费等费用，其成本高达每吨400美元。赞比亚每年需要200万吨的玉米，而使用40万吨化肥。如果这种投入成本降低，产量就会激增。

在坦赞铁路的尽头，港口必须运作，但目前还没有。2014年，达累斯萨拉姆港完成了1450万吨的贸易，其中包括6.42万个集装箱，高于2000年的380万吨和1.24万个集装箱。其中只有180万吨贸易在赞比亚进行。世界银行的一份报告显示，平均每艘船在达累斯萨拉姆要等待20天，而世界一流港口的等待时间为3—4天。[①]港口每天需要应对1250辆卡车带来的压力，而铁路却被闲置着。港口经理表示："为了使我们更有效率……铁路必须有效率。铁路让我们失望了。"[②]修复铁路系统需要拥护铁路的人比反对卡车运输的游说团体和那些从无休止的延误和滞期费中获利的人更有力量。坦桑尼亚总统约翰·马古富力

---

① 参见 http://siteresources.worldbank.org/INTAFRREGTOPTRADE/Resources/PN35_Dar_port_reform_Feb_2013.pdf.（2016-11-30）
② 摘自2015年5月的访谈。

上任后的第一项行动是解散港务局的董事会，因为港务局长期业绩不佳，未能采取行动，这一点并不令人感到意外，反而令人鼓舞。

如果达累斯萨拉姆能像今天的蒙巴萨一样成为一个高效的港口，那么坦桑尼亚每年将获得大约20亿美元的额外收入，这相当于其GDP的7%，每年还会有8亿美元流入邻国。通过降低成本而产生的资金，对港口经营人和税务当局流动资金的增加将带来明显的好处，远远超过目前估计的3亿美元。

非洲基础设施方面的挑战

非洲的基础设施有大量的积压。1980—1998年，非洲基础设施的支出几乎减少一半，仅占地区生产总值的1%多一点。1998年，非洲国防开支（占政府开支的百分比）平均为10%，而基础设施支出仅为4%。以加纳为例，其道路密度不到中国的1/4（印度的4%），难怪加纳的公路运输成本在19世纪中期比泰国、巴基斯坦和斯里兰卡高2至2.5倍。

世界银行在2009年估计，受人口增长的影响，非洲每年需要花费930亿美元来解决其基础设施积压问题。据题为《非洲的基础设施：转型时刻》的报告估计，贫困的国家需要将其GDP的1/3用于基础设施建设。报告显示，问题在于基础设施需求大的国家往往是那些对投资者最不具吸引力的国家。[①]这930亿美元中有一半资金是用来促进非洲大陆电力供应的，大约是过去10年年均融资率的7倍。报告还指出，非洲已安装的发电机有1/4没有运作。该报告计算出，改善现有基础设施的运营效率、收集账单、跨地区交易、减少过多的人员配置，以及其他方面的节省，可以将年度资金缺口缩小至310亿美元。[②]非洲各国政府每年已经在基础设施上投入450亿美元，其中40%的资金是单独分配的。因此，在理论上，通过高效的资源配置，就能实现解决方案。但实际情况有些不同。赶超工作看起来已经很艰巨，并且值得注意的是，非洲大陆的电力需求

[①] World Bank. "Transforming Africa's infrastructure". http://web.worldbank.org/WBSITE/EXTERNAL/COUNTRIES/AFRICAEXT/0,,contentMDK:22386904~pagePK:146736~piPK:226340~theSitePK:258644,00. html.（2016—11—30）

[②] 同上。

预计到2030年将翻一番，到2040年将翻两番。

但在1970年，撒哈拉以南非洲的发电能力是南亚的3倍。现在，在撒哈拉以南非洲，没有享受到电力供应的人口是世界上最多的（见图3.1）。非洲的人均住宅用电量相当于中国的一半，也就是欧洲的1/5。换种说法，在撒哈拉以南非洲，12个国家占了整个地区产能的90%，有30个国家的电力系统小于500兆瓦，有13个国家电力系统还不到100兆瓦。①

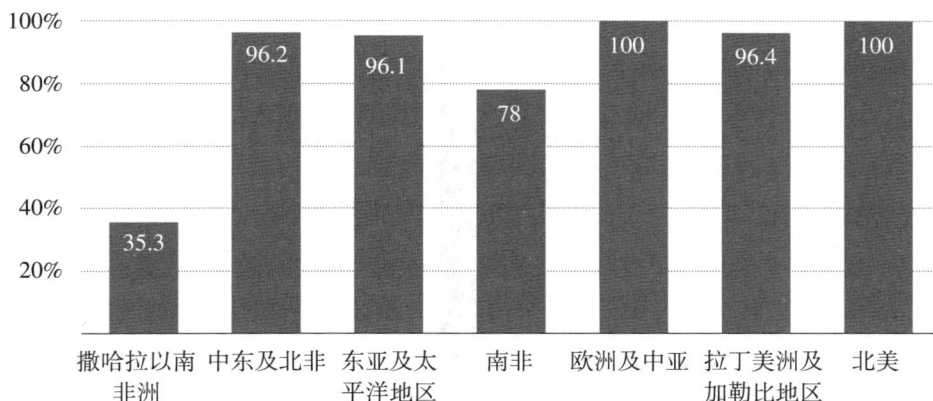

图3.1　2012年电力供应（人口百分比）

（资料来源：世界银行，人人可享有可持续能源，全球电气化，http://databank.worldbank.org/data/reports.aspx?source=world-developmentindicators&preview=on#。）

非洲的道路和其他基础设施同样不足。世界银行指出，非洲只有1/3的农村居民居住在距全天候公路2公里的范围内，而在其他发展中地区，这一比例只有2/3。②根据世界银行的数据，2010年，撒哈拉以南非洲地区的运费比世界其他地区平均高出200%。虽然南非比其邻国更发达，但其成本仍比非洲大陆以外的国家高出40%。

这种局面出现的主要原因是未能进行再投资、政策不力及（蓄意）垄断做法造成的缺乏竞争。例如，南非的铁路网是全球第十大铁路网络，占非洲总量

① Anton Eberhard. "Investment trends and outcomes in the power sector in sub-Saharan Africa: Why are some countries more successful than others in attracting capital?". 2015-12-10.
② World Bank. "Fact sheet: Infrastructure in sub-Saharan Africa". http://web.world-bank.org/WBSITE/EXTERNAL/COUNTRIES/AFRICAEXT/0,,contentMDK:21951811~pagePK:146736~piPK:146830~theSitePK:258644,00.html.（2016-11-30）

的80%左右（见图3.2）。然而，南非的铁路服务效率低下，只有13%的货物是
通过铁路运输的（相比之下，澳大利亚是48%，巴西是21%[1]）。这增加了运输
成本，尤其是大宗矿石的出口成本。2014年，南非的运输成本占总物流成本的
57%[2]，远高于全球39%的平均水平。

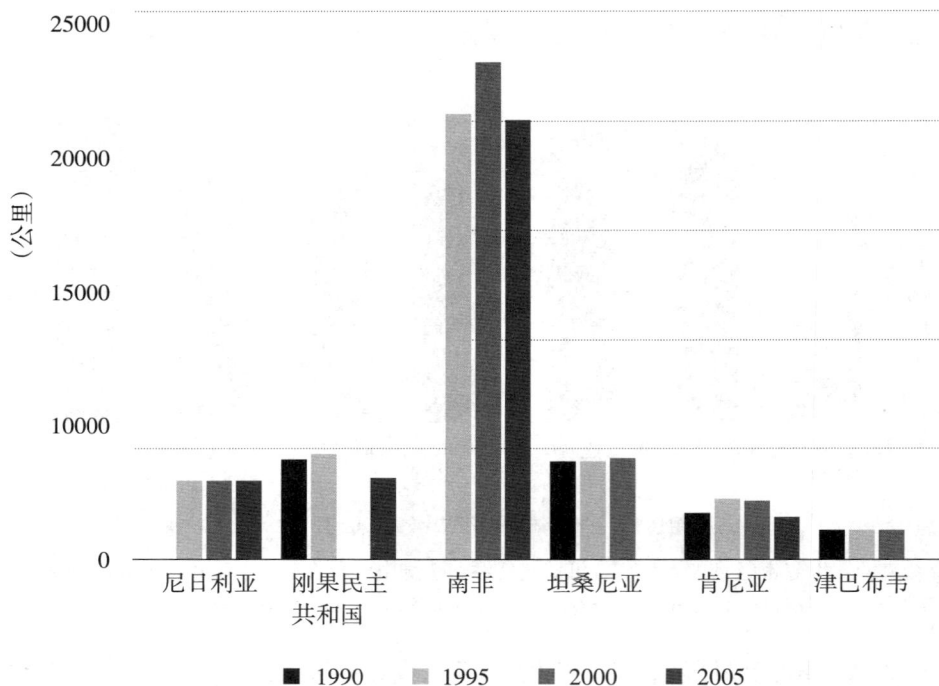

图3.2　非洲的铁路线（1990—2005年）

（资料来源：世界银行，交通、水、信息及通信技术部、运输部，http://databank.
worldbank.org/data/reports.aspx?source=world-developmentindicators&preview=on#。）

　　低投资不仅仅是南非的问题。20世纪70年代，赞比亚被认为拥有最好的
铁路和公路运输网络的非洲国家之一。然而，20年后，政府自己估计其80%的
道路网络已经恶化。在价值23亿美元的公路资产中，有4亿美元是由于忽视维

---

① http://www.brasembottawa.org/en/brazil_in_brief/transportation.html.（2016-11-30）
② 2016南非物流晴雨表，http://www.sun.ac.za/english/faculty/economy/logistics/Documents/Logistics%
20Barometer/Logistics%20Barometer%202016%20Report.pdf.（2016-11-30）

护而损失的。坦赞铁路被本可避免的问题所困扰，特别是基础设施的破坏、维修积压和投资缺乏。由于鱼尾板和枕木从轨道上被移走，经常导致火车迫停。混凝土枕木被取下并压碎，抽出钢筋作为废料。

虽然基础设施发展困难重重，但其失败的根源在于政治经济。在撒哈拉以南地区，货车运输贸易走廊的有限竞争使得道路关税居高不下。统治精英和货运公司之间的联系导致了政策偏好的失衡。然而，正如世界银行指出的那样，"在60%（南非）和160%（西非）之间的利润，由贿赂、监管租金和运输公司之间所分配。"①

一位在多个国家和行业拥有丰富经验的投资者称："尽管在基础设施投资方面具有商业和经济上的迫切需要，但非洲各国政府很少表现出完成任务的迫切感。这反映了整个行业的现状：缺乏政府能力、专业技能、健全的法律体系，以及将国际公约转化为国内法律的能力、金融敏锐度和有利于商业的总体环境。"比如，为达成长期的电力购买协议，在围绕权力的争论中则存在挑战。她指出，由于对版税和合同的基本原则缺乏了解，即使是最小的投资，以及在谈判过程中衍生出的"二元"边缘政策，都浪费了大量时间。②

因此，成功不仅仅需要为发展筹资。巴拿马的经验表明，除了提高硬件基础设施外，还必须充分重视全面政策环境——软件基础设施的需要。

巴拿马：货物运输

达累斯萨拉姆和巴拿马都有它，但只有后者才真正利用了它——位置！位置！位置！

这不仅是房地产经纪人的格言，而且也是发展的成功秘诀。想想位于东南亚贸易十字路口的新加坡，或者与欧洲隔着直布罗陀海峡相望的摩洛哥，或者巴拿马。

---

① World Bank. "Transport costs and specialisation". http://siteresources.worldbank.org/INTWDR2009/Resources/4231006-1225840759068/WDR09_12_Ch06web.pdf.（2016-11-30）印度和中国的1吨货物每公里的铁路货运成本分别为0.19美元和0.15美元，参见 http://www.supplychain.cn/en/art/3455/和http://fieo.org/view_section.php?lang=0&id=0,63,74,501.（2016-11-30）
② 摘自2016年9月27日在伦敦的访谈。

这条运河在100多年前竣工，并打通了巴拿马地峡，即使以当代的标准来衡量，它也是一项非凡的成就。这条运河花了20年的时间，通过2次尝试，共挖掘了1.5亿多立方米的土：首先是法国人从1881年开始动工，然后再由美国人接手。

法国在1889年花费近2.9亿美元后破产，并且在63000名工人中，有22000人丧生，其中大部分死于疟疾和黄热病。

美国人在1904年再次启动了这个项目，并在10年后完成了这一工程。他们在建造世界上最大的人工水库加通湖的过程中，完成了盖拉德人工渠，并用50英尺厚的混凝土墙和88对700吨的钢制门建造了1000英尺长的水闸。修建运河耗资3.75亿美元，相当于21世纪的90亿美元，另外还有5600名工人丧生于此。虽然当时的死亡率仍然高得惊人，但得益于卡洛斯·芬雷（Carlos Finlay）博士和沃尔特·里德（Walter Reed）博士的研究，人们发现了疟疾和蚊子之间的联系，以及为减轻疾病而开展了卫生项目，使得死亡率显著降低。

在太平洋和大西洋两岸，通过巨大的重力式的6米直径的螺柱，在1/3的空间里，将船只提升到85英尺（约1米）的高度，这一令人惊叹的技术成就对美国政府以及1977年开始掌握控制权的巴拿马人来说是一笔巨大的财富。

平均每天有45—50艘船通过巴拿马完成这77公里的航行。根据船只的大小，平均每艘船的费用为8.5万美元，最高的费用为49万美元。据估计，该运河每年的运输量约8000万吨。到2016年时，已经超过3亿吨。

但仅靠地理因素并不能保证成功。巴拿马本可以像尼加拉瓜一样，但巴拿马是一个有自己运河计划的国家。现在前者的人均经济额为8200美元，后者为1450美元。巴拿马充分利用了它的地理位置。

在过去15年里，巴拿马一直是全球发展最快的经济体之一，2001年至2014年，其经济年均增速超过7%，是拉美地区经济增速平均水平的2倍多。

曾在芝加哥就读过的经济学家、前国际银行副总裁尼古拉斯·巴尔莱塔（Nicolás Barletta）在1984年10月11日至1985年9月28日期间担任巴拿马总统，后因军方压力辞职。巴尔莱塔后来担任运河管理局局长，并确定了巴拿马经济中的几个驱动因素：地理、区域和全球连通（包括区域航空公司，如巴拿马航空）、运河、先进的电信及健康的政策环境。

这位前总统表示："正是因为这些因素，巴拿马83%的经济都是由服务业构成的，包括旅游、贸易区、医疗卫生、港口、船舶燃油供应和修理，以及银行业。其结果是显著的：在经济需求方面，过去12年，出口年均增长14.5%；而在供给方面，包括国家、地方私营部门和外国人在内的投资占GDP的27%。"这一比率远高于该地区的平均水平。①

在配套政策方面，美元的使用使货币趋于稳定（巴拿马没有中央银行），而税收改革降低了利率和税率，简化了申报手续，提高了税收。企业税率统一为25%。

每年给政府带来10亿美元利润的巴拿马运河，可能会导致政府冷漠和国家懒惰。然而，巴拿马人并没有满足于已继承的基础设施。

自2000年以来，在运河的两端两个港口一直由一家中国香港公司运营。2007年，一项耗资78亿美元的运河扩建工程开始了，建成后的运河可以使180英尺宽的船只通过，比如运载着1.3万个集装箱的船只。扩建工程于2016年6月启用。

这条旧运河最高可承载载重8万吨及最多可装载4400个集装箱的船只（也称巴拿马型）。运河扩建使其能够承载载重高达12万吨及装载多达1.3万个集装箱的船只。每艘船通过新水闸的费用估计为150万美元。这比船只绕过非洲之角的费用还便宜。

发展并不是巴拿马所做的唯一明智的长期投资。当其他人在谈论经济特区时，巴拿马已建造了6个经济特区。1999年12月31日之前，美国军队驻扎在巴拿马的14个地方。尽管他们的存在是对一些巴拿马人的侮辱，但许多人意识到这些"隐藏的游客"带来的经济利益。巴拿马政府和私人部门没有为美国人离开后的财政损失而哀叹，而是开始将旧的基地改造成生产中心和经济特区。位于霍华德的前美国空军基地现在已成为巴拿马太平洋经济特区，穿过美洲大桥到巴拿马市只需15分钟车程。这个经济特区有248家公司，其中2/3是制造业。其中大多数是外国公司，包括3M、BASF、Caterpillar、Dell和SAB Miller。

---

① 本节基于格雷格·米尔斯在莱亚·怀特博士的陪伴下于2015年11月前往巴拿马（和运河）的一次研究之旅。摘自发表在《异议者日报》上的一篇文章，网址：http://www.dailymaverick.co.za/article/2015-1117-panama-locks-stocks-and-a-smokin-economy.（2016-11-30）

巴拿马太平洋经济特区的目标是吸引那些最终拥有4万名雇员的企业，而这些企业雇员的居住面积将达到6万平方公里。市场营销总监弗兰克·特拉西纳表示，"其动机是'寻找方法'使通过运河的货物增值"。

过去，这里是处在太平洋岸边的巴拿马运河铁路侧线的尽头，是一座位于旧克莱顿美国陆军基地的知识之城，当时，人们在这里把40英尺的集装箱装载到有50节车厢的双层火车上；今天，这里的工作人员有5000人，将这座城市建设为创新中心，是加布瑞尔·刘易斯（Gabriel Lewis）和费尔南多·埃尔塔（Fernando Eleta）这2位有远见的商人的主意。

如果土地是知识之城的先天条件，那么1.2平方公里土地上200栋建筑的租金就提供了现金流。考虑到企业、非政府组织和研究机构的技术及知识组成部分，入住该城市的机构类型是经过仔细挑选的。

巴拿马太平洋特别经济区与知识之城对企业的吸引力在于它良好的连接性、简化的官僚程序、宽松的签证法及没有税收。

因此，知识城的申请者数量是可用空间的15倍。尽管巴拿马人的最低月工资为600美元，但在该地工作的人的平均月工资超过了1500美元。

当然，巴拿马也有自己的问题。该国的政治局势仍然令人忧虑，人们对法治和腐败现象仍然感到担忧。例如，2014年7月卸任的前总统里卡多·马蒂内利（Ricardo Martinelli）被指控行贿，并已逃往佛罗里达州。全国有1/4的人生活在贫困之中，农村地区的贫困率尤其高，但与2008年的40%相比已经大幅下降。巴拿马文件的泄露将该国作为避税天堂的角色置于聚光灯下，其原因是世界第四大境外律师事务所莫萨克·冯赛（Mossack Fonseca）的文件中泄露了1150万份相关文件。①

然而，由于巴拿马的经济增长速度快，仅仅在5年内，就有将近50万巴拿马人摆脱了贫困。此外，不平等现象也全面减少。正如前总统巴尔莱塔所言："如果我们做得对，巴拿马的潜力将在可预见的未来以6%的增幅变大。"

"正确的事情"（right thing）的一个关键要素是认真对待基础设施的发展，

---

① The Guardian. "What are the Panama papers? A guide to history's biggest data leak". 2016-04-03, https://www.theguardian.com/news/2016/apr/03/what-you-need-toknow-about-the-panama-papers.（2016-11-30）

并将雄心勃勃的计划付诸实施。

关键住房和建筑部分

20世纪80年代中期，人们在距离开普敦中央商务区35公里处建立了卡雅丽莎镇，"卡雅丽莎"（khayelitsha）在科萨语中的意思为"我们的家"。这是针对种族隔离空间规划的最后一次尝试，也是解决当时移民流入问题，特别是来自东开普省的移民所导致的问题的最后一次尝试。这些移民致使南非在开普敦机场附近建立了如十字街区（Crossroads）一样的非正式住区。1986年，南非废除了旨在限制黑人公民运动的法案，社会压力增加，种族隔离制度也随之慢慢解除，住房作为社会"黏合剂"（glue）和个人金融投资，在发展中发挥着核心作用。

尽管最近出现了房地产泡沫和金融动荡，但在发达国家，住房往往是最大的个人有形投资。牛津大学的保罗·科利尔和安东尼·维可斯（Anthony Venables）的研究证明，房地产占英国家庭私人财富总额的1/3以上，并达到15万亿美元。因此，国家资产积累"从根本上与房地产投资密切相关"。[1]此外，住房建设创造了就业，尤其是考虑到其劳动密集型的性质，而运输和其他相关基础设施的建设又增加了这种就业。

如图3.3所示，非洲基础设施项目的支出大幅增加。然而，这一数字中只有很小一部分用于住房建设——估计用于房地产与社会发展的资金仅占公共和私人支出的10%。例如，在2015年，37%的资金用于交通运输，28%用于能源和电力，而房地产仅占6%。[2]

---

[1] Paul Collier and Anthony Venables. "Housing and urbanization in Africa: Unleashing a formal market process". 2013-01-09, http://www.csae.ox.ac.uk/workingpapers/pdfs/csae-wps-2013-01.pdf.（2016-11-30）

[2] Deloitte. "A 360° View. Africa construction trends report 2015". 2015-06-01, https://www2.deloitte.com/content/dam/Deloitte/za/Documents/manufacturing/ZAConstructionTrendsReport-2015.pdf.（2016-11-30）

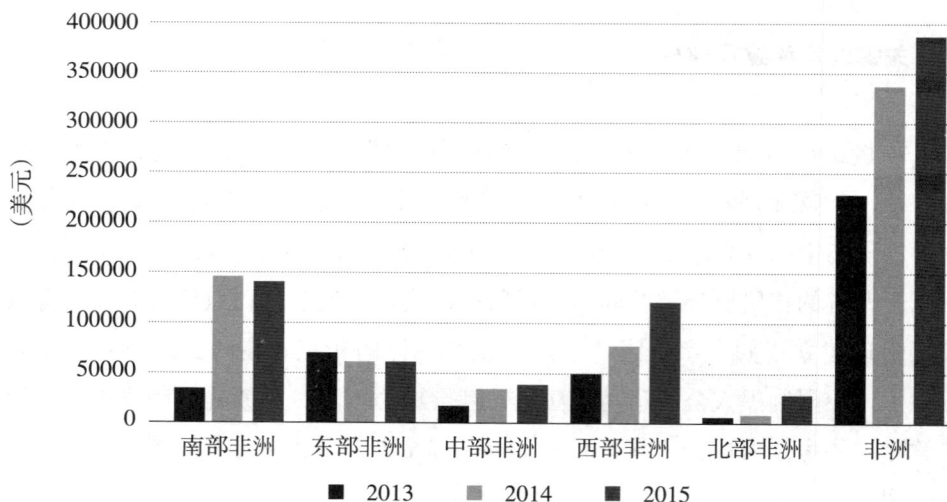

图3.3　非洲的基础设施项目支出（2013—2015 年）

（资料来源：德勤，《2015年非洲建筑趋势报告》，https://www2.deloitte.com/content/dam/
Deloitte/za/Documents/manufacturing/ZAConstructionTrendsReport-2015.pdf。）

　　然而，在非洲的大部分地区，从卡雅丽莎到基贝拉（Kibera），再从马科科（Makoko）到曼根堡（Manenberg），大多数家庭生活在贫民窟，或者更糟。根据非洲开发银行的数据，撒哈拉以南非洲城市居民占总人口的比例是全世界最低的，贫民窟居民的比例最高，为65％。只有约一半非洲城市居民能享受到卫生设施，1/3 的城市居民可以用上电。因此，随着城乡人口迁移和人口增长，这些资源的需求将进一步增加。非洲城市的不平等仍然高居世界第二，平均基尼系数为0.58，远高于全球0.4的平均水平。[①]

　　包括北非在内的发达国家，住房主要是由私营公司以可接受的标准建造，具有可观的市场价值，可用于公共和私人混合租赁及房屋的买卖。建筑的规模创造了很多正式的就业机会，并因后续的维护而刺激了投资与买卖行为。[②]

[①] African Development Bank. "Urbanisation in Africa". 2012-12-13, http://www.afdb.org/en/blogs/afdb-championing-inclusive-growth-across-africa/post/urbanization-in-africa-10143/.（2016-11-30）
[②] Paul Collier and Anthony Venables. "Housing and urbanization in Africa: Unleashing a formal market process". 2013-01-09, http://www.csae.ox.ac.uk/workingpapers/pdfs/csae-wps-2013-01.pdf.（2016-11-30）

相比之下，非洲的房屋往往不遵守建筑法规，经常凭借非正式和不明确的土地占用权自行建造，而且地方政府通常不为他们提供公路、居住用电、街道照明、供水或排污设施，特别是在低收入地区。

卡雅丽莎镇的范围包括从新移民的到达点到东南部的恩卡尼尼（Nkanini），再到哈拉雷（Harare）和蒙瓦比西（Monwabisi）的外围地区。总人口为80万，但该镇最初的设计是容纳25万人口。①该镇人口年轻化（2011年人口普查中只有7%的居民超过50岁），其中大部分是新进的移民（近2/3是农村到城市的移民），因此该镇被称为"城市背景下的农村"（rural in an urban setting）。它占地43平方公里，是开普敦最贫穷的地区之一：每个家庭平均年收入为20万兰特（约合1250美元）——约为开普敦市市民年均收入的一半。一半的住宅区是非正规的棚屋区。由于大部分人都在开普敦工作，所以他们每天要花40兰特（约每天临时工资的1/5）到开普敦市中心上班。这种高成本反映了地理位置：大多数人住的地方离工作的地点很远。即便如此，他们每天的工作时间也比南非的平均水平要短。在南非，工人每天平均要花2个小时到工作的地方，而40%的工资花在了交通上。

市政府资助了一些项目，试图提高卡雅丽莎镇周围交通动脉的技能、安全和商业机会。例如，在毗邻的哈拉雷镇和库萨亚镇（Kusaya），政府在火车站附近修建一系列租赁场所，该火车站容纳了镇上3000个家庭杂货店（spaza）中的一部分。在中心还有一个受到良好保护的图书馆。正如一位官员所说，这就像一个"外部化购物中心"（externalised shopping mall）。

即使对城市造成相当大的经济损失，这些举措也已经被商界人士热情地采纳。仅在哈拉雷镇和库萨亚镇，就有将近2亿兰特（合1300万美元）用于这些城市的改善，另外，还有一笔6.27亿美元的资金被指定用于汉诺威公园的建设。但是，由于当地社区之间的信任和领导问题（比如谁会为谁说话，议程是什么），以及农村生活的文化担子，这些倡议仍然很复杂——一个例子就是人们对单层住宅的偏好。此外，人们还意识到，这座城市需要40万座新住宅，其

---

① 本节基于开普敦市市长办公室于2016年6月安排的一次前往卡雅丽莎、哈拉雷、兰加和汉诺威公园的调研。参见 https://www.capetown.gov.za/en/stats/2011CensusSuburbs/2011_Census_CT_Suburb_Khayelitsha_Profile.pdf.（2016-11-30）

中一些位于靠近城市的所谓"融合区"(integration zones),沿着通勤走廊建设房屋,以及更有效地利用现有的城市土地和住宅。一位城市官员估计:"在下一代人口中,80%的人口增长将会是城市贫困人口。"[①]如果不采取措施解决住房问题,贫困将会在这些城镇中根深蒂固,城镇的住房是转租的,而"后院居民"(backyarders)则在现有的房子中建造自己的住所。

非洲的住房支出可能会通过人口增长和人民更高的期望而增加。一个普通非洲家庭一半以上的预算花在了食物上;2015年,住房、保健和教育占家庭支出的24%。到2050年,预计非洲将有12亿城市居民,非洲每年将有450万新居民在非正规的定居点内居住,这会使贫民窟人口每15年增加1倍。[②]联合国估计,到2020年,将有超过2亿人生活在撒哈拉以南非洲的贫民窟。[③]

例如,据估计,仅在南非就有250万件积压的房屋建造订单,而埃及、尼日利亚和南非的总额可能高达2300万件,估计市场成本为3500亿美元。[④]

改善住房供应和获得住房机会有相当大的好处——除了拥有舒适、方便和温暖的居住环境之外,还有其他好处。城市化与GDP增长之间存在着全球相关性。这是由于通过提高人口密度、发展规模经济、提供更好的基础设施和服务(如教育)提高了生产率。例如,在卡雅丽莎镇雅夫塔·K.马塞莫拉(Japhta K. Masemola)和所罗门·图库(Solomon Tshuku)两条公路的交叉处,这一点非常明显。"科威特"(Kuwait)出租车站附近一片嘈杂:"妈妈们"(Mamas)站在烟雾中,正在用鸡肉、内脏、牛肚和其他的刀叉工具做着烧烤,在集装箱式的房子里还充斥着葬礼服务、美发沙龙、外科手术和裁缝等。尽管贫穷,但该地区相对安全,因为它是繁忙的,尤其是店铺老板时刻照看着自己的商品。商业不可避免地会聚集在金钱和资金的流动中。

然而,总的来说,非洲迄今未能像其他发展中地区那样,在经济增长方面

---

① 摘自2016年6月13日在开普敦的访谈。

② World Bank. "Stocktaking of the housing sector in sub-Saharan Africa". http://www.worldbank.org/content/dam/Worldbank/document/Africa/Report/stocktaking-of-the-housing-sector-in-sub-saharan-africa-summary-report.pdf.(2016-11-30)

③ 同上。

④ McKinsey & Company. "Lions on the move II: Realizing the potential of Africa's economies". http://www.mckinsey.com/global-themes/middle-east-and-africa/lions-on-the-move-realizing-the-potential-of-africas-economies.(2016-11-30)

利用城市化的长处。正如第一章所指出的，部分原因是城市的迁移不是工业化的拉动，而是租金的再分配，部分推动因素是农业产量低，而不是农业改善和效率。例如，撒哈拉以南非洲的城市人口在2013年达到了总人口的40%，而其人均地区生产总值为1018美元；1994年，东亚和太平洋地区的人均地区生产总值为3617美元；1968年，中东和北非的人均地区生产总值为1806美元；1950年，拉丁美洲和加勒比地区的人均地区生产总值为1860美元。鉴于在全球住房市场中个人财富比例很高，人均收入增长相对较低，这限制了非洲家庭消费或投资于住房的资源。①

　　这种情况对非洲是双重打击，因为建筑业也提供了就业的可能性，特别在非技术和半熟练的工作领域。在21世纪初，全世界有1.11亿人从事建筑业，其中75%在低收入国家，但富裕国家的人均建筑产量几乎是世界人均产量的10倍。②2013年，南非的建筑工程支出达到了3100亿兰特（2亿美元），是非洲记录在案的案例中金额最高的，建筑单位在正规部门中雇佣的工人达82万（占全国总数的8%），在非正式部门中则雇用了34万人（17%）。其中，住宅建设支出达到了500亿兰特，这一部门（正式）雇用了15万人。③在非洲建造一所房子，估计会创造5个工作机会。④

　　要创造这些工作机会和其他优势，其核心就是投资。它需要创造适当的条件，需要规划，需要同时处理几个方面的问题，包括交通拥堵和污染。正如麦肯锡指出的那样，这些都是失控增长的其他危险。⑤它要求与其他国家建立伙

---

① World Bank. "Stocktaking of the housing sector in sub-Saharan Africa". http://www.worldbank.org/content/dam/Worldbank/document/Africa/Report/stocktaking-of-the-housing-sector-in-sub-saharan-africa-summary-report.pdf.（2016-11-30）

② International Labour Organization. "The construction industry in the 21st century". http://www.ilo.org/public/english/standards/relm/gb/docs/gb283/pdf/tmcitr.pdf.（2016-11-30）

③ Construction Industry Development Board. "Labour and work conditions in the South African construction industry". http://www.cidb.org.za/publications/Documents/Labour% 20and% 20Work% 20Conditions% 20in% 20the% 20South% 20African% 20Construction% 20Industry;% 20Status% 20and% 20Recommendations.pdf.（2016-11-30）

④ World Bank. "Stocktaking of the housing sector in sub-Saharan Africa". http://www.worldbank.org/content/dam/Worldbank/document/Africa/Report/stocktaking-of-the-housing-sector-in-sub-saharan-africa-summary-report.pdf.（2016-11-30）

⑤ McKinsey & Company. "Lions on the move II: Realizing the potential of Africa's economies". http://www.mckinsey.com/global-themes/middle-east-and-africa/lions-on-the-move-realizing-the-potential-of-africas-economies.（2016-11-30）

伴关系，以此带来专业知识、技术和资金，并要求应对政策障碍。

许多城镇已经拥挤不堪。例如，在卡雅丽莎镇附近的代尔夫特市有15万居民，其人口密度达到1.4万人/平方公里；开普敦323个非正规定居点之一的糖果屋农场（Sweet Home Farm）有1.7万人，这个农场位于汉诺威公园附近，是在垃圾场上建立起来的，据估计该农场的人口密度为3.3万人/平方公里。[①]相比之下，孟买的人口密度是2.1万人/平方公里。

接受高密度住房、土地供应、大规模提供有效服务尤其是电力供应，以及建筑公司的建造能力，都是解决积压工作的必要条件。

此外，还有三件事是必需的。首先，鉴于土地所有权的复杂性和优先提供资金的必要性，需要有来自高层的政治推动。地方政府需要更大的自主权，以创造和支出收入。如果没有这一点，他们将对促进经济增长毫无兴趣，也不会有能力负担那些急需的基础设施，而没有这些基础设施，"明智的计划就会变成空想"（sensible plans become idle dreams）。[②]这意味着，银行、开发商和政府需要拿出一项共同分担风险和回报的融资计划。

其次，住房需要负担得起。非洲经济适用房融资中心计算出，一个正规的私人开发商新建的最便宜住房的价格是31085美元，而非洲的人均年收入则是1764美元。相比之下，标准的全球负担能力衡量标准是非洲家庭年收入的3—5倍。[③]因此，大多数人转而购买非正规单位的住房就不足为奇了，其成本是最便宜的正规住房的2%（在马拉维）到15%（在赞比亚）不等。要使人们负担得起住房费用，既需要以降低成本的方式进行建设，也需要提供创新的融资方式，包括住房补贴和贷款。此外，非洲的抵押贷款市场服务不足，令人绝望。为了迎合"收入微薄的精英阶层"（tiny income-rich elite），非洲抵押贷款的典型条款是大约22%的利率和10年的期限。[④]

---

① 糖果屋农场的丑闻，2010-07-06，http://mnrowland.blogspot.co.za/2010/07/scandal-of-sweet-home-farm.html.（2016-11-30）

② 同上。

③ World Bank. "Stocktaking of the housing sector in sub-Saharan Africa". http://www.worldbank.org/content/dam/Worldbank/document/Africa/Report/stocktaking-of-the-housing-sector-in-sub-saharan-africa-summary-report.pdf.（2016-11-30）

④ Paul Collier and Anthony Venables. "Housing and urbanization in Africa: Unleashing a formal market process". 2013-01-09, http://www.csae.ox.ac.uk/workingpapers/pdfs/csae-wps-2013-01.pdf.（2016-11-30）

最后，需要明确规定所有权和其他各项权利。在这方面，政府必须进行创新。政府可以通过若干积极的方式参与进来——既可以通过放宽住房法规，允许住房合法流转，又可以为在困难地区出租房屋或建造高楼大厦的高就业率企业提供土地。此外，不仅需要解决土地所有权问题，包括对土地所有权的促进，还需要通过国家干预来解决土地所有权的可获得性问题。目前，大多数城市陷入了"空间不足"（straitjacket of insufficient space）的困境。①

当这样做时，政府必须提高其官僚机构的效率和职能水平。在非洲，申请建筑许可证的平均等待时间是162.2天，而登记财产的费用是其价值的8.3%。②

特别是，使人们能够生活在容易获得工作的地方，这将大大帮助非洲创造就业机会。从定义上讲，低技术含量、高劳动力的制造业是不可能实现的。随着中国在非洲发展规模的扩大，发展适当的非洲城市能够从中切实地捕捉到一些工作机会。同样，非洲中产阶级的到来将通过房屋所有权及经济、政策、政治稳定所带来的利害关系来实现。为实现这一目标，非洲的住房供应必须涉及私营部门和公共部门。毫无疑问，这将是一场没有终点线的马拉松，一种"自舔"的棒棒糖，因为一旦一些人在城市里得到正确的东西，就会有更多的人前来，挑战也就越大。成功将与有效的土地所有权和银行系统密切相关，并通过仔细的分析建立信用。

结论：注意差距

就像非洲的其他基础设施项目一样，将保护特权、掠夺和保障生存的政治经济转变为繁荣的政治经济，将是坦赞铁路转型的核心。它要求领导层放松管控力度，并找到方法和结构，以激励那些更接近底层的人。它需要对政治进行管理，甚至比经济更重要。

基础设施不足是非洲国家面临的共同问题，这反映了非洲多年来忽视政治

①　摘自2016年6月格雷格·米尔斯与可持续发展基金会的安德鲁·查曼（Andrew Charman）在梅森堡（Muizenberg）的讨论。

②　World Bank. "Stocktaking of the housing sector in sub-Saharan Africa". http://www.worldbank.org/content/dam/Worldbank/document/Africa/Report/stocktaking-of-the-housing-sector-in-sub-saharan-africa-summary-report.pdf.（2016-11-30）

化和发展不足的问题。如果这种情况继续下去，发展成本将会很高。根据世界银行的数据，低质量的基础设施每年会使经济增长降低约2个百分点，使企业生产率降低40%。在融资和设计方面的创新，以及更好地利用现有基础设施系统，是解决非洲基础设施短缺的关键。

吸引私人融资是削减赤字计划的重要组成部分。据报道，自2009年世界银行的数据表明非洲每年有930亿美元的基础设施资金缺口后，2009—2014年，用于非洲基础设施的资本总额约为3280亿美元，平均每年为540亿美元。例如，2013年，来自发展机构的资金总额为440亿美元，其中亚洲占公共资金的比例最高，约为159亿美元（中国为134亿美元，日本为15亿美元）。非洲开发银行提供22亿美元，多边开发银行提供92亿美元，欧洲提供63亿美元，阿拉伯捐助者提供33亿美元，美洲提供72亿美元。商业贷款在那年仅占90亿美元。[1]

正如我们将在第十章看到的，融资创新可以有所帮助，但答案并不仅仅在于拥有新的项目。更有效地利用现有的基础设施，可以将开支缺口缩小至预算需求的1/3。技术也会为解决积压问题提供一些帮助。例如，太阳能的成本持续下降，为非洲提供了替代能源。这使非洲能源成本在2010—2016年减少了75%，而风能使其成本减少了25%，这些都挑战了目前占世界能源85%的矿物燃料的首要地位。[2]

基础设施的维护也很重要，但也很困难，因为它不是一种"新事物"（new thing），因此缺乏名望和赚钱的潜力。不过，也有好的一面。例如，埃塞俄比亚一直保持着对基础设施交付的高度重视，包括大型项目，比如大部分资金来自当地的复兴大坝（the Grand Renaissance Dam）和亚吉铁路（Djibouti-Addis Raillink）。为了让本国赶上发展的步伐，另一些国家则开始了新的私有化进程。巴拿马的情况显示出，这些举措的成功不仅取决于提供建设基础设施的资产，而且还包括一整套改革措施的实施程度，以及私营部门在不受监管的情况下运营的空间。在发展基础设施方面，必须采取长期的方法，推动改革的政治意愿也是如此。

---

[1] Steve Johnson. "China by far the largest investor in African infrastructure". *Financial Times*, http://www.ft.com/cms/s/3/716545c0-9529-11e5-ac15-0f7f7945adba.html#axzz4F2Zfy3qC. （2016-11-30）
[2] 摘自2016年10月14日在彭博电视台的讨论。

第二部分

非洲经济现状

第四章 农 业

成功的五个步骤

· 避免政府干预农业价格。
· 通过更完善的市场预测消除人们对粮食短缺的担忧。
· 确保实施支持现代农业实践（包括机械化、规模经济和更高的产量）的政府政策。
· 确保农民长期所有权的安全，无论是租赁所得还是不动产权。
· 改善物流，这对粮食生产和非粮食农业出口都至关重要。

挑战与机遇

非洲的农业发展具有巨大潜力。例如，据联合国粮食及农业组织（FAO）统计，世界其他地区的粮食产量增加了1倍甚至2倍的情况下，而非洲的粮食产量仍比全球平均水平低66%。[①]非洲55个经济体中有40个是粮食净进口国，其中一些国家有着世界上表现最糟糕的农业部门，同时还有3亿非洲人营养不良。非洲农业发展停滞的原因是显而易见的：战争、不稳定、土地所有权不明确，对人民和管理制度的投资少，政府干预粮食价格，缺乏规模经济和技术。有6亿非洲人直接或间接参与农业生产，其中约70%是妇女，因此发展农业可将经济增长的益处扩大到人口中的边缘群体。

---

① "Africa: The commodity warrant". *Credit Suisse New Perspectives Series*, 2008-04-14.

关键数据

非洲耕地面积为8.74亿公顷，占世界总量的60%。[1]然而，非洲大陆仅使用了43%具有雨水灌溉潜力的可耕地。目前，在约为3900万公顷适合农业耕种的土地中，只有不到4%的土地得到了灌溉。[2]非洲每公顷化肥使用量只占全球平均水平的13%。

非洲大陆的机械化程度相对较低：非洲农民每868公顷土地只有一辆拖拉机，而全球平均每56公顷的土地就有一辆拖拉机。撒哈拉以南非洲每年的粮食进口总额达250亿美元。[3]

阿根廷人经常开玩笑地说，当上帝创造阿根廷时，他给了阿根廷最好的土地、气候、矿产资源等。当世界其他国家抱怨时，上帝在这个新的、富饶的土地上创造了阿根廷人来解决问题。

阿根廷过去70年的经济发展经历了一个循环周期：短期繁荣之后是长时间的萧条，接着是经济紧缩性改革。例如，1990年，卡洛斯·梅内姆（Carlos Menem）上台后推行了一系列改革，稳定了通货膨胀，经济又开始好转。然而，到了21世纪初，阿根廷再次陷入了危机，伴随着的是政权更迭和资本外逃。2003年，内斯托尔·基什内尔（Néstor Kirchner）当选总统，基什内尔领导的政府稳定了阿根廷局势，使得阿根廷的失业率和贫困率大幅下降。尽管基什内尔实施民粹主义政策，但阿根廷经济稳定的表象重现。比起私营部门的独创性表现，阿根廷的经济稳定与政府政策（包括大规模债务违约）的关系要小得多。

---

[1] FAO, Comprehensive Africa Agriculture Development Programme. "Extending the area under sustainable land management and reliable water control systems". http://www.fao.org/docrep/005/y6831e/y6831e-03.htm.（2016-06-10）

[2] Tendai Dube. "Investing in Africa's agriculture is the next best thing". CNBC Africa, 2015-08-13, http://www.cnbcafrica.com/news/southern-africa/2015/08/13/africa-agriculture-investment/.（2016-06-10）

[3] 关于非洲农业项目的详细信息，见http://www.fao.org/docrep/005/y6831e/y6831e-03.htm.（2016-12-01）。本节主要基于2016年在阿根廷、赞比亚、马拉维与埃塞俄比亚的调研，以及2016年6月在联合国粮农组织的访谈。

在20世纪90年代，阿根廷的私营部门对新的农业技术注入大量投资，特别是"免耕"播种，以及广泛使用除草剂和转基因种子。到20世纪中叶，人均肉类消费量增长3倍，同时中国对大豆的需求激增，这也促进了阿根廷的出口繁荣。一位阿根廷农业专家说："大豆是肉类。"结果，1995—2010年，阿根廷的大豆产量从2000万吨增加到9300万吨。同期，大豆出口从200万吨增加到5600万吨。这在很大程度上是由于产量激增所致，因为种植面积（约4000万公顷）只增加了25%。

阿根廷现在是第三大大豆生产国（领先的是美国和巴西），也是豆制品（包括豆粕、豆油和生物柴油）的最大出口国。

巴西复制了阿根廷的农业生产和出口革命模式。2014—2015年，巴西的大豆出口增加到5400万吨，占其9800万吨大豆年均产量的一半以上，其中中国购买了总产量的近75%。[①]2000年，巴西的大豆总产量仅有3000多万吨。

这种快速的农业变革并不局限于拉丁美洲。"绿色革命"一词是用来描述20世纪60年代和70年代发生在印度的事情。

孟加拉饥荒是有记录以来世界上最严重的粮食灾难。它发生在1943年的英属印度，当时，有400万孟加拉人死于饥饿，这场灾难发生的主要原因是没有把粮食供应放在首要位置。这场悲剧迫使后殖民时期的印度将粮食安全提上首要议程，并引发了1967—1978年的"绿色革命"。在此期间，通过扩大耕作面积、双季种植、改进技术和改良种子，粮食产量有所增加，这非常明显地体现在所谓的K68高产小麦品种上。这些变化使得孟拉加的粮食产量从1967年的7200万吨增加到1978年的1.3亿多吨。[②]但"绿色革命"存在不足之处，尤其在一些人看来，"绿色革命"无法实现粮食的自给自足。然而，"绿色革命"不仅保障了粮食安全，创造了农产品加工岗位，而且还直接通过修建灌溉大坝和水力发电设施，以及间接通过确保城市粮食供应来发展工

---

① World Grain News. "Brazil's soybean production increases". 2016-02-02, http://www.world-grain.com/articles/news_home/World_Grain_News/2016/02/Brazils_soybean_production_inc.aspx?ID=%7BAF13567A-6BA0-4ACE-B85810568A45C3AE%7D.（2016-06-10）

② Jacob Taylor. "India's Green Revolution". https://explodie.org/portfolio/india-green-revolution.html.（2016-06-10）

业化。①

类似的革命也发生在其他国家的其他农作物上。

1975年越南南北统一时，1030万吨的粮食产量要供应4800万越南人口。因此，越南需要进口粮食来弥补短缺。由于粮食增产与人口增长严重不匹配，短缺问题变得更加严重。到1980年，越南需要进口大米200万吨。在20世纪80年代中期的饥荒之后，越南土地改革进程加快，国家垄断得到削弱，生产者可通过增产粮食获得更大利益。其结果是，到2008年，越南的粮食盈余达到了700万吨，成为仅次于泰国的世界第二大大米出口国。

越南的农业发展使其他领域也取得类似的引人瞩目的成绩，特别是鱼类养殖和咖啡生产。20世纪90年代，越南在全球咖啡出口中所占的份额每年增长20%以上，30年来从0.1%跃升至20%。2015年，越南出口了120万吨咖啡，②成为世界第二大咖啡出口国。目前，越南的咖啡行业雇用了大约260万人，利用50万个小农场种植咖啡豆。③

从根本上来说，越南农业、服务业和工业的产出增加是源于越南一系列经济改革，这些改革旨在通过减少中央控制和实行市场自由化，创造出所谓的"社会主义市场经济"，从而吸引和激发快速增长所需的投资和主动性。改革是卓有成效的：1994年，约60%的越南人生活在贫困线以下；20年后，这一数字不到10%。

非洲国家同样取得了成功。肯尼亚和埃塞俄比亚是在花卉栽培方面的典范。这两个国家现在分别有2000公顷和600公顷的花卉种植面积。与其他地区相比，它们接近欧洲市场，气候和海拔条件使得它们能够全年种植，但是国民工资水平很低。尽管两国都拥有大量航班的机场枢纽，但肯尼亚还在乔莫肯雅塔国际机场建立了一个专门的航站楼来支持花卉业发展。

肯尼亚的切花出口量在1988年至2014年间增长了12倍，达到13.7万吨，这使得肯尼亚成为世界第三大花卉出口国。目前，肯尼亚提供了欧盟1/3的花

① SabyGanguly. "From the Bengal Famine to the Green Revolution". http://www.indiaonestop.com/Greenrevolution.htm.（2016-11-30）

② 国际咖啡组织越南咖啡市场统计，https://infogr.am/_/IY6Z0hQyzw4MNXvhwNAu.（2016-11-30）

③ Chris Summers. "How Vietnam became a coffee giant". BBC News, 2014-01-25, http://www.bbc.co.uk/news/magazine-25811724.（2016-11-30）

卉进口。50万肯尼亚人依赖这个行业，该行业每年带来6亿美元的创收。

再往北，尽管埃塞俄比亚的花卉业只是从1995年种植的1公顷夏季花卉开始的，但今天，埃塞俄比亚已跻身全球五大花卉供应国之列。在非洲花卉生产国和出口国中，埃塞俄比亚仅次于肯尼亚。2015年，埃塞俄比亚在花卉业上的收入超过2.65亿美元，该行业创造了7.5万个直接工作岗位，其中大部分由女性任职。

2005年，埃塞俄比亚园艺生产出口商协会的创始人，种植第一公顷花卉的农民特赛卡耶·阿贝贝（Tsegaye Abebe）回忆道："首次装载的花卉重量只占了这架波音757飞机36吨容量中的19吨。然后我们把飞机填满，增加了飞机重量，之后用有75吨容量的MD-11飞机运送。"他微笑着说："现在，我们每天使用2架777型飞机，高峰时段使用3架飞机运往欧洲，外加飞往中东的客货舱。总的来说，每年每天的平均交易量约为300吨。"①

埃塞俄比亚为吸引投资者而提供低息贷款，对输入货物和资本货物免征关税以及对出口商实行5年免税。租赁政府土地"几乎免费"，租金为每年每公顷7.7美元，且埃塞俄比亚提供的优惠贷款偿还期限很长。

切花产业既是一种物流业务，也是一种土地业务。切花产业的发展依赖于健全的管理、反应灵敏的政府、紧密迎合市场需求并削减成本。当物流成本低于欧洲温室供暖的成本时，欧洲国家就会进口花卉。

在南非，农业部门仍然是一个"大雇主"。南非约有70万人从事农业，约占该国劳动力的5%。②尽管人们对土地还耕和再分配问题十分关切，但农业部门仍然在非洲出口模范国南非表现突出，尤其是饮料、坚果和水果的出口占农业出口的1/3。2012—2013年，仅葡萄酒出口就带来了近5亿美元的创收。③这

---

① 摘自2016年6月在亚的斯亚贝巴与特塞卡耶·阿贝贝的面谈。
② Jan Greyling. "A look at the contribution of the agricultural sector to the South African economy". Grain SA, 2015-03-20, http://www.grainsa.co.za/a-look-at-the-contribution-of-the-agricultural-sector-to-the-south-africaneconomy. （2016-11-30）
③ 农业、林业和渔业部，http://www.daff.gov.za/docs/statsinfo/Trends13.pdf.（2016-11-30）

些高收益产品具有巨大的乘数效应。[①]旅游业和其他行业给葡萄酒业带来的直接和间接创收占南非 GDP 的比例不低于 1.2%。[②]仅在西开普省,农业就占据了全部出口收入的 1/3 以上。[③]

虽然非洲有这些成功的案例,但是非洲的农业领域不仅潜力未被完全开发,而且在营养、高价格和收入损失方面也付出了相当大的代价。

非洲农业存在的问题

粮食及农业组织在罗马的总部设在意大利前东非区。然而,该组织总部内并没有采用墨索里尼在契科马西莫赛场对面建立的殖民总部外观上的清晰线条。其内部布局按混乱的字母顺序划分区域并贯穿 8 个楼层,这是粮食及农业组织在非洲遭遇挫折的形象比喻。它的目标是通过充当"解决问题的论坛"和"技术信息的提供者"两大角色来战胜饥饿。粮食及农业组织 1 万名员工的大部分精力集中在急需粮食援助的非洲。

迄今为止,像粮食及农业组织这样的机构尽管付出了很多努力,但似乎在很大程度上对非洲的状况无力应对。到 2016 年,全世界因粮食短缺需要危机援助的 37 个国家中,有 28 个以上在非洲。[④]2016 年世界谷物产量预计将保持在 25亿吨左右,而非洲的谷物产量则可能下降超过 10%(降至 1.56 亿吨)。

这种剧烈的变化及糟糕的表现既反映了气候状况,也反映了冲突。总的来说,这些说明了非洲自独立以来农业表现非常糟糕。正如上文所强调的那样,尽管其他国家为养活本国人民而大幅提高产量,但非洲却陷入了严重的停滞状态。非洲仍然是营养不良程度最高的发展中地区之一,占其总人口的近 1/4。

营养不良对非洲儿童成长及其认知发展产生了深远影响,为代际问题埋下

---

① Business Day. "Western Cape fruit and wine exports blossoming". 2015-03-19, http://www.bdlive.co.za/business/agriculture/2015/03/19/western-cape-fruitand-wine-exports-blossoming.(2016-11-30)
② 南非葡萄酒行业信息系统最终报告:《葡萄酒行业对南非经济的宏观经济影响》(同时参考对西开普省的影响)2015-01-30, http://www.sawis.co.za/info/download/Macro-economic_impact_study_-_Final_Report_Version_4_30Jan2015.pdf.(2016-11-30)
③ 一个正在成长的部门(农业)——西开普 300 强, http://western-cape.top300.co.za/a-growing-industry-agriculture/.(2016-11-30)
④ FAO. "Crop prospects and food situation". 2016-06-02.

非洲净出口国	
国家	贸易顺差额/美元
科特迪瓦	4354
肯尼亚	1402
南非	1178
马拉维	814
埃塞俄比亚	555
喀麦隆	377
乌干达	256
赞比亚	248
坦桑尼亚	157
贝宁	141
布基纳法索	57
多哥	50
布隆迪	30
斯威士兰	27
加纳	20

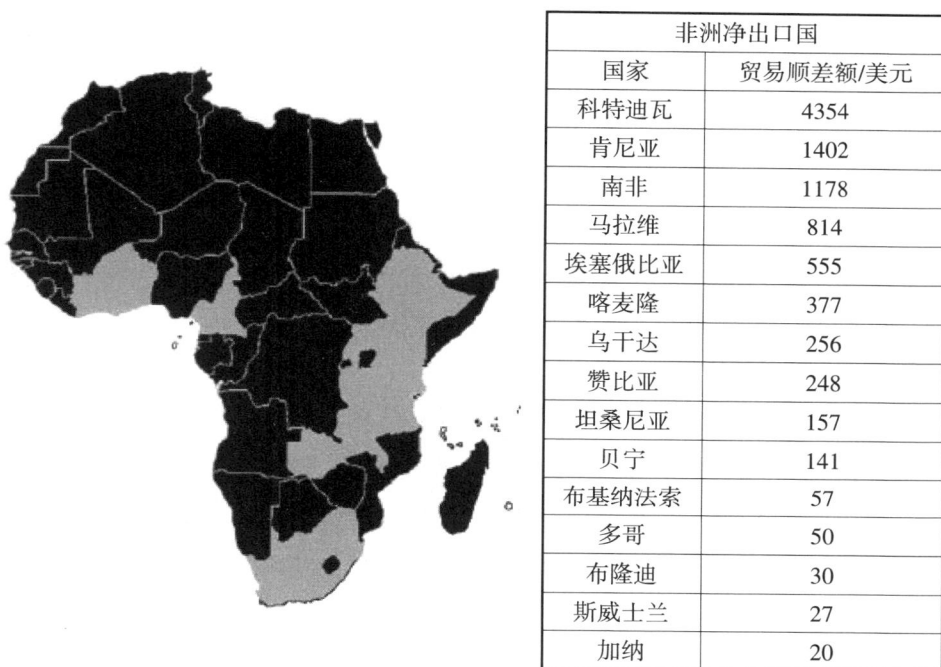

图4.1　非洲农业净出口国分布图（灰色）

（资料来源：世界银行，《非洲发展指标》，http://databank.worldbank.org/data/reports.aspx?source=africa-development-indicators#。）

了伏笔，并加剧了本已十分严峻的医疗卫生挑战。[①]

　　非洲国家在农业上的糟糕表现也是其他成本的驱动之一。绝大多数非洲国家是粮食净进口国，这意味着食品价格与包括运输和提价在内的进口成本持平。同时，这也导致了农产品出口潜在收入的巨大损失。而且，高物价对家庭经济产生了扭曲性、牵制性的影响。普通美国人仅将收入的6.7%用于食品，与新加坡人并列第一（即比例最低）。美国农业部调查的92个国家中的第一个非洲国家南非排在第47位，其国人的食品支出占收入的19.4%；肯尼亚和尼日

---

① 关于营养不良问题的详细信息，参见http://web.worldbank.org/WBSITE/EXTERNAL/TOPICS/EXTCY/EXTECD/0,,contentMDK:20207804~menuPK:528430~pagePK:148956~piPK:216618~theSitePK:344939,00.html。（2016-11-30）

利亚则排在后两位，分别为47%和56.9%。①因此，1/3以上的肯尼亚人被认定为营养不良也就不足为奇了。尼日利亚的这一比例则超过了40%。②公民在食品上的高花费对公民在其他方面的投资能力产生了直接影响——例如在医疗、服装、住房和教育方面。

美国人在食品上的花费低是因为在机械化和技术发展以及化学投入不断增加的推动下，美国生产力不断提高，并催生规模经济持续发展。尽管美国农业用地和劳动力投入的数量有所下降，但在1948—2013年，美国农业总产出增加了1倍以上。③

粮食及农业组织对非洲全面失败背后原因的分析令人耳目一新。粮食及农业组织认为非洲不存在土地和水资源短缺的问题。然而，非洲缺乏的是有吸引力和稳定的政策制度、土地所有权的保障和具有竞争力的举措。

然而，粮食及农业组织的分析专家们在困惑为什么更深层的问题（比如明确计算的成本）并没有得到解决。非洲人口密度低，大约是全球平均水平的一半和越南的1/10，再加上非洲的农场和农民相对独立，更是阻碍了贸易和市场准入。非洲糟糕的基础设施状况（尤其是灌溉系统）及薄弱、昂贵的推广服务是众所周知的。所有这些因素都反映了非洲缺乏规模经济并加剧了这一现状。政府习惯性地干预定价也是原因之一。

解决这些问题需要政治意愿和政策力度（policy granularity），然而这些是迄今为止非洲所缺乏的。这些失败反映了大多数非洲精英向来对农业转型缺乏兴趣。人口密度低不仅意味着困难时期人们在固定农业体系上的投资减少和倾向于人口迁徙，而且非洲的农村人口非常分散导致他们在中央的政治影响力受限。

这一问题已经转化为对城市人口的高额补贴和农村生产者的低额补贴。这些补贴常常与选举的时间有密切联系。粮食及农业组织贸易和市场部门主管

---

① 参见美国农业部，http://www.ers.usda.gov/datafiles/Food_Expenditures/Expenditures_on_food_and_alcoholic_beverages_that_were_consumed_at_home_by_selected_countries/table97_2012.xlsx.（2016-11-30）

② Washington State University. "Annual income spent on food". *Washington State Magazine*, http://wsm.wsu.edu/researcher/wsmaug11_billions.pdf.（2016-11-30）

③ 参见美国农业部，http://www.ers.usda.gov/data-products/chart-gallery/detail.aspx?chartId=40044&ref=collection.（2016-11-30）补贴也有助于降低食品价格，刺激生产，http://www.usda.gov/wps/portal/usda/usdahome?navid=farmbill.（2016-11-30）

本·贝尔哈森（Ben Belhassen）说："与其把农民看作企业家，不如把他们视为农村的穷人。"[1]他说，这是短期政治目标与长期发展愿景之间产生矛盾的代价，而农业应该自成一部分。

贝尔哈森认为，解决之道需要从"把农业放在国家发展首位的政治意愿"开始。这也意味着需要支持农民的创业实践。一旦拥有政治意愿，问题和解决方案就会迅速得到改善。

毫无疑问，推动农业发展为所有非洲国家带来了庞大的利益，农业具有创造巨大收入和就业机会的潜力。今天，非洲的农业部门在为半数劳动力提供就业方面发挥着关键作用。它也是大约1/4的城市家庭的主要收入来源。[2]但该部门仍主要停留在发展低产量、低收益的小农农业上。

从发展的成功案例来看，特别是在亚洲，国家和人民越富裕，农业在整个经济中所占的份额就越小。从这个角度来说，非洲面临的问题是还没有从低产的小农农业转向其他领域。

因此，要改善整个非洲的农业状况，需要应对三项关键挑战：第一，非洲大陆需要提高粮食产量，特别是考虑到长途运输的成本；第二，非洲大陆需要种植多种类的作物，进入国内外现金流通市场；第三，增加农产品的价值。

提高产量所需的政策是众所周知的：增加投入、引进新的种子品种，提供更好的推广服务、投资技能和基础设施，实行土地改革，发展农村金融和保险行业，确保定价和政府作用的可预测性。

尽管人们认识到这些需要，但所需的改革仍然没有实施。这似乎更多地与政治和政治家的选择有关。

生产、体系和技术

在19世纪末，几乎一半的美国工人从事农业工作；100年后，这一比例下降到2%以下。英国的情况也是如此，该国从事渔业和农业的劳动力比例从19

---

① 摘自2016年6月在罗马的访谈。
② 联合国粮农组织在2016年6月向作者提供的信息。

世纪中叶的22%降至21世纪的不到1%。[1]

这是机械化和技术进步的结果。我们有理由相信非洲走向农业生产的道路会产生类似的结果。随着产出的增加，务农的整体就业成本将会上升。但在此过程中还会产生其他机会。

均衡器公司（Equalizer）是生产种子和农业种植设备的制造商。该公司的创始人吉迪昂·施罗德（Gideon Schreuder）在开普敦北部西海岸的霍普菲尔德镇为他的家庭农场做了一个"谷物筛子"，由此开始了他的事业。他在16年后回忆道："市场上的模型机器效率不高。筛选和预清洗非常重要，因为当我们把筛选和预清洗后的设备交付给合作公司时，它会给我们带来更好的价格。"

到了2000年，这位机械工程专业的毕业生开始从事农业设备制造业。均衡器公司拥有80多名生产人员，致力于设计和制造最低限度或免耕种植机和播种机。"为非洲开发，为非洲制造粗糙、坚韧、坚固的设备"是均衡器设备的设计口号，但这掩饰了其自动化机器的尖端精密之处。这些机器被拖在自动控制的拖拉机后面喷洒除草剂，切割狭窄的犁沟，通过气压和按照网格上仔细测算的，与土壤条件相符合的深度和数量丢下种子和化肥，然后再将其关闭。这种机器的效率保证了它的农业生产规模。一台18米长、由60个单元组成的小麦播种机每小时可以播种12公顷，24米长的玉米播种机同时可播种14公顷土地。[2]

随着澳大利亚和加拿大加入这一国际市场，到2016年，该领域的种植机和播种机数量超过了800万台。均衡器公司每天生产一台机器，超越约翰迪尔公司（John Deere）成为南非的首选供应商。

均衡器公司的成功不仅表明非洲公司有制造业的机会，而且也预示着农业的发展方向：朝着更大的，商业化的，资本密集型的规模经济经营方向发展。距坐落在霍屯督—荷兰山脉（Hottentots Holland Mountains）之上的距开普敦100公里的奥弗伯格（Overberg）地区的一位小麦农场主海因里希·舍恩费尔特（Heinrich Schönfeldt）总结了该地区农业面临的挑战："我们需要用更少的成本

---

① Martin Ford. *The Rise of the Robots*. London: One World, 2015, p.24.
② 本节基于2016年8月26日对均衡器公司的访问。

生产更多质量更好的产品来与世界其他地区竞争，这是我们坚守的底线。"或者，就像前省级农业部长兰皮·菲克（Lampi Fick）（他的家族在奥弗伯格地区耕作了200多年）所说的那样："如果不改变做法，就不要谈在稀少的土地上实现粮食高产。"

世界上领先的农业出口国有美国（2015年农产品出口产值为1750亿美元）、巴西（900亿美元）、中国（700亿美元）、加拿大（650亿美元）、印度（470亿美元）、印度尼西亚（430亿美元）和阿根廷（410亿美元）。[①]这些国家都种植转基因（GMO）农作物。这些转基因作物的种子是在20世纪90年代中期引进的。世界上前三位的玉米生产国（美国、中国和巴西）和大豆生产国（美国、巴西和阿根廷）都种植转基因作物。[②]尽管全球都在关注并且有些人反对使用这些混交品种，但它们对除草剂的抗性要比普通种子强得多，特别是大豆和玉米，还有油菜、棉花、苜蓿和甜菜。

转基因玉米的引进使南非的玉米产量在短短10年中几乎翻了一番，尽管种植面积下降了逾50%，不到200万公顷，但进入21世纪以来，南非全国的玉米产量增加了40%以上，2014年达到了1400万吨。在此期间，全国玉米的每公顷平均产量从2.9吨增加到5.3吨。与此类似，大豆产量从2007—2008年的28.2万吨增加到2014—2015年的110万吨，这既是种植面积扩大4倍的结果，也是抗寒大豆品种使用量增加4倍的结果。[③]

但并非所有的发展都归功于新型种子。南非西开普省农业地区生产的小麦略高于该国每年170万吨小麦产量的一半，另外还有50万吨小麦是在自由州省和北开普省生产的。在卡列登镇附近的南开普敦省奥弗伯格地区每公顷土地小麦的平均产量为3.5吨，这是20世纪80年代中期的2倍。

从开普敦驱车前往卡列登的二级公路上展现了一幅美丽的乡村画卷：在国家高速公路两侧精心修整的扇形田野，一片青麦和小麦，黄色的油菜花点缀着

---

① Maps of the World. "World map with top 10 countries by wheat production". http://www.mapsofworld.com/world-top-ten/world-map-countries-wheat-production.html.（2016-06-10）

② Top 5 of Anything. "The top 5 soybean-producing countries". https://top5ofanything.com/list/69ee35b6/Soybean-Producing-Countries.（2016-06-10）

③ http://www.grainsa.co.za/pages/industry-reports/production-reports/.（2016-11-30）

整洁、明亮的白色农舍。[①]

这里没有转基因小麦品种，至少没有商业化。由于采取了保护性耕作的方式，卡列登地区的小麦产量增加了一半以上。避免连续犁除杂草，并将秸秆和其他废弃物留在原地，这样土壤中的生物多样性和碳丰富度得到了改善，土壤的保水性和利用率也得到了提高。在南开普敦地区，90%以上的农民采用这种养护方法，每公顷土地的用水率从每毫米降雨产6—8公斤的小麦提高到13—15公斤。

理查德·克里格（Richard Krige）是南非行业组织Grain SA的一名执行成员，他在位于卡列登以南的博恩杰斯克拉尔（Boontjieskraal）农场种植了超过2600公顷的小麦、燕麦、油菜、苜蓿、三叶草和大麦并养殖了牲畜。克里格说："农业社区已经进入机械化时代，过去我们投入了所有的时间来去除真菌、疾病和杂草，但破坏了土壤中的有机物质和结构，之后我们开始关注土壤的化学成分，特别是磷酸盐和氮化合物的含量。目前，我们关注的是作为营养来源的生物土壤成分。这意味着要改良土壤，以及培养允许广泛使用除草剂来清除杂草的不同品种，因为杂草是作物的最大竞争对手。"克里格以玉米为例，他说，只使用化肥，每公顷土地玉米的平均产量为3吨；仅使用除草剂每公顷平均产量为5吨；两者都使用平均产量为7吨。

尽管小麦产量有所提高，但南非每年消耗的小麦中有一半以上不得不依靠进口。如今，结合使用新型种子和改良的耕作方式或许能提高50%的生产率。要实现这一目标，就需要生产者和消费者更融洽的合作，就像大麦生产中所做的那样，为新品种提供共同资助。克里格说，这也意味着我们必须削减投入成本，也就是为化肥和化学品支付进口对等价格。[②]

尽管这将有助于满足不断增长的城市人口对粮食日益扩大的需求，但这种激增不太可能成为就业的主要来源。海因里希·舍恩费尔特种植了超过5000公顷的农田，仅有9人在他的农场里工作，而过去这里雇了45名工人。在整个南开普敦省，随着大型机器和集约化管理的发展，农场的雇佣人数减少了近一

---

① 格雷格·米尔斯于2016年8月访问了卡列登（Caledon）。
② 南非弗斯科公司（Foskor Pty Ltd），http://www.foskor.co.za/SitePages/Home.aspx.（2016-11-30）

半。随着农场规模的扩大，农民的数量也在下降。事实上，从小麦到玉米，南非发生了一场生产力革命。2015年商业农民的人数（32万人）不到20世纪80年代末的一半。而自1994年以来，农业产量增加了近30%。[①]

舍恩费尔特说："我们从新实践中看到了巨大的发展和进步，但非洲其他地区同样拥有巨大潜力，因为我们每年能收获三季作物。"但他补充道："要做到这一点，我们需要使农业成为一种富有吸引力的投资和生意，而不仅仅是一种由全球市场现状、最新生产方法和新技术驱动的热情。这意味着非洲最终需要摆脱自给农耕的心态。"

过去，撒哈拉以南非洲的粮食产量增长是由耕种面积的扩大所推动的，相比之下，未来粮食产量的增长将更多源于生产力的提高。然而，经济合作与发展组织警告称，如果人口快速增长，加上收入的增加以及现行政策和市场结构的延续，许多国家的粮食作物产量增长预计将比需求增长得更慢。因此，如果没有"提高生产力的投资"，非洲大宗商品的进口预计将会增加。[②]

马拉维10辆牛车的发展价值

迈克尔·卡姆扎瓦（Michael Kamzawa）的处境很好地说明了马拉维和非洲产量增长面临的挑战。[③]

在利隆圭（Lilongwe）以北50公里的奇卡莫加村（Chikasauka），64岁的卡姆扎瓦先生被孩子们包围住。他告诉我们，他希望被选为综合生产体系（普遍称其为"IPS"）的成员，来发展他的烟草种植。加入这一体系能提高他种植的白肋烟叶的产量和质量，提高他的收入。如果成为该体系的成员，他将能使用当地烟草贸易公司提供的化肥和种子，获得"烟叶技术"的专业知识，驾驶着中国制造的125毫升排量的摩托车横穿全国。

[①] J. P. Landman. "Agriculture – A tale of two sectors". Nedbank Investment Research and Fund Management, 2016-06-07.

[②] 参见经济合作与发展组织2015—2016年报告，http://www.agri-outlook.org/specialfeature/.（2016-06-20）

[③] 本节摘自2016年4月发表在《异议者日报》上的一篇文章，网址：http://www.dailymaverick.co.za/article/2016-04-19-tobacco-road-malawis-ten-oxcarts-worth-of-development/.（2016-11-30）

卡姆扎瓦目前面临的问题是，他没有被选为该体系的成员。世界烟草市场太小了，而马拉维的烟农太多，无法将每个烟农都纳入综合生产体系。此外，政府干预玉米市场意味着卡姆扎瓦无法获得该作物的市场价格。因此，种植这两种作物，他注定要过着辛勤工作却无比贫穷的生活。

卡姆扎瓦先生和许多人一样，都因为马拉维没有统一的农业法案而陷入贫困。

1964年独立时，马拉维在世界烟草业中并不起眼。到了20世纪80年代，它已经成为美国混合卷烟中常使用的晾晒烟的主要生产商，替代了津巴布韦生产的弗吉尼亚烤烟。马拉维的海斯廷斯·班达（Hastings Banda）政权严格监管农民、政府和买方之间的关系，以确保其对质量和数量的控制。1980—1992年，马拉维的白肋烟产量增长了近500%，达到1亿公斤。

然而一切都土崩瓦解了。班达的独裁政权在20世纪90年代初面临垮台，马拉维的人口过度增长，随之而来的是生产过剩，与此同时，烟草价格也大幅下跌。像迈克尔·卡姆扎瓦这样的人由于生产的产品质量较差只能获得25%市值的报酬。

其结果是，收成和价格发生了大幅波动，从2011年的峰值产量2.08亿公斤（当时的价格为每公斤1.13美元）下降到2012年的6500万公斤（当时价格回升到每公斤2.05美元）。

全球每年对马拉维白肋烟品牌的需求量约为1.4亿公斤。除此之外，该作物的市场价格已接近生产成本，低到危险水平（大约1.50美元每公斤）。

受剧烈波动的影响，加上为了控制烟草行业，马拉维政府在2012年同意将全球烟草销售量的80%（以1.4亿公斤为基准）交由贸易公司和农民直接承包。根据这一计划，农民只要支付小额定金就能够从推广官员那里获得化肥、种子和技术知识。作为回报，农民们将以预先担保并与市场接近的价格出售给贸易公司。这项计划被认为是一个双赢方案，不仅是因为政府控制了烟草的质量和数量，而且因为烟草业顺应了发展趋势。通过仔细筛选农民，包括消除童工，确保采用良好的农耕方式，从产品中清除任何与烟草无关的材料（如塑料），以及提高环境可持续性（例如通过大量种植树木）等在内的更广泛的问题得到了解决。

对农民来说，最大的好处是获得更高的产量和更稳定的价格，从而带来更高的回报，以及能够帮助其摆脱贫困的良好循环。加入"全球生产体系"的农民在扣除了种子和化肥的成本，甚至在政府收取380美元的税费以及支付向市场运送产品的运输费后，还能赚取每公顷约为1000美元的销售收入。农民每种植1公顷烟草，"全球生产体系"计划还为保障粮食安全向农民提供种植半公顷玉米以及大豆、花生等豆类作物的种子和化肥，这让农民获得了额外的收入。

农民之间的差距可以从卡姆扎瓦的困境中看出来。卡姆扎瓦未能加入"全球生产体系"计划，他只收获了"七八包烟草"，用他本土的奇切瓦语来说就是"10辆牛车耕1公顷玉米地"。相比之下，卡姆扎瓦33岁的近邻加布里埃尔·库曼达库伊塔纳（Gabriel Kumandakuyitana）（这一名字的字面意思是"坟墓在呼唤"）与IPS签订了合同，他的烟草产量从每公顷10包烟草（每包约90公斤）增加到23包烟草。如果非IPS农民因烟草质量问题未能卖出烟草，加上卖出的价格更低（2015年，非IPS农民种植每公斤烟草的收入为1.45美元，而IPS合同农民每公斤的收入为1.71美元），那么收入差距就更明显了。

问题就在于，马拉维的农民太多了，换句话说，在马拉维其他的机会太少，全球对烟草的需求太低。这就是卡姆扎瓦和大多数村民未能加入这个计划的原因。由于白肋烟的需求极小，而且质量极为关键，因此监管（部门）在为市场提供稳定（来源）和农民获得丰厚回报上发挥着关键作用。

使这些挑战更为严峻的是，马拉维在今后35年内将面临巨大的人口增长问题。1964年独立时，马拉维的人口只有380万。50年之后，它突破了1600万大关。预计到2050年，人口将上升到5000万，这样的增长速度将给土地带来相当大的压力。在马拉维的中部地区，农场的平均面积约为1公顷。在南方较富裕的农业地区，农场的平均面积只有中部地区的一半，而该地区的人口增长，用一位商业农民的话来说，"比中部地区提前15年"。

人口增长将进一步减少土地面积，因为土地是在家庭中代代相传的。正如库曼达库伊塔纳所说，虽然马拉维的农民通常想要更多的土地，但酋长们已经没有土地可供分配了。而伴随着这种恶性的，看似永无止境的循环的一个事实是，收益率仍然很低。收益率翻番将产生巨大的影响。

马拉维正在与布隆迪、尼日尔、刚果（金）和中非"争夺"成为世界上人均收入最低的国家，2015年马拉维的人均收入仅为381美元（按现价计算）。据统计，赞比亚的人均收入是马拉维的3倍多。在2015年，赞比亚的人均收入为1300美元，①而按照全球人均收入1万美元的标准衡量，赞比亚人已经十分贫穷了。

不过，撇开统计数字不谈，马拉维和赞比亚之间的差距也是显而易见的。沿着M12公路从利隆圭前往位于姆钦吉（Mchinji）边境哨所的路程说明了马拉维这个国家的落后。成群的行人排队走在120公里长的狭窄道路上，骑车人在自行车上载满了一堆堆沉重的、摇摇欲坠的柴火、梁木、甘蔗、木炭、编织垫，偶尔还有几只山羊。这些骑车人来自各个小城镇：曼凡杜拉、坎文多和卡霍纳等。路边生长的玉米枯黄不堪，村庄里摆满了破旧的摊位、商店、垃圾和偶尔可见的白肋烟仓房（悬挂、晾晒烟叶的小型木质结构房）。

快到姆钦吉的公路上更为混乱：超速的卡车、成堆的砖块、国际非政府组织的公告、几家加油站、一家保险公司和军队的宣传标语。这个边境小镇最引人注目的是它仍是20世纪70年代的砖瓦结构，这里的护照上盖着一张阴沉的图章，人们采用大分类账本记录的形式控制车辆通行。小镇的路况更加糟糕，路面到处坑坑洼洼，因此马拉维的司机被称为"博士"（PhDs）——洞坑躲避者（pothole dodgers）。

通过姆瓦米（Mwami）边境管制的落后、混乱以及通往奇帕塔的公路可以看出，马拉维与另一侧的赞比亚的差距是明显的，赞比亚有商店、标识杆、快餐店和新型智能加油站。就像拿赞比亚和瑞士做比较一样，这就是贫穷和有点富裕的国家之间的差距。

这不仅仅发生在赞比亚。新的竞争对手已经出现，包括赞比亚的邻国莫桑比克。莫桑比克曾经也是世界上最贫穷的国家之一，1996年，该国人均收入仅为160美元。20世纪80年代中期，马拉维的人均国内生产总值曾是莫桑比克的1.5倍，而如今只有莫桑比克人均GDP的一半不到。这在很大程度上是因为21世纪初莫桑比克在泰特省（Tete Province）实施的烟草种植计划获得了成功。

但是，马拉维目前的困境不是其他国家导致的，而是马拉维人自己所做的

---

① 世界银行，人均国内生产总值，http://data.worldbank.org/indicator/NY.GDP.PCAP.（2016-08-20）

事情导致的——或者更确切地说，是没有完成的事情。就业和收入危机的解决方式并不在于更多的援助。令人惊讶的是，援助国已经提供了相当于马拉维国内生产总值1/4的援助。因此，这取决于马拉维能为自己做些什么。

解决迈克尔·卡姆扎瓦生存问题的办法在于玉米市场的去政治化和自由化。到目前为止，由于玉米的地方需求巨大，政府干预保持玉米低价已产生深远的负面影响。

20世纪，世界银行所支持的农业发展和销售公司（ADMARC）实现了部分私有化，这使得该公司只有有限的资金用于向小农户供应化肥和种子，并导致其许多仓库被关闭。然而，私营部门缺乏在全国范围内提供竞争性营销服务的能力。私营部门无法储存足够的玉米来应付短缺时期的需求，贸易商在短缺期间进口玉米来维持价格的能力也受到限制。其结果是，政府再次出手补贴，政府控制的农业发展和营销公司重新发挥巨大作用，从而扭转了自由化进程。

这一挑战在一定程度上与缺乏土地所有权和无法筹集资金有关，但主要原因是受政府的定价结构、农业发展和销售公司的影响。销售公司经常倾销玉米不仅造成财政亏损，而且还压低了玉米价格。颁布出口禁令加剧了这一趋势的恶化。《农民世界》（*Farmer's World*）的吉米·詹纳基斯（Jimmy Giannakis）说："廉价食品破坏了马拉维的经济，廉价食品使300万到400万的城市人口获益，但是牺牲了400万农户的利益。"[1]他的观点得到了广泛的认同。

因此，有必要通过放开玉米价格来给市场施压，力争实现供求平衡。政府的作用是通过准确的预测和监管来为最弱势群体设置安全网，避免出现像马拉维玉米政策那样的波动。这种政策摇摆的一个例子是已故总统宾古·瓦·穆塔里卡（Bingu wa Mutharika）提出的具有政治吸引力的农业投入补贴计划，该计划被许多援助者誉为对粮食安全的重大贡献，但是该计划无法持续，还通过与市场无关的生产压低了价格。到目前为止，政治利益集团一直在供应廉价玉米，而维护农民的经济利益（也就是马拉维本身）在于生产价格更高的粮食。

专家们说，只要定价正确，数量和产量就会上升，农民同样这样认为。由于气候和政治变化无常，区域性需求极有可能出现。一位评估市场的马拉维农

---

① 摘自2016年4月在利隆圭的圆桌讨论。

民说："总有一些人在玉米上做出错误判断。"然而，要想进入地区市场，就必须在降低运输成本上做出更大努力。40英尺的集装箱从利隆圭运输到距离950公里远的贝拉需要4400美元，而从贝拉到阿联酋的运输成本仅为1450美元。降低运输成本也意味着要解决包括姆瓦米和姆钦吉在内的边境站令人震惊的低效率问题。

如果想要扩大经济规模，那么马拉维的领导层就必须解决一个更深层的问题——私营部门仍然拥挤不堪，激励措施倾向于奖励那些政府官员、贸易中间商、授权官员或海关官员、卖方和买方之间的农产品加工者、依靠准入和优惠来维护商业利益的政治家。令人失望的是，投资利益胜过国家发展需求，从而导致了像迈克尔·卡姆扎瓦这样的人处于贫困之中。

结论：创造就业，发展更高程度的机械化

激发非洲的农业潜力，不仅需要有能力的、辛勤劳作的农民（尽管这毫无疑问会有所帮助），还需要一系列综合措施。正如吉迪恩·施罗德（Gideon Schreuder）指出的那样："要发展农业，不仅需要更辛勤的劳作，还需要一个包括生产种子、化学品、化肥、机械设备、物流以及具有足够吸引力的政府政策等在内完整的后备系统。"

在这一过程中，尤其是政府将要采取痛苦的政策，吞下政治"药丸"。值得注意的是，这些政策将涉及谷物生产中小规模农业的局限性，尤其是考虑到非洲不断增长的城市人口需要提高生产率，而提高生产率需要耗费机械和实践成本。施罗德以南非为例说，一个种植谷类作物，买得起二手资本设备的盈利农场面积至少为400公顷。而在西开普省的奥弗贝格地区，其面积至少要1000公顷。

未来不仅仅是要种植主粮，提高产出，使非洲自给自足，更是要将剩余的粮食输出到城市，让劳动力从农业部门转移到工业和服务业等其他高产值行业。对于一个正在寻找工作机会的大陆来说，那些生产还不能完全机械化的作物中也存在机遇。在南非，这种作物是橙子，南非已成为世界第二大橙子出口

国，①南非还有很多新的种植领域，如鳄梨、坚果、浆果和鲜花。葡萄酒和苹果种植园主保罗·克鲁弗说："这些农作物的价值更高，劳动强度更大，可以雇更多的人。"②

施罗德说："在这一切中，最重要的是让农民有足够的安全感，把一生投资在农业上。"这一观点适用于所有商业部门，特别是那些涉及固定、不动产投资的部门，如农业和采矿业。

---

① 2015年，西班牙出口13亿美元的橙子，南非出口额为5.896亿美元，占全球市场的13.2%，参见 http://www.worldstopexports.com/oranges-exports-by-country/. （2016-11-30）巴西是最大的橙子生产国（产量为3573万吨），其次是美国（1586万吨）和中国（1451万吨）。埃及以317万吨位居第七，南非以172万吨位居第十。参见 http://worldknowing.com/top-10-largest-orange-producingcountry-in-the-world/. （2016-11-30）
② 摘自2016年8月在开普敦的访谈。

第五章　矿业

成功的五个步骤

· 提高政策和投资者的确定性。稳定、高效、透明的监管和行政程序是矿业公司做出投资决定的重要因素。

· 持之以恒地与矿业部门就其在国家发展中发挥的作用展开能够令人信服的具有前瞻性、现实性的叙述。

· 进一步选矿依赖于廉价的电力和国内制造业等因素。

· 重视大宗矿产（尤其是钢铁和煤炭）投资所需的物流系统以及其涉及的巨大成本。

· 政府政策必须反映出现实的商品价格波动和投资者的长期需求。

挑战与机遇

随着世界上大部分地区的基础设施建设和制造业的发展，矿产的需求将会进一步增加。这为一些非洲国家提供了提升劳动力水平、发展工业化和国际投资及贸易的机会。然而，矿业是一个具有周期性的行业，该行业的前景受制于供需平衡的变化。在非洲，采矿项目的特点还在于矿业公司与政府及他们领导的国家之间缺乏信任。矿业是一种复杂的、长期的和资本密集型的行业，风险和回报需要小心平衡，并且很容易因政策的变化和不稳定被抛弃。

关键数据

非洲拥有丰富的矿产资源。非洲大陆拥有全球已知的20%的黄金储量、23%的钛、28%的钒、25%的锰、50%以上的钴、60%以上的宝石钻石储量、80%的磷酸盐、90%的铬铁矿和95%的铂。但是，非洲大片地区尚未进行充分的矿藏开发。尽管利用矿产提供的商业机会已经证明是有问题的，但在过去15年里，主要生产商对大宗商品的依赖程度仍有所上升。在博茨瓦纳，矿产出口（主要是钻石）对国内生产总值（主要是钻石）的贡献率已从58.7%增长到83.7%；赞比亚对矿产出口的依赖性从79.4%增加到83.6%；刚果民主共和国对矿产出口的依赖性从72.4%上升到78.3%。[1]尽管在21世纪初的大宗商品价格繁荣时期，这些国家平均收入有所增加，但在那些经济收入依赖于此的非洲国家中，超过半数以上的人口平均每天生活费不足2美元。[2]

29岁的詹姆斯（James）来自马塞鲁（Maseru）[3]。他在约翰内斯堡西南20公里的德班深水区从事非法采矿工作，这类矿工或被称为zama zama（扎马·扎马：通常是指那些愿意"去尝试一下""试试运气"或者"碰运气"的人）。他和4名同胞在一起，站在冰冷刺骨的水中，用塑料桶洗矿。他们从旧矿坝里用桶舀出水，溶液会从桶里的射孔中掉落到一条有棱纹的地毯上，地毯上面便留有密集的含金的精矿。之后，将其与水银混合，以提取金，然后用氧乙炔火炬加热，最终得到闪闪的黄金。

詹姆斯把他的黄金卖给了当地的经销商，他说，每克只能卖到21美元，还不到国际市场价格的一半。他和他的朋友每天挣3.5美元，他强调，这便是他们的劳动所得，几乎不够支付吃喝与房租费用。

德班深水区一直被开采到2001年，在与约翰内斯堡综合投资公司（Johannesburg Consolidated Investments）并购失败后，工厂被迫关闭，矿井被堵住，估计有1200万盎司黄金尚未被开采。在撰写本文时，一家由澳大利亚牵头的新合资企业——西智矿业公司（West Wits Mining）正努力重新开采该矿井，并与一家房地产开发商合作，为该区4000公顷土地上的75000人建造保障

① International Council on Mining and Metals. "The role of mining in national economies". 2012-10-15, http://www.icmm.com/document/4440.（2016-11-30）

② UN Development Programme. "Managing primary commodity booms and busts: Emerging lessons from sub-Saharan Africa". 2016-03-01, http://www.sl.undp.org/content/dam/sierraleone/docs/annualreports/undp-rba-primary%20commodities%20boom%20bust%20april%202016.pdf?download.（2016-11-30）

③ 他不愿透露自己的姓氏，本节是基于格雷格·米尔斯于2016年6月的一次研究访问，以了解手工采矿活动，最初发表在《异议者日报》上，网址：http://www.dailymaverick.co.za/article/2016-0705-take-a-chance-welcome-to-the-golden-underground-world-of-zama-zamas/#. WDqXJ3ecbLF.（2016-11-30）

性住房，从而使该公司成功进军豪登省（Gauteng）的80万套住房储备领域。

南非在2015年生产了144.5吨黄金，价值66亿美元。处于职业最底层的扎马·扎马大约又开采了8吨，价值4亿美元。据估计，他们之中有3/4是来自莱索托、莫桑比克、马拉维和津巴布韦的非法移民。随着南非的失业率达到40%，移民找工作更像是一种挣扎。而且这也不是一笔财富——更像是他们最后的机会，或者说是唯一的机会。

矿业官员和安全人员估计，总体而言，现在可能有多达15000名扎马·扎马，而在南非正式的黄金开采作业中，则有12万名矿工在工作。2015年有超过65名扎马·扎马死亡。将风险进行对比，2015年南非在金矿事故中只有33人丧生。毫不夸张地说，一些扎马·扎马简直是在自寻死路，他们仅仅用柱子支撑着一些未被挖掘、含有丰富原料的矿山矿顶。

在一个高度组织化的联合系统中，犯罪头目在高层管理着犯罪团伙，用一名澳大利亚矿工的话说，"在最底层的人"，许多人是被竞争对手谋杀的。2014年，一帮匪徒堵住非法矿井的出口，将200名扎马·扎马困在其中。数不清的死亡数字，没有官方结果。4年前，在韦尔科姆（Welkom）有100多名"非法矿工"死于一场事故。

我们应该同情那些在艰苦条件下工作的扎马·扎马，因为他们在艰难而危险的条件下为微薄的收入而工作。然而，他们的活动产生了相当大的成本——除了造成税收、投资者的回报和他们的信心流失之外，扎马·扎马还是一个冷酷无情的犯罪网络的一部分，很少或根本不关心财产、环境或他人的安全，同时在公共和私营部门滋养和滋生腐败。

当然，并非只有南非。从哥伦比亚到津巴布韦，大约有2500万名手工采矿者，他们被定义为通过有效的采矿而不是受雇于矿业公司的矿工，并且使用初级的危险技术进行开采。据估计，有超过50个发展中国家的1.5亿人将间接依赖这些人。[①]手工采矿通常发生在偏远地区，基本上不受政府的干涉，也不受环境和其他管制的影响。

---

① MiningFacts. "What is artisanal and small-scale mining?". http://www.miningfacts.org/communities/what-is-artisanal-and-small-scale-mining/.（2016-11-30）

　　扎马·扎马的崛起反映了南非矿业的急剧衰落。在20世纪80年代后期，南非在全球正规采矿中所占的份额为40%，就业人数达到880万人。此外，仅金矿开采就占了54万个工作岗位。到2016年，虽然采矿业仍贡献了该国8%的GDP，占其外汇收入的一半以上，但南非采矿业份额不到全球总采矿规模的5%，行业雇佣人员仅为47.3万人。

　　由于投资者缺乏信心，加上劳动力紧张，以及矿石开采日益增加的难度和剧增的成本，南非在2015年1月的黄金产量较1980年同期减少87%。[①]南非黄金产量从2006年世界第一的位置（1970年的峰值为1000吨）下降到10年后的第7位，排在中国、澳大利亚、俄罗斯、美国、加拿大和秘鲁之后。

　　这种下降反映出投资的缺乏，在此背后，映射的是对未来缺乏信心。到2011年，南非在市郊绿区矿产项目（greenfield mining projects）上的全球份额仅为5%；相比之下，澳大利亚的这一比例为38%。这种投资下降与非洲其他地区（例如赞比亚）的趋势相一致，从而破坏了非洲地区的经济增长。

　　不过，采矿业不一定就意味着是夕阳产业。2010年花旗银行的一项调查显示，在目前价格下，南非作为世界上最富有的矿业国家，在非石油储量方面的估值高达2.5万亿美元。比俄罗斯和澳大利亚1.6万亿美元的外汇储备的价值还要高。[②]在报告发布时，专家估计，在适当的监管环境下，南非至少可以在5年内将其煤炭、铂、铁和锰产量增加1倍，并且新增20万个直接和间接就业机会。[③]

　　但考虑到所涉及的深度，南非的一座新金矿需要5年的投资，至少1.4亿美元才能度过可行性研究阶段。此外，还需要20亿到30亿美元（2016年的价格）才能达到"中等深度"，接触到矿脉，这又需要10年时间。只有到那时，矿山才能开始收回成本，并最终在未来10年或更长时间内产生利润。[④]

　　然而，遏制非洲矿业的衰退并不在于新的大规模投资，而在于企业和政府

① Stats SA. "The decreasing importance of mining in South Africa". http://www.statssa.gov.za/?p=4252. （2016-11-30）

② Ed Cropley and Agnieszka Flak. "Special report: Why South African mining's in decline". Reuters, 2011-02-04, http://uk.reuters.com/article/uk-south-africa-mining-idUKLNE71303020110204.（2016-11-30）

③ 信息来源于南非矿业商会。

④ 在此向尼尔·弗朗尼曼（Neal Froneman）致谢。

之间进行合作和相互之间增进信任。

德班深水区矿井被关闭，以及扎马·扎马紧急状况出现的原因是投资者对南非未来条件会改善缺乏信心。它还与以下问题有关：法治和官僚机构对商业的关切和对需求的反应，矿区缺乏基本安全，政策土地环境不断变化，特别是围绕着黑人经济赋权。简言之，政府对采矿的长期前景缺乏远见，对商业现实和大宗商品价格波动缺乏敏感认识。

德班深水区的澳大利亚业主认为，有了安全措施和对采矿许可证的快速响应，以及为住房开发发放的规划许可，他们就可以对地表区域"消毒"，恢复矿井，他们估计地表附近有50万盎司黄金可供挖掘和回填。这些黄金可为下一阶段提供资金，将使得位于270米以下的另外150万盎司黄金得以开采。如果一切按计划进行，矿场可能会雇佣2500名新员工，甚至可能将是这个数字的10倍，这不仅仅是因为地质学家所说的"潜质矿脉""不适合机械化"。[1]然而，就业和政府税收并不是唯一的驱动因素，还有对环境、健康和其他安全方面的考虑，这也是对周围社区因开采碎石和扎马·扎马活动而面临风险的人的特别关注。

由于投资者对采矿政策、政治稳定性以及由此产生的新资本的信心水平没有提高，南非正规的矿业只能继续衰落，就像扎马·扎马的数量将随着工人努力寻找其他工作而增加一样。没有了新资本的保证，这种信息就意味着行业进入死胡同，而且是政策失败的明显标志。

非洲的挑战

非洲国家的经济严重依赖于采掘行业，该行业收入占非洲大陆2012年地区生产总值的28%，总出口的77%，政府总收入的42%。[2]国际采矿及金属协会（ICMM）的研究表明，矿业每收入1美元，就会对当地经济的其他方面产生至少3美元的额外收入，而对于每一个直接采矿的雇员来说，会在经济的其他方

① 摘自2016年6月在德班深矿的访谈。
② 参见非洲开发银行非洲自然资源中心，http://www.afdb.org/en/topics-and-sectors/initiatives-partnerships/african-natural-resources-center-anrc/.（2016-11-30）

面创造多达15个就业机会。①

从1992年到2012年，全球矿物生产总值增长了6倍。在经济繁荣时期，低收入国家更多地依赖矿产出口，尤其是撒哈拉以南的非洲地区。②因此，正如图5.1所示，非洲矿产出口的下降导致了撒哈拉以南非洲的经济增长下滑，尤其是政府税收依赖大宗商品出口的国家。例如，非洲2015年的经济增长仅为3%，远低于2003年至2008年6.8%的平均增幅。世界银行将这一较弱的表现主要归因于大宗商品价格的暴跌。③

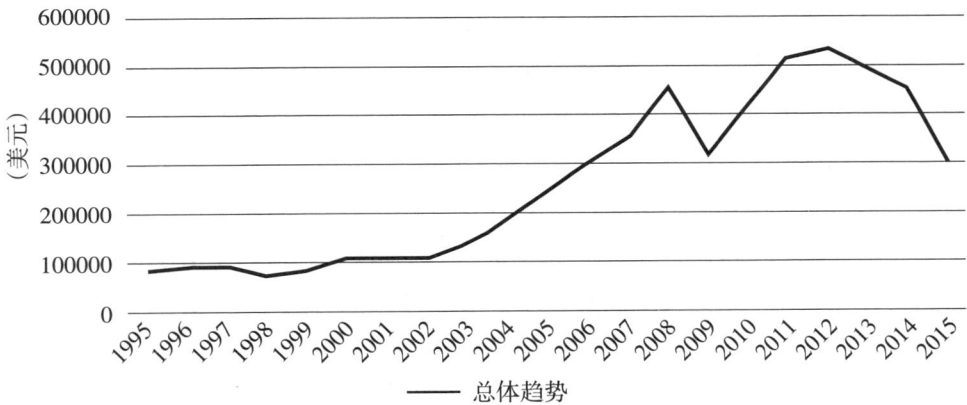

图5.1　非洲初级商品、宝石和非货币黄金的贸易额（按现价）（1995—2015年）

（资料来源：联合国贸易和发展会议，

http://unctadstat.unctad.org/wds/ReportFolders/reportFolders.aspx。）

尽管经济繁荣，但在非洲许多国家，产业与治理之间的关系一直以双方持续存在的不信任为特点，而这种不信任是由误解导致的。传说中，矿山等同于巨大的财富，而且，在极端情况下，矿业公司故意通过"低申报"或"转移定价"来窃取矿石或扣缴税款。与此同时，矿业公司抱怨说，那些制定规则的人

---

① 这些数据是基于对7家加纳矿业公司的调查得出的，感谢国际采矿与金属协会的汤姆·巴特勒（Tom Butler），参见https://www.icmm.com/document/8264。（2016-11-30）

② ICMM. "The role of mining in national economies". 2012-10-15, http://www.icmm.com/document/4440.（2016-11-30）

③ Mining Weekly. "Commodity shock knocks Africa's growth prospects – World Bank". 2016-04-11, http://m.miningweekly.com/article/commodity-shock-knocks-africasgrowth-prospects-world-bank-2016-04-11.（2016-11-30）

不理解其业务的长期性质，以及他们必须承担的风险水平。资本密集度的增加和机械化采矿程度的提高加剧了这种紧张局势，特别是在以采矿业为经济支柱的国家，这种影响尤其明显。

在没有其他机会的环境中，对采矿的价值和作用的看法将被放大。关于采矿的主要叙述是，以牺牲大众——"双赢"的情景为代价，赚取巨额利润。自相矛盾的是，矿山周围的社区从"摇篮"到"坟墓"形成了一种对矿业公司严重的惯性依赖，而国家往往对他们免去责任。然而，通常引入这项开发的公司必须能够处理重大的干涉、腐败和寻租行为，这反映出在经济中几乎没有其他因素的情况下，管理固定、不动产的难度。

一些政府没有把这个产业作为长期发展伙伴，而是采取短期措施，利用高税收制度和其他再分配机制，包括对选矿和增值的呼吁，来迎合大众的需求以及满足自身对税收的渴求。

但是，要求增加附加值的呼声很少考虑到矿石已达到增效的程度。就好像说这些公司在直接出口岩石一样，但事实远非如此。以提取铜为例，经地质调查和钻孔（建立一个三维的矿床模型）之后，再进行爆破、挖掘和运输。氧化选矿过程包括粉碎、碾磨、浮选、浸出、溶剂萃取和电铸生产阴极。同时，用浮选法对硫化物进行了富集，以产生铜精矿。从后者生产铜阳极需要一个同样精细的高温熔炼过程。赞比亚最大的铜矿，坎萨希矿（Kansanshi），每天使用25万升柴油来开采8万吨的矿石，从中提炼出700吨的铜。该矿每年能生产27万吨铜。要求进一步增效的呼声似乎源于一种信念，即这些公司正在从地下直接开采纯铜线。

类似的增值过程也适用于其他矿物，例如铂。复杂性是由提取矿物的过程所决定的。用采矿的绞车和铁铲从采掘面挖出一个中央槽，运用"钻孔—爆破—清洁—支撑"这一不间断的采掘方式提取铂矿。从中央槽提取的矿石被移动到采区溜井，从一个横切到一个倾斜端口的矿石被倒进火车里。然后，矿石被倾倒在一个矿石通道上，并以7吨重的船身被吊到表层，每两分钟输送一次到破碎机里。在那里，每吨矿石的含矿量大约为6克，矿石紧接着被移到集中器中。这样可以将纯度提高到每吨140克，然后将每吨含矿量0.6克的尾渣送到大坝。精矿需要熔炼，除去二氧化硅，由此产生的熔炼铜的"冰铜"在一个转换器中进一步加工，以除去铁和硫，然后将其制成硫酸进行销售。这个缓慢冷却的变流器会被压碎，并被送入一个磁选厂，它将"磁性"金属（铂族金属）分解到贵金属精炼厂，提炼出铂、钯、铑、铱、钌、金和银，将"非磁性"金属分解到铜、镍和钴金属冶炼厂。最后用直升机将其运送到安全设施中。

下游的受益者越来越多地集中在更大的企业，因为规模较小的项目没有相同的规模经济。

尽管（或可能是由于）呼吁更高的附加值，但矿业部门的整体状况本质上是符合政府的利益，不仅仅是因为长期税收、就业和工业化前景，更是因为许多政府掌握采矿业务的直接利益。①

尽管矿业的成功开采需要有共同利益的伙伴关系，尽管非洲快速增长的年轻人口需要就业，但政策的不稳定性已经埋下了矿业恶性循环的种子。

政策的不确定性不仅导致投资者的不确定性，而且限制了可用的资金池。矿业部门的资金不足不可避免地会导致更高成本的矿山，以及在全球范围内的资金竞争中，投资者将兴趣点转移到风险较低的国家。因此，许多主要的矿业投资决定被搁置。随着大型矿业公司不断调整投资组合，寻找最具成本竞争力的矿山，政策的不确定性继续推动着矿业公司从信誉良好到信誉不佳的循环，最终导致小型采矿公司的发展以及矿业部门的"去进化"。由于规模较小的矿业公司普遍拥有欠发达的治理体系，这便增加了许多在环境监管方面能力有限的政府的监督管理方面的负担。

因此，在这些关系中需要有一个新的开始，并且给出明确的共同利益。不仅恶性循环需要被打破，信任需要重新建立，而且需要一个共同的叙事方式和达成一致的公平交易协定。要重新开启这一进程，不是一件容易的事，需要找到新的对话渠道，并确定共同的利益。然而，首先，政府需要意识到投资者面临的约束。

---

① 赞比亚合并铜矿的情况也是如此。

投资者的期待

推动大宗商品投资的因素：矿物的类型、地理、矿石品位、项目的阶段（如勘探与早期或晚期生产）、工程和基础设施的复杂性、成本要求、政治和政策环境、从进入到退出的投资期限。

这是一个长期性的行业，对于一些矿床，仅勘探阶段就持续长达15年。10个勘探项目中，最多有1个项目能够进入建设阶段，包括可行性研究，这个阶段可能会持续3到7年。假设有足够的现金流，而且大多数矿山都是以20年的生命周期为基础的，收回投资成本还需要5年左右的时间。这需要投资者有一种超越当前政府和政策制度的信心，因为在一个矿山的生命周期中可能会有3到4位总统执政。

此外，贵金属（金、钻石、铂、银）和基础矿物（煤、铜、铁、锰、铝矾土、锡、锌、镍等）在体积上也有根本区别，因此需要物流运输，而物流运输的关键在于靠近公路、铁路和港口等基础设施。电力和水是所有采矿作业必不可少的。一方面，一种商品的性质和开采前景可以进一步划分为"散装"和"非散装"——实质上是煤炭和铁矿石（散装）的区别，另一方面是其他的划分。散装矿物的价值相对较低，但体积大，需要额外的资金用于运输和技术处理，要求一个强大的资产负债表，使其能够维持运营。

与任何利益相关者一样，矿商们也在寻找投资的最大确定性。一位驻伦敦的基金经理说："问题在于，这些资产很少出现在稳健的且有稳定政策的国家。例如，北美通常是最后的投资选择。因此，通常情况下，这是一个'最不坏'的环境问题。"①

矿业公司使用两种基本方法来评估风险。第一种是所谓的"科学方法"，试图将风险因素数字化。这些数字超出了等级、数量和开采成本等技术问题，以涵盖其他问题，如增加税收的可能性、货币价值的变化、拨款的可能性、环境问题以及防止特许权、使用费返还的可能性。另一种是"艺术方法"，其本

① 摘自2016年9月21日在伦敦的访谈。

质上是一种发自内心的"二元决策",高层管理者根据自己的直觉和经验做出判断。这两者都是将项目生命周期中价格、通货膨胀、外汇和政治风险等因素作为主要假设。

有时,所做的判断可能会产生高昂的代价。英美公司(Anglo American)的巴西米纳斯—里约铁矿石矿山(Brazilian Minas-Rio iron-ore mine)就是一个例证。它的事例说明了在一个矿商和政府(尤其是非洲国家)居优的市场中,购买价格的风险是与生俱来的,而这种风险容易受到外部因素的影响,但有时原始情绪也会影响事件的发生。

在2008年价格周期的高峰期,米纳斯—里约矿山作为55亿美元的开发项目被收购。这一收购显然是出于一种信念,即超级周期是一种新常态,并且英美公司也担心分不到"繁荣"的蛋糕。米纳斯—里约项目的开发预计耗资27亿美元,其中包括修建一条525公里的矿石输送管道到专用港口。①6年后,至少投资了80亿美元,当时铁矿石价格从每吨145美元跌至每吨55美元,英美公司终于开始有产出。尽管英美公司有一个由400名律师组成的团队,但开发进度以及寻求许可的要求(尤其是涉及土地使用和获取的许可)还是被各种因素延迟,从而导致成本增加。在一些人看来,这类困难是由于收购巴西合作伙伴的决定而变复杂的,这使得英美公司不得不在巴西矿业巨头淡水河谷公司(Vale)的后院开展业务,而后者是世界上最庞大的铁矿石生产商之一。②

英美公司并不是唯一一家在时机不佳和战略管理不善的情况下损失惨重的公司。淡水河谷公司在莫桑比克太特省(Tete)也花费了相当多的资金开发莫阿蒂泽煤田(Moatize)。莫阿蒂泽煤田含有炼焦煤,可用于制造钢铁。该项目包括修建一条长达900公里的铁路,穿过马拉维,到达莫桑比克的纳卡拉港(Nacala)。投资成本,加上煤炭价格的下降(从2011年的每吨150美元下降到2016年初的80美元以下)以及令人失望的煤炭质量,导致淡水河谷公司每年

---

① Paul Kiernan. "Anglo American's troubled Brazil mine finally ships iron ore". *The Wall Street Journal*. 2014-11-03, http://www.wsj.com/articles/anglo-americans-troubled-brazil-mine-finally-ships-iron-ore-1415050405.(2016-11-30)
② 摘自2016年9月24日的电话访谈。

亏损5亿美元，包括在2016年注销投资的24亿美元。[①]

尽管上述"艺术形式"表明了对偏见和直觉的某种依赖，但如果与一些矿业投资者的对话具有可借鉴之处的话，那么矿工定期阐述的系统性条件和关注点更是如此。

对于那些长期关注非洲的人来说，尤其是在开采基础金属方面，他们的胃口受到政策变化频率、汇率控制机制、政治随意性和腐败程度的不确定性影响。政策和政治上的挑战及症结可以归结为需要一个当地合作伙伴。一家大型跨国公司的业务开发经理说："首先，这让我们对接触到PEPs（Politically Exposed Persons：政治上被曝光的人）的问题产生了疑问。但这是双重打击。它还告诉你，你不能依靠法律框架来保护你，而是需要一个当地的合作伙伴来保护你。"这种企业行为不仅违背了一些矿工为避免"被国家占领"的本能态度，而且还违反了2003年金融行动特别工作组（Financial Action Task Force）针对洗钱行为的标准，包括英国《反贿赂法》（*UK Bribery Act*）和美国《反海外腐败法》（*Foreign Corrupt Practices Act*）。

矿业公司，特别是非洲的矿业公司，也对物质通道的控制密切关注。在这方面频繁遇到的挑战解释了为什么在非洲成功的采矿业通常是钻石和黄金，很少有例外。与需要重要物流作为组成部分的铁矿石和煤炭相比，黄金和钻石不需要大量基础设施投资（就黄金而言，相对于工业矿物价格，黄金价值通常是反周期的）。非洲国家政府通常也缺乏投资这种基础设施的资源，尽管它们有时拥有大部分所有权。这不可避免地导致政府延迟投资或自由融资，或者两者兼而有之。一位矿业基础设施专家指出，铁路价格在每公里500万至1500万美元之间，你想要确定，如果你为这条铁路支付费用，你就有优先权。但他说，问题在于，非洲国家将这些基础设施视为一种国家资产，包括对乘客和其他货运的权利，这使问题复杂化。

最后，2010年澳大利亚对矿业超额利润税的尝试，以及2014年废除后的矿产资源租赁税，应该能对非洲各国政府提出进一步有益的警告。突然之间，

① Macau Hub. "Mining company Vale authorised to sell portion of coal business in Mozambique". 2016-06-10, http://www.macauhub.com.mo/en/2016/06/10/mining-company-vale-authorised-to-sell-portion-of-coal-business-in-mozambique/. （2016-11-30）

税收将澳大利亚从拥有世界上最好的铁矿石矿山行列中驱逐出局。一位矿工解释说："最好是从经济政策的角度来界定，而不是地理或资产的性质。"

矿业投资与其他行业一样，需要在风险与回报之间保持平衡。然而，接受风险的意愿受到下注的规模和矿山可能的生命周期的影响。虽然从本质上说，监管体制不会随着政治体制的变化而改变，但是对政府的信心以及其政策的连续性会导致投资的可能性增加。正如一名矿工所说："这也需要考虑到价格、汇率、品位和成交量等各种技术上的不连续性。我们习惯了上涨的惊喜，但现实更多的是下降。"[①]

几内亚就是一个很好的例子，在那里，风险已经远远超过了可能得到的回报，并且政府和公民的期望似乎与矿业公司的期望不一致。

错失良机

几内亚从数值上来讲是非常富有的。它不仅拥有世界上已知铝土矿储量的1/3（约160亿吨），而且还拥有丰富的铀、钻石、黄金和其他金属矿藏，其中包括大约60亿吨的铁矿石储量，据称能占到全球储量的1/4。靠近塞拉利昂和利比里亚边境的法拉纳省（Faranah）的西芒杜山脉（Simandou），据说是一个巨大的铁块。南边邻近的福雷斯蒂耶省（Forestiere）的宁巴山脉（Nimba）也是如此。[②]

然而，自独立以来的半个多世纪里，几内亚在全球最贫穷的20个国家中排名垫底。该国平均年人均收入刚好在500美元以上，但有一半的国民生活在贫困线以下。农业占用了80%的劳动力。轻工业非常有限——仅仅是饮料、啤酒、棕榈油和其他小型农产品加工。铝土矿和氧化铝占全部出口收入的一半以上。尽管该国拥有巨大的水力发电潜力，但由于它是西非最潮湿和最多山的国家之一，其2013年的发电量仅为220兆瓦。首都科纳克里（Conakry）电力经常停运，而2/3人口居住的农村地区则为永久性停电。

---

① 摘自2016年9月24日的电话访谈。
② 本节基于2013年在几内亚进行的研究，最早由格雷格·米尔斯撰写，参见 Greg Mills. *Why States Recover*. London: Hurst, 2014, pp.52—65.

事实上，正如一位欧洲外交官所形容的那样，2013年，几内亚在每一个"糟糕的"指标中都处于"首要位置"：称职、政府能力、技能、教育、腐败情况、组织和基础设施的破坏。在每一项指标中，它都是一个失败的国家。尽管它本身并没有发生战争，但它仍然是联合国建设和平委员会关注的6个国家之一。①

阿尔法·孔德（Alpha Conde）政府自2010年开始执政，他在阐述本届政府的发展愿景时表示：到2030年，几内亚将成为一个"新兴国家"，其中，矿业将成为关键部门。政府计划在2015年孔德能够成功连任时投资200亿美元。这一年，力拓矿业集团（Rio Tinto）的一个价值120亿美元的铁矿石项目将从长达650公里的新铁路和港口设施中"找到出路"。预计这个单一项目将在建设阶段创造出1万个直接就业岗位，并将国内生产总值提高3倍，达到150亿美元。

然而，自2010年以来，各种采矿项目陷入了事实上的困境。这一僵局是在世界铁矿石价格不断下跌的背景下发生的，而最初的（尽管后来重新修订过）采矿法规则提出了一个与利润更丰厚时代相适应的税金和专利税制度。几内亚政府一直酝酿着一项宏大的计划，即建造一条将这个国家南北方连接起来的几内亚铁路，但建造铁路的成本又造成了进一步的障碍。政府最初要求拥有铁路线的多数所有权，包括客运费和非铁矿运费。但现实情况是，矿物出口到市场最短的途径是通过利比里亚。此外，几内亚政府在铁路项目上的投入不足60亿美元，增加乘客和其他货物的所有权只会使问题更加复杂，进一步增加了已经负担很重的项目成本。

然而，开发矿山失败的责任并不全在政府。西芒杜矿床的所有权于1997年被授予力拓矿业集团。2008年7月，几内亚政府宣布，这家英澳公司的开采进度过于缓慢。之后，时任总统兰萨纳·康特（Lansana Conte）剥夺了力拓的执照。然后，将一半存款的使用权授予了贝尼斯坦梅茨集团资源公司（BSGR），此前该公司一直专注于钻石业务。尽管力拓表示抗议，但政府与贝尼斯坦梅茨

---

① 6个国家（2013年）：几内亚、布隆迪、利比里亚、几内亚比绍、中非共和国和利比亚。参见http://www.un.org/en/peacebuilding/.（2016-11-30）

集团资源公司的交易还是于2009年4月获得批准。随后，贝尼斯坦梅茨集团资源公司以25亿美元的价格将其西芒杜业务的51%的股份出售给巴西矿业巨头淡水河谷公司，据报道，目前该项目由贝尼斯坦梅茨集团资源公司投资1.6亿美元。当时，几内亚政府的预算还不到这个数字的一半。①孔德政府的顾问保罗·科利尔（Paul Collier）对这些运营商的看法并不乐观。"他们的技术能力是一张社交网络图。他们知道如何获得合同——这是他们的技能。"这位牛津大学经济学家说。②2010年当孔德当选时，政府审查发现贝尼斯坦梅茨集团资源公司通过贿赂获得了矿山所有权，随后贝尼斯坦梅茨集团资源公司和淡水河谷公司便失去了矿山的所有权，但该公司否认了这一点。

2011年，力拓重启了谈判协议，向政府支付了7亿美元的预付税。然而，政府坚持认为，最终完成跨几内亚铁路的愿景应该成为协议的一部分。结果，政府和企业之间的信任触底。总统顾问责问矿业公司是否有意投资其业务，他问道："你还怎么解释力拓在这里已经15年了，怎么连一吨铁矿石都没有出口？"③然而，矿业公司担心，试图脱离该国其他总体改善项目而开展业务，将导致"预期的上升"。正如一位高管所言，这是一种掠夺性行为。④这些截然不同的期望增加了许多摩擦，并导致了拖延。当然，企业希望防范市场上廉价商品泛滥成灾。⑤尽管他们会有大约10年的时间来开发他们的资产，但如果进展不顺利，我们有理由认为这些资源应该被释放给其他人。

2016年10月，力拓宣布签署协议，将其在西芒杜的股权出售给中国铝业集团（Chinalco）。力拓将获得高达13亿美元的资金，用于一个矿石储量超过

---

① Patrick Radden Keefe. "Buried secrets". *The New Yorker*, 2013-07-08, http://www.newyorker.com/reporting/2013/07/08/130708fa_fact_keefe?printable=true&currentPage=all#ixzz2fiX7hKqN. （2016-11-30）
② 同上。
③ 2013年4月，与时任总统顾问的弗德·伊德里斯萨·图雷（Fode Idrissa Toure）进行了讨论。图雷常被人称为布里基·莫莫（Briqui Momo）。他是在科特迪瓦发家的，回到科纳克里后，在城里建了一座多层建筑。每当他完成一层楼，会站在上面，把钱扔给街上的人。这就是他的外号"布里基·莫莫"的由来："莫莫"是对老年人的称呼，"布里基"的意思是"一包包的钱"。布里基·莫莫于2013年9月去世。参见 http://www.bloomberg.com/news/articles/2015-10-13/rio-runsout-of-goodwill-in-guinea-as-giant-iron-ore-mine-lags. （2016-11-30）
④ 这部分基于2013年4月格雷格·米尔斯在科纳克里的采访。
⑤ Frik Els. "Iron ore price: Vale makes boldest oversupply move yet". Mining.com, 2016-09-14，http://www.mining.com/iron-ore-price-vales-made-the-boldestoversupply-move-yet/?utm_source=digest-en-fe-160915&utm_medium=email&utm_campaign=digest. （2016-11-30）

20亿吨，年产量达1亿吨，矿山寿命超过40年的项目。①同一个月，国际金融公司（International Finance Corporation）也宣布将出售该项目4.6%的股份。

无论长期的潜在回报是什么，钢铁的价格、融资的挑战，以及所需基础设施的成本和复杂性都要求从"开发"到"销售"的平衡。企业不愿意在存在高度不确定性风险的地方投资，不确定性因素主要是政治、政策和价格。赞比亚就是另一个例子。

"翻筋斗"的赞比亚税收

赞比亚的例子说明了在政策上与政府发生冲突的成本，尽管该行业的国有化记录不佳。

1973年，赞比亚的铜产量为72万吨，占全球总产量的15%，从事该行业的人有4.8万。同年国有化之后，生产进入了一个长期的衰退期，到2000年，即私有化年份（当时雇用2.1万人），铜产量下降到25.7万吨（见图5.2）。结果，实际的人均国内生产总值从1976年的1455美元下降到1987年的1037美元，即每年下降3.6%，然后到2000年只有892美元，此时国家每天要花费100万美元来经营矿山。②

据估计，矿山的国有化造成了赞比亚450亿美元的生产损失，超过了这一时期收到的援助总额。③换句话说，如果赞比亚在全球铜产量上保持1970年的份额，那么它现在的产量将达到270万吨。

继私有化并注入新投资后，到2014年，赞比亚铜产量再次上升至70万吨以上，其中约6.5万人受雇于该行业。但考虑到其他方面的进展，这一吨位仅占全球总量的不到4%。位于堪萨斯（Kansanshi）的铜矿有着赞比亚最大的铜

---

① Megan van Wyngaardt. "Rio to sell Simandou stake to Chinalco". *Mining Weekly*, 2016-10-28, http://m.miningweekly.com/article/rio-to-sell-simandou-projectstake-to-chinalco-2016-10-28.（2016-11-30）

② A. Fraser and J. Lungu. "For whom the windfalls? Winners and losers in the privatisation of Zambia's copper mines". http://www.revenuewatch.org/documents/windfalls_20070307.pdf.（2016-11-30）Ndangwa Noyoo. "Nationalisation: A case study of Zambia". Rhodes University Summer School, 2011-09-13.

③ Mining Weekly. "Mine nationalisation lost Zambia $45bn, Eunomix study finds". 2013-03-22, http://www.miningweekly.com/article/mine-nationalisation-lost-zambia-45bn-eunomix-study-finds-2013-03-22.（2016-11-30）

生产商，每年大约有25万吨的铜产量，超过30亿美元的税收和几乎相同的投资。超过8000名工人在此工作，仅工资和电费每月便向赞比亚经济注入5000万美元。该矿对赞比亚的贡献是巨大的：在过去的数年里，仅堪萨斯就有90%的企业所得税是在赞比亚缴纳的。

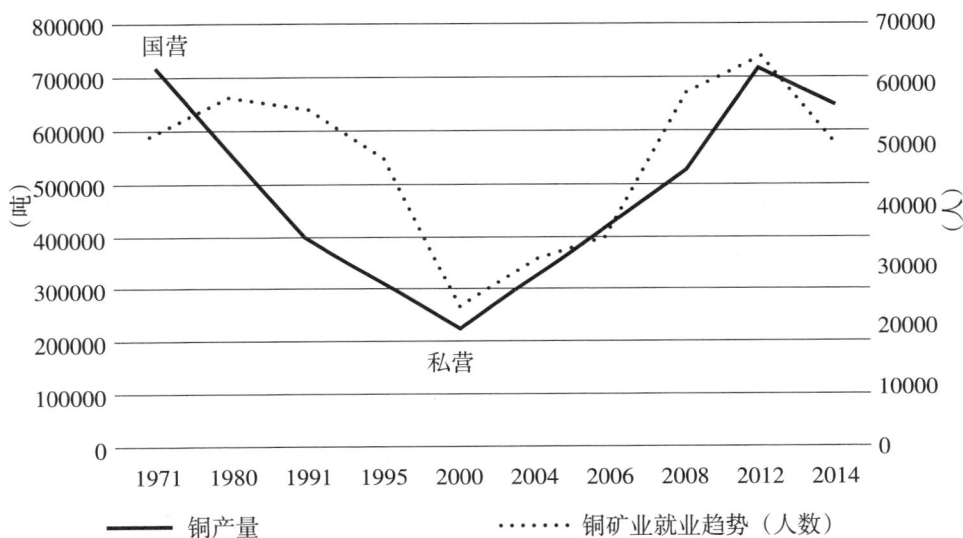

图5.2 1971—2014年赞比亚铜矿生产和铜矿业就业趋势

（资料来源：作者的计算。[①]）

然而，采矿业在赞比亚仍然是一个困难重重的行业。位于赞比亚西北部，耗资21亿美元的鲁姆比拉矿（Kalumbila），因电力供应和土地所有权问题而备受挑战，这是该国最后一个重大的新矿业投资。由于政府对矿业税制的改变以及取消了保证投资者在财政政策上保持15年稳定期的发展协议，新的投资和矿山寿命的延长受到了阻碍。自2008年以来，赞比亚政府发布了不少于797部法律文书（主要是修订、更新或执行现行主要法例的部长级指令），直接和间接影响了采矿业，其中大部分（501部）在2011年之后通过。

2011年，赞比亚政府实施了6%的营业税和30%的企业所得税政策。2015

---

① 该图部分来自Ndangwa Noyoo. "Nationalisation: A case study of Zambia". Rhodes University Summer School, 2011-09-13, 数据结合大卫·利特尔福德特的计算及作者基于赞比亚私人铜矿综合记录的计算。

年1月，转而向地下矿山征收8%的统一流转税，并向露天开采企业征收20%的采矿特许权税。①国际货币基金组织在2015年6月得出的结论是："赞比亚的平均有效税率（AETR）为50%，处于主要产铜国的第二高水平。"②此前，增值税安排发生了变化，导致政府在向矿业公司偿还约10亿美元的问题上犹豫不决。

经过激烈的辩论，政府在2016年提出了30%的企业税和4%—6%的浮动税率。③但在全球范围内达成的共识是30%的企业税和3%的专利税。④正如财政部长于2016年4月向议会指出的那样，这种政策的不稳定性损害了赞比亚的投资者信誉，该信誉基于两个主题：可预测性和一致性。"如果'翻筋斗'是我们的秘诀，这将会降低投资者对我国的信心。"⑤

没有采取更好或更一致的矿业政策，并不是因为缺乏对最佳（或不好）做法的宣传，或者这些做法都出现在非洲以外。例如，下面讨论的智利经验是众所周知的，尤其是南部非洲的采矿者在那里成功的运作。

成功的范本——智利和毛里塔尼亚

20世纪80年代以来，智利的经济增长一直不容小觑，特别是在20世纪90年代，平均年增长率超过7%。然而，很容易被遗忘的是，1972年智利还被列为拉美第二糟糕的经济体，在国有经济主导的情况下，通货膨胀率达到500%，经常发生罢工，"国有化、价格管制和高关税是当时的规则"。⑥

从1975年人均收入4000美元的低水平来看，智利人均实际收入在未来30年翻了三番多。到2011年，外国资本总额接近820亿美元投资于采矿业，相当

---

① 按照伦敦金属交易所的价格计算，这意味着那些未按伦敦金属交易所的价格出售的赞比亚业务将获得25%的实际收益。
② IMF. "Zambia: Selected issues". 2015-06-15, https://www.imf.org/external/pubs/ft/scr/2015/cr15153.pdf.（2016-11-30）
③ 同样，矿区使用费是按伦敦金属交易所每月平均价格计算的，而不是按利润计算的保证金。
④ Chamber of Mines of Zambia. "A guide to understanding mineral royalty tax". 2016-02-02.
⑤ 引自2016年4月29日的《邮报》。
⑥ https://vimeo.com/channels/1190374.（2016-11-30）

于1974年以来在智利投资的所有外资总量的一半以上。①

这个国家的转型是建立在两大支柱之上的。②首先是20世纪70年代末80年代初由一群年轻的经济学家领导的自由市场经济改革。其次是国内铜产量的大幅增长。其中，智利提供了近1/3的世界年消费量的铜，占该国出口收入的2/3左右。

这个行业在25年间的变化是惊人的。1990年，私营部门开采量不到智利铜矿产量的1/4。到2000年初，智利国家铜业公司（Codelco）的产量是20年前的2倍多，而私营部门年产量为400万吨。1970年，智利生产的铜与赞比亚相同；40年后，该国的产量增加了8倍。

外国投资得益于低而稳定的税收制度以及对外国和当地公司的非歧视性待遇。智利税法是由国家和投资者商定的，主要是根据1974年第600号法令制定的。该法律规定了投资者和智利政府之间的"合同"，"合同"内容为：建立自由贸易区，实行保证利润和资本汇付的政策，外资比例自由选择，不受当地投资者的歧视和关税自由化。

"拜占庭"式的劳工政策（Byzantine Labour）通过一系列旨在下放集体谈判权利，提高工会投票透明度和允许工会成员有更多选择的措施而被解除。1980年养老金制度的改革也使工人们可以选择退出政府管理的养老金制度，取而代之的是将原先的强制性工资税（工资的10%）转入私人管理的个人退休账户。

在这一转型时期，智利一直存在着腐败。但在透明国际（Transparency International）的"腐败感知指数"（Corruption Perception Index）中，智利一直排在前20名（即表现较好的国家），领先于许多发达国家。

如果智利的例子被非洲决策者认为太遥远的话，那么还会有其他例证更接近其本身。

从毛里塔尼亚首都努瓦克肖特出发，前往距首都250公里，位于东北方向与西撒哈拉接壤的阿克茹特（Akjoujt）矿区。那里是一片不毛之地，似乎比毛

---

① http://www.foreigninvestment.cl/index.php?option=com_content&view=article&id=123.（2016-11-30）
② Ricardo French-Davis. *Reforming the Reforms in Latin America*. London: Macmillan, 2000.

里塔尼亚更像火星。[1]

由太阳能灯提供照明的四车道连接新建的国际机场与首都，但路程较短。在市区范围内这条路线是驴车、油罐车、卡车、骆驼和有自杀倾向的毛里塔尼亚人组成的"闪光点"。它的两旁是塑料垃圾、旧轮胎、沙漠灌木、汽车碎片、偶尔的清真寺和随处可见的土黄色帐篷，山羊在帐篷周围扭打，偶尔有个牧羊人出现，穿着五颜六色的宽长袍（boubou），戴着同样明亮的格子头饰。滚滚沙丘上的红沙从不同方向洒在路上，在幽灵般的雾中鞭打着其他的沙粒，增加了路程的艰辛和挑战。

然后，突然之间，几乎什么都没有了。只有一条黑色的带子，一条穿过无边沙漠的绳子，偶尔会有帐篷、太阳能手机信号塔、吃草的骆驼、忙碌的山羊、静静伫立的警戒路障，以及路边奇怪的储水袋。毛里塔尼亚是世界上人口最稀少的10个国家之一，人口密度为每平方公里3.5人，与博茨瓦纳（3.48）、冰岛（3.24）、纳米比亚（2.56）和邻国西撒哈拉（2.25）相近。[2]在这片辽阔的土地上提供基础设施的人均成本很高。

曾经处于世界经济边缘带——即使是在大陆另一边的热带毛里求斯的快递公司也感到困惑——毛里塔尼亚得益于全球矿业的繁荣，因为它拥有大量铁矿石和铜储量。年度外商直接投资从2006年的1亿美元跃升至2012年的15亿美元，其中90%集中在采矿业。从2010年起，该国经济年增长率为5.4%。

尽管如此，毛里塔尼亚仍然是世界上最贫穷的国家之一，其人均国内生产总值为1300美元，在联合国人类发展指数的188个国家中排名第156位。尽管按区域标准衡量，其人口正在缓慢增长，但60%的人口年龄在25岁以下，识字率仅为52%。毛里塔尼亚的基础设施十分薄弱——只有1/5的人口能够用上电，而且还存在长期性的国家水资源短缺问题。毛里塔尼亚高达90%的食品需求量需要进口。[3]

随着大宗商品超级周期的降温，毛里塔尼亚宏观经济问题也浮出水面。2015年该国采矿产量下降10%，国内生产总值增长率从上年的6.4%降至3%，

---

[1] 本节基于格雷格·米尔斯2016年10月在毛里塔尼亚进行的研究。
[2] http://data.worldbank.org/indicator/EN.POP.DNST.（2016-12-01）
[3] http://data.worldbank.org/en/country/mauritania/overview.（2016-12-01）

政府债务占国内生产总值的比重上升至90%以上，迫使毛里塔尼亚乌吉亚（Ouguiya）贬值。

然而，与矿业的持续伙伴关系为该国提供了一些救济。毛里塔尼亚是非洲第二大铁矿石生产国，并有望在2025年跻身全球五大铁矿石出口国之列，年产量达4000万吨。还有投资者在经营铜矿和金矿，包括阿克茹特的毛里塔尼亚铜矿。该矿最初是由英美公司在20世纪60年代创立的，由所有者第一量子矿业有限公司（First Quantum）注入资金和技术，每年生产约4万吨铜和6万盎司黄金。

从努瓦克肖特到阿克茹特的道路在2012年由毛里塔尼亚铜矿重建，耗资2500万美元。这样做是符合公司自身利益的，因为每天平均要有6辆30吨级的油罐车和15辆50吨级的铜精矿卡车在这条线路上穿梭。毛里塔尼亚铜矿的作用更广泛，矿山从120公里外的本尼哈卜（Benn' chahab）地下蓄水层抽水。在炎热的夏季，当气温达到50摄氏度以上，矿井的水量不到最初进入管道水量的75%，其余的被转移到当地的小镇，为各种社区以及骆驼提供补给。在阿克茹特镇，矿山配套360间房屋，还为青年、妇女、农民和学童设立了对应的培训项目。

尽管矿山公司已经负担了距离和服务所带来的成本，但这些项目也为矿山的活动增加了额外费用和预期费用。例如，运往努瓦克肖特口岸的运输成本是每吨16美元，另加10美元的手续费和运输到中国的35美元运费。因此，成本必然会增加，这就解释了为什么在铁矿石价格跌破每吨60美元的情况下，从废弃铜—金精矿中提取铁矿石的计划必须被搁置。

世界银行指出，减少不平等和解决财富再分配问题是毛里塔尼亚能够克服挑战的关键所在，只要它继续致力于善政，特别是在采矿业和对国有企业的监督方面。[①]事实上，阿克茹特矿的这种政府—私人合作伙伴关系，回答了毛里塔尼亚和整个萨赫勒地区所表现出的一些发展问题。

---

① http://data.worldbank.org/en/country/mauritania/overview.（2016-12-01）

结论：达成"双赢"协定

要想从非洲矿业获得更多的价值和收入来源，需要将一系列战术行动转向更具有凝聚力、包容性和战略性的方法。各国必须转向积极、建设性的循环周期，为所有人提供双赢的协议。这样一项战略需要以一些现有的国内和国际倡议为基础，更要以更大的凝聚力、承诺性和紧迫性来这样做。

为此，各方都需要认识到当前周期不可避免的结果——行业的逐渐紧缩，失败者——当前和未来的工人、政府、社区，以及最终的矿业公司。

在许多撒哈拉以南的非洲国家，目前的危机难题需要以一种诚实和开放的方式加以解决：如何处理历史遗留问题？多少利润是合理的？矿业公司对员工和社区的责任是什么？

同样重要的是，必须达成一个成功的采矿业协议，还必须认识到，采矿内在的风险性和长期的努力性。为了取得成功和矿业带来的利益，各方都需要尽可能减少风险。需要的不仅仅是一个开明的商业案例：从事矿业开采还需要了解政府必须解决的问题，这样做才能对更广泛的问题做出战略性的调整，包括企业发展、水、土地、教育等。

采矿业在广泛的共识方面缺乏共同的"叙事"，缺乏统一阻碍了采矿业的发展。一个有凝聚力的"叙事"需要为每个"观众"（政府、国家、游说组织）维护和发展采矿业提供一个案例。如处理工业在社会中的地位和历史遗留问题、政策稳定的必要性、在创收与受益需要之间取得平衡的必要性、公平解决各方问题的需要。如果不能解决这些问题，最终将会导致该行业的进一步衰退。

就其本身而言，政府必须意识到，采矿业需要资本和长期的伙伴关系，而资本和长期的伙伴关系需要经过长时间的耐心管理，并被一贯的法则和透明的法治所约束。通过与采矿业的沟通来建立和维持信任是这一进程的核心。设定并坚持完善的行业标准是信任等式的重要组成部分。竞争力不仅对矿业公司，对整个国家而言也是如此。

有些矿物非常稀缺，但无论风险如何，都会被开采。想想刚果的稀土吧。[1]然而，大多数矿产并不稀缺，如铁矿石、煤炭、铝土矿，甚至铜矿。由于相对缺乏稀缺性，矿业投资在很大程度上受到商品价格及其开采成本的影响。

为了竞争，非洲需要确保自己是一个有吸引力的投资目的地。在价格低迷的情况下，正是改革和建立正确框架的时候。如果出现这种情况，这些措施可以帮助各国实现价格上涨的全部价值。

---

[1] 原文为"Think rare earths in the Congo."，未说明是刚果（金）还是刚果（布）。（译者注）

第六章　制造业

成功的五个步骤

·吸引从中国转移的制造业，准确了解这些企业"转移到非洲"需要什么条件。

·能否吸引制造业取决于是否比全球其他对手更具竞争力。

·政府应当解决官僚主义的拖延现象并降低腐败的发生率，这些是创造成功的商业环境的基本要素。

·用贸易政策和协议代替"工业战略"来推动发展。

·要想建立高附加值的制造业需要发展基本的制造技术，并辅之以相关的教育、研究和培训机构。

挑战与机遇

制造业的大幅增长将有助于为非洲迅速增长的城市人口提供就业机会，而非洲日益增长的人口将提供越来越大的国内市场。由于工资上涨削弱了制造业竞争力，数十亿美元的投资将在未来数年离开中国。制造商可以在世界上任何地方投资，但是为了利润，他们需要投资更具竞争力的地区。非洲可以在技能、劳动力成本和地理位置方面进行竞争，然而通常情况下糟糕的政策框架导致非洲国家无法吸引急需的投资。制造企业需要稳定的、有竞争力的经济环境，能够保证电力和交通基础设施连接，从而促进有竞争力的价格出口。

关键数据

在撒哈拉以南非洲地区，制造业仅占地区生产总值的14％。[①]这个比例低于除中东和北非之外世界其他任何地区。[②]总体而言，非洲制造业仅占世界的1.5％。[③]撒哈拉以南非洲仅有35.3％的人能够用上电力，而南亚（用电率低的地区）的平均值为78％，东亚为96.1％。[④]在撒哈拉以南非洲地区开展业务所需时间为25.8天（2015年的数据），而全球平均天数为20.4天。[⑤]在38个非洲国家当中，28个国家大宗商品占总商品出口的60％以上。从1995年至2013年，撒哈拉以南非洲出口多样化指数仅上升了1％，而自2000年以来该地区制造业对地区生产总值的贡献已从14％下降到10％。

越南和墨西哥向非洲展示了这一前景——极度贫穷落后的国家也可以在一代人的时间内变成工业强国。

越南[⑥]在一代人的时间内实现了非凡的发展，人均国内生产总值从1989年的（实际）97美元增加到2015年的2052美元。[⑦]以下数据反映了越南的迅速增长，自1997年以来，越南人口每年平均增长率超过6％，并且城市人口增长更快。胡志明市（以前称为西贡）拥有600多万人口，2010—2015年的人口年增长率为9.6％。

---

① The Economist. "An awakening giant". 2014-02-08, http://www.economist.com/news/middle-east-and-africa/21595949-if-africas-economies-are-take-africans-willhave-start-making-lot.（2016-11-30）
② KPMG. "Sector report: Manufacturing in Africa". http://www.kpmg.com/Africa/en/IssuesAndInsights/Articles-Publications/General-Industries-Publications/Documents/Manufacturing%20in%20Africa.pdf.（2016-11-30）
③ BBC Africa. "Made in Africa: Is manufacturing taking off across the continent?". 2014-05-29, http://www.bbc.com/news/world-africa-27329594.（2016-11-30）
④ 世界银行，世界发展指标，http://databank.worldbank.org/data/reports.aspx?source=world-development-indicators&preview=on.（2016-11-30）
⑤ 同上。
⑥ 本节基于2016年2月和3月在越南的一次调研之旅。感谢托马斯·维斯特和达菲德·刘易斯在旅途中的帮助。参见 Greg Mills. "Lessons From Nam: Learning from Vietnam's manufacturing experience". *Daily Maverick*, 2016-03-29, http://www.dailymaverick.co.za/article/2016-03-29-lessons-from-nam-learning-from-vietnams-manufacturing-experience/.（2016-12-01）
⑦ 世界银行，人均国内生产总值，http://data.worldbank.org/indicator/NY.GDP.PCAP.（2016-11-30）

胡志明市市委书记黎清海（Le Thanh Liem）表示："预计到2025年越南将成为现代化工业国家，为了实现这一点，我们利用内部优势，通过投资调动外部资源。跨太平洋伙伴关系协定（TPP）的谈判就是其中的一部分。我们尽量让投资者感到满意。资本是关键，也是人力资源开发和全要素生产率（TFP）的前提。胡志明市人口的年增长率为9.6%，同时全年全要素生产率的同比增幅已从2014年的20%上升到2015年的32%。"

这些复杂的分析，无论多么可取，都不会被任何地方的城市官员所期待，更别说在一个30年前才犹豫不决地开始市场改革的国家，而这个国家的经济曾在饥荒中崩溃。

然而，越南的思想既自由又务实，它还认识到政府需要减少对经济的管控。

从国有企业的角度出发来观察越南的转型。1990—2000年，随着私有化进程的深入，也称为"股权化"，越南国有企业数量减半，只有5800个，到2013年减少到3135个。这些改革改变了越南国有企业在经济中的比重。2001年，越南国有企业占社会总资本的60%，占国内生产总值的38%；2012年则分别下降到38%和33%。

到2015年，越南国有企业贡献了国内生产总值的31.5%，仅雇用了170万劳动力，占越南5220万就业人口的3.2%，与2014的180万相比有所下降。相比之下，越南2/3的工作岗位来自私营部门，26%来自外国投资企业。①

公开上市是转型的另一个重要举措。胡志明证券交易所在2000年与两家公司合作。到2015年，有303只股票在胡志明交易所上市，市值达500亿美元，另有370只股票在河内证券交易所上市。预计到2017年越南将有400家国有企业上市。

一大批企业成功实现了由国有企业向民营商业企业的跨越式发展。

位于胡志明市北部福美（Phuoc My）的越南奶业于1976年由一位在苏联受过培训的工程师建立。越南奶业拥有价值1.2亿美元的先进的自动化牛奶工厂，每年可生产4亿升牛奶。随着经济增长和人们健康意识的提高，越南人均

---

① 数据来源于2016年2月27日的《西贡时报周刊》（*Saigon Times Weekly*）。

牛奶消费量从2010年10升增加到2015年17升。虽然这一水平仍然低于中国（26升）、泰国（35升）和马来西亚（58升）。由利乐公司建造的工厂将于2018年完工，届时越南奶业计划将产能增加1倍。2003年越南奶业首次公开募股（IPO），吸引了一批外国投资者。

越南纺织公司也进行了类似的转型，该公司于2014年9月通过5700万美元的IPO成为股份公司。

越南新山一国际机场同样如此，它曾经是世界上最繁忙的军事空军基地之一。在20世纪90年代初期，美国的军用设施仍然依稀可辨，今天，该机场已经变成一个繁忙的航空枢纽，在2015年接待2600万名乘客。

越南航空公司仍然属于有待"股权化"的大型国有企业之一。由于跨太平洋伙伴关系协定中的终止补贴的条款，航空业也将被逐渐私有化。就像墨西哥和北美自由贸易协定（NAFTA）一样，贸易政策推动产业政策，而不是相反。

当然问题和挫折不可避免。许多企业仍然饱受腐败和无处不在的不合理的政策法规的困扰。为此，越南政府建立了大约300个工业园区，通过一站式商店和特别海关通道以避免腐败现象蔓延，通过这些措施鼓励外国人进行投资。

越南遗留的历史具有挑战性，其迅速扩张制造业的能力也并不是独一无二的，其他国家也实现了类似的目标。

非洲的挑战

非洲能成为下一个中国吗？这是人们所关心的问题。考虑到中国的劳动成本上涨以及其进入高科技时代，资本密集型行业所带来的工业升级，未来10年预计将有8500万个就业岗位会转移到其他国家。非洲大陆与美国和欧洲签订过优惠贸易协定，非洲能否利用这一优势？[①]

问题的答案取决于从经济政策到基础设施和政治稳定等的一系列条件。这

---

① Katrina Manson. "Chinese manufacturers look to Rwanda". *Financial Times*, 2015-05-06, http://www.ft.com/cms/s/0/8c3b27ec-e8e1-11e4-87fe-00144feab7de.html#axzz4K2HfVNKB.（2016-11-30）

意味着要比竞争对手做得更好。但其他国家不会坐视不理，它们将争夺中国腾出的空间。

这个问题不仅适用于低成本的劳动力市场，对包括南非在内的富裕的非洲经济体也很有吸引力，特别是试图通过国有企业解决发展政策困境。

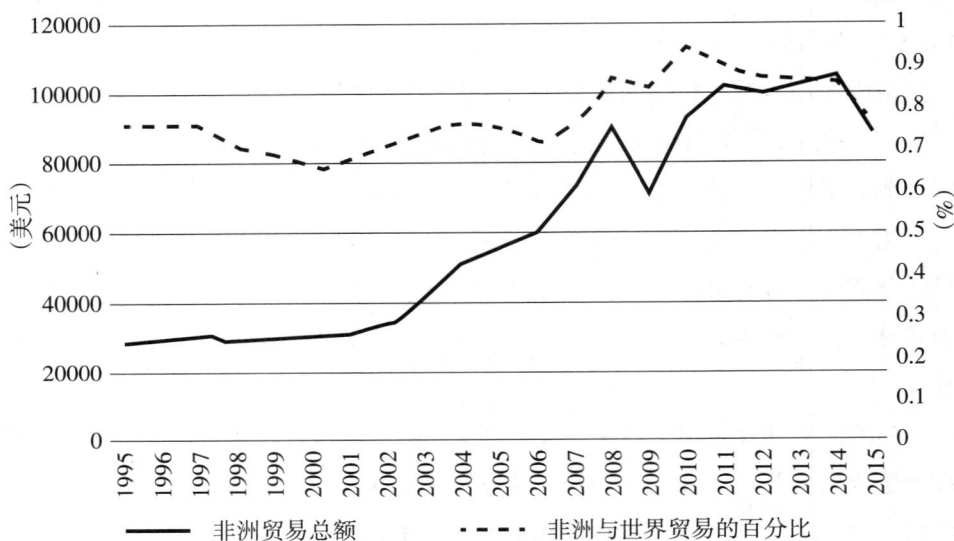

图6.1 1995—2015年非洲制成品贸易额与占比

（资料来源：联合国贸易和发展会议，http://unctadstat.unctad.org/wds/ReportFolders/
reportFolders.aspx。）

非洲的决策者常常指出，他们已经采取一系列措施帮助制造业，例如建立经济特区，向出口制造商提供税务减免、免税条款以及一系列其他激励措施。这些特区也许有用，它们提供可靠的电力和水，连接偏僻地区的交通，这对矿业尤其重要。问题在于全球大多数国家都在进行类似的改革，这些措施虽然是必不可少的，但没有特别的优势，"一站式商店"也是如此。与亚洲竞争对手相比，非洲的劳动力成本并不便宜（而且通常更昂贵），而且非洲其他服务的成本可能更高，也更不可靠。

当然，在纺织品和服装生产等低端产业中，价格和生产力确实很重要。但是成功的关键与政府的治理和态度也息息相关。

根据世界银行权威数据"营商环境指标"，2016年只有少数非洲国家的商业环境及格。毛里求斯排名第32位，但之后只有卢旺达（第62位）、博茨瓦纳（第72位）、南非（第73位）、塞舌尔（第95位）和赞比亚（第97位）排名世界前100位。①当然，非洲各国在过去10年中取得了一些进展，但世界其他国家并未停滞不前。因此，除少数几个小国外，撒哈拉以南非洲并没有系统地提升制造业的商业环境排名。

正如莱索托和南非展现的那样，非洲的制造业仍然非常困难。

莱索托：发展制造业失败

非洲小国莱索托向我们展现了非洲制造业的可能与不可能。虽然制造业往往集中在非洲大国，但实际上莱索托拥有更多的机会。作为小国，莱索托不必吸引太多制造业。然而，它的2016年"营商环境指数"排名并不理想，排名第114位。

从马塞卢（Maseru）到莫舒舒（Moshoeshoe）机场以南的道路满是铁皮亭和垃圾场，这些都讲述着莱索托艰难发展的故事。莱索托人口自1985年以来增长了25%，超过了200万人，但是失业率高达40%，几乎没有小企业可以提供就业机会。近一半人口生活在贫困中，艾滋病毒感染率为23%，为世界第二高，50万人依赖粮食援助。②

南非在地理上将莱索托包围，这给了莱索托很多发展优势。2000年，莱索托通过《非洲增长与机遇法案》（AGOA），被获准进入美国市场，并享有税费减免和配额等政策。中国服装制造商很快发现了这一商机，到了2005年，中国服装和纺织公司在莱索托的数量迅速增加到38个，雇用了55000名莱索托人。

莱索托能够从南部非洲海关联盟获得收入，并且拥有南非这个相对富裕的潜在市场（南非人均收入为莱索托980美元的6倍）。南非还拥有相对成熟的道路和港口基础设施。而莱索托拥有丰富的水资源，这是南非所缺乏的。

尽管如此，与其他亚洲或墨西哥的公司相比，莱索托的公司却没能提升其

---

① 世界银行，营商环境指标排名，http://www.doingbusiness.org/rankings，（2016-11-30）
② 这一信息是基于2015年8月和2016年2月前往莱索托的研究之旅。

制造业，生产更具价值的产品。这种失败的主要原因是政治不稳定和治理不善。

1986年1月，莱索托经历了第一次军事政变，少将贾斯汀·梅青·莱哈尼耶（Justin Metsing Lekhanya）驱逐了莱布亚·乔纳森（Leabua Jonathan）酋长。乔纳森自1966年莱索托独立以来一直用威权主义统治着全国，在1970年反对派赢得大选后发动政变将其取缔。①

经过30年后，莱索托的问题变得越来越严重，军队中充斥着一群政治罪犯。1991年5月，莱哈尼耶政权被伊莱亚斯·拉马伊马（Elias Ramaema）上校发动政变推翻。1993年莱索托重启民主化进程，但是1998年选举后出现了抗议和骚乱。以南非为首的南共体部队发动具有争议的布里亚斯行动（Operation Boleas）平息了乱局，南非国防军在平息叛乱时损失了11名成员。1999年5月，马塞卢大部分地区被摧毁。

强权领导和武力政变的背后是腐败和寻租。莱索托前发展和规划部长以及国际货币基金组织代表摩卡西·梅杰罗（Moeketsi Majoro）表示："不完全的政治改革是造成当前冲突的主要因素，但腐败和犯罪是问题根源。在前任政府时期，公共基金就因政党和私人洗钱而受到调查，这些都有公开的记录。"②

如今国际援助已经大为减少。到2016年，莱索托全国只有5个国家和地区的外交使团（中国、欧盟、利比亚、美国和南非）。即使是前宗主国英国也关闭了使馆，以名誉领事代替。这与反种族隔离时代的鼎盛时期相去甚远，当时一位大使称每个欧洲国家都在莱索托有一座大使馆。

莱索托每年仍能获得3亿美元的援助，占其国民总收入的11%以上。不过，所有援助似乎都是为了缓解一些不利因素，而不是让莱索托更加繁荣和稳定，然而从该国发生的暴力运动来看，这一目标也未能达成。

到2015年，莱索托服装和纺织公司的数量已经减至18家，仅雇用了3.5万名员工。下降的原因是兰特汇率不稳（莱索托货币鲁梯与其挂钩），投入成本

---

① Greg Mills. "'A fractious lot': Anatomy of (another) coup in Lesotho". *Daily Maverick*, 2015-07-03, https://www.dailymaverick.co.za/article/2015-07-03-a-fractious-lotanatomy-of-another-coup-in-lesotho/#. WE_OhtJ97IU.（2016-11-30）

② 同上。

高昂（主要是电力和运输）以及投资者对政治局势缺乏信心。一位中国制造商解释说，2005年全球多纤维协议的终止有利于那些具有更高成本效益的国家——基本上是亚洲国家而不是非洲国家。他指出，"亚洲薪酬成本"较低，而且当地政府提供了更多的激励措施，包括免税进口和本地销售。在莱索托，虽然劳动力成本很低（最低为1212兰特，约为每周80美元），但竞争力仍然很低。在肯尼亚，劳动力成本为76美元，埃塞俄比亚为50美元。孟加拉国是莱索托的一半左右（43美元），越南为52美元，印度为49美元，柬埔寨为50美元。亚洲采取计件制支付报酬导致莱索托纺织业衰退加剧，并不是源于莱索托自身或者非洲国家8%—10%的高旷工率。越南和莱索托的生产效率说明了这一点：越南28名工人每天生产1000件产品；在莱索托，36名工人每天只能生产600件产品。

莱索托本地运输时间较长，运费也高于亚洲国家。例如在2011年，从莱索托向美国发送40英尺集装箱的成本为4620美元，而越南的成本为2600美元，柬埔寨为2800美元，孟加拉国为3100美元。莱索托的电价和邻国南非相同，公共事业的成本也稳步上升。

该国还面临能源短缺的危机。莱索托的木埃拉大坝（Muela Dam）年发电量仅为72兆瓦，而该国电力需求逐年上升，2016年的需求量超过120兆瓦。为了弥补这一缺口，莱索托不得不依赖南非国家电力公司。另一个大坝波拉哈利（Polihali）正在计划进行联网发电，但能否实现取决于投资者的信心。2016年莱索托的水费也上涨了13%。

没有《非洲增长与机遇法案》，莱索托很难与其他国家竞争。根据协议，美国对莱索托产品的税率折扣高达33%。因此一些大型制造商充分利用这一机会，转向生产有更高税率的面料（特别是尼龙）以打入美国市场。

莱索托应该能够克服这些挑战。由于生活水平和工人的工资预期上涨，一些亚洲国家已经退出纺织和服装制造业。尽管纺织业蓬勃发展，但莱索托没能抓住机会，提高制造业水平。它曾经尝试过，并努力建立巴索托的工业，但终究未能实现。

莱索托的小企业部长，前大学教授塔比索·林赛巴（Thabiso Lits'iba）表示，莱索托未能成功是由于该国4.4万名公务员中缺乏人才和具有战略眼光的领导者。正如另一位前高级官员所说："我们不是看纺织协议的长期利益，而是看谁在短期内受益。"梅杰罗表示，政客们忙于争权夺利，而不是为下一代考虑。

2008 年，应莱齐耶国王（King Letsie）的邀请，布伦赫斯特基金会（Brenthurst Foundation）汇聚了来自新加坡、哥斯达黎加、哥伦比亚、萨尔瓦多、智利和越南等经济高速发展的国家的专家们，他们一起分享经验教训并为莱索托制订一个高增长的计划。专家们专门考察了莱索托的商业环境和旅游部门，并注意到其在制造业方面充分利用了《非洲增长与机遇法案》的机会，同时在实施复杂的大型基础设施计划（如莱索托高地水利项目）方面创造了纪录。最终报告建议莱索托发展出口导向型经济，创造就业机会。这是莱索托实现繁荣与发展的唯一途径。

然而，尽管莱索托政府对该会议给予了充分的重视，并且对会议提出的建议表示赞同，但是没有任何一项改革建议——例如取消商业限制并建立一个论坛来就国内增长达成共识——得以实施。

蒂姆·塔哈尼（Tim Thahane）是会议主要的政府对话者。在担任财政部长之前，他曾担任南非储备银行副行长。他反映说，"我们的建议毫无作用，世界银行随后的增长项目也是如此"，因为他称之为"政府的短期主义"。换句话说，掌权者不愿意改变政治意愿去实现它。或者，正如另一位莱索托资深政治家所说的那样："这是一个超前的伟大的举措。五年后我们也在做同样的工作。但你，（他笑了）'离开了'。"

南非的挑战

莱索托的案例表明了许多制造业对非洲的态度。南非是非洲最大的经济体之一，按照所有通常的指标，南非应该拥有发达的制造业。

2014 年制造业贡献了南非 GDP 的 13.4%，排名第四，仅次于金融、房地产、商业服务业（20.3%），一般政府服务（17%），批发、零售、汽车贸易、餐饮和住宿（14.4%）。但是，制造业对南非实际年度 GDP 增长的贡献率逐渐下降，从 2010 年的 0.7% 降至 2013 年的 0.1%。此外，自 2008 年全球经济危机爆发以来，南非制造业失去了30多万个就业岗位，仅在2015—2016年就失去了10万个就业岗位。①

这些记录表明南非制造商面临着艰难的环境，特别是在那些政府寄以希望的可以创造大量工作岗位的中小型企业。

以纽尔卡斯（Newcastle）为例，1864年建立的纽尔卡斯是纳塔尔（Natal）殖民地第4个定居点，仅次于德班和约翰内斯堡。今天它已成为德班和彼德马里茨堡（Pietermaritzburg）之后的省内第三大城市，拥有近40万人口。如今纽尔卡斯正经历新的阵痛。

1969年以前，纽尔卡斯仅仅是一个毫不起眼的小镇。但是随后伊斯科（Iscor）钢铁厂项目开建，计划进行三期开发，到2000年将雇用2.5万名员工。该镇加大了基础设施和住房建设。到1983年宣布取消第二和第三期项目时，工厂总共雇用了1.3万人。1989年该厂进行了私有化，就业人数降至9000人，留给纽尔卡斯的只有750幢空房子。

钢铁厂项目的取消迫使纽尔卡斯实施新的产业政策。1983年，纽尔卡斯首次吸引到一家中国香港公司的投资，随后该市每个月开建一个新工厂。宽松的政策和激励措施吸引着新企业的投资。在巅峰时期，滨江（Riverside）和马达迪尼（Madadeni）工业区开设了65家纺织和服装工厂。1997年，南非与台湾当局"断交"并恢复与中国的外交关系，这使一些中国的企业进入南非市场。到2015年，与巅峰时期的3.5万人相比，纺织和服装部门仅雇用了6500名工人，占该市工业劳动力的1/3。

纽尔卡斯的纺织业自20世纪80年代以来不断下滑，25年后的今天面临着艰难的挑战，其雇员仅占就业总人口的1/5。随着招商政策的结束和兰特汇率的波动，尤其是来自孟加拉国、印度和中国的廉价商品的竞争以及《非洲增长与机遇法案》的实施都破坏了南非纺织和服装业的竞争力。在《非洲增长与机遇法案》中，南非被列为发达国家，因此无法像邻国莱索托和斯威士兰一样将更廉价的第三国纺织品销往美国市场。结果导致一些较大的服装企业在21世纪

---

① *Business Day*, 2014-10-30, http://www.bdlive.co.za/economy/2014/10/30/little-change-in-jobless-rate. (2016-11-30) 2000年至2007年的数据来自统计局的劳动力调查，2008年至2016年的数据来自季度劳动力调查。

初离开。2011年，全国协商委员会为了执行最低工资标准，试图关闭几家中国工厂。结果工人们举行游行示威，并威胁要烧毁委员会大楼。

纽尔卡斯的经济状况不仅仅是外部冲击或者最低工资标准造成的。纽尔卡斯中国工商会主席艾利克斯·刘（Alex Liu）解释说，价格是服装生产中的一个大问题，但是协商委员会的工资标准更加影响了企业的生产。协商委员会希望企业为老员工加薪，却不仅仅根据产量来决定薪水。这会剥夺企业管理人员的权利，并严重影响企业的士气，同时造成管理困难，这种管理方式没有可操作性。[①]

企业主们也承认，当地市政府已经尽可能满足他们的要求。在工作许可、劳资关系、环境管理和其他问题方面提供便利。但南非中央政府并非如此，不管是企业主还是地方政府，都没有能给中央政府反映情况的渠道。

企业随时准备着，政府也必须如此

南非的制造业企业也面临类似的挑战——产业链的进一步升级。

八角形锌坯被传送至生产线一端的管状罐中，挤压形成阴极，然后沿着输送带前进，被填充二氧化锰和石墨棒后形成阳极。随着传送带的移动，样品被盖上盖板，进行密封和外部装饰。[②]

在南非，永备公司（Eveready）每年生产5000万块电池，可以满足南非一半的需求。自1937年英国永备公司在哈罗路（Harrower Road）建立工厂以来，该公司一直位于伊丽莎白港（Port Elizabeth）。1972年，永备公司搬到纽尔卡斯工业区。在20世纪70年代，永备公司被汉森公司（Hanson）收购，然后在1996年又被吉列公司（Gillette）收购。2003年，吉列公司仅保留了金霸王电池这一产品。位于南非的永备公司被管理层收购。

在廉价的中国产品的竞争压力下，永备公司不得不转变发展方向，向新兴市场寻求新的商机。为了保住其220名员工的工作，如今永备公司已经成为一

[①] 格雷格·米尔斯在2014年11月访问了纽尔卡斯和莱迪史密斯（Ladysmith）。

[②] 本节基于格雷格·米尔斯和迪奇·戴维斯于2016年11月在比勒陀利亚（Pretoria）和埃滕哈赫（Uitenhage）进行的一系列采访和访问。

家包含家具木制品和风力发电机业务在内的多元化公司。永备公司大楼的正面现在展示了由当地开发的3.5千瓦的红隼（Kestrel）涡轮机的叶片，位于蓝色和白色的E-V-E-R-E-D-Y标志之上，它们的玻璃纤维叶片在风之城（Windy City）悬挂、跳跃和旋转。

尽管永备已经出售了3500台风力电机，但是大部分出口国外。永备首席执行官阿维基·达斯（Avijit Das）说，政府并不认为这些业务对国家有利，这导致了政府对公司的看法和政策。更重要的是，关于南非是不是发达国家也会影响公司的决策。

达斯表示："如果政府需要，永备的涡轮机能为社区电网提供成套的电源解决方案"。永备希望当局能对外国产品提高环境和安全标准，结果徒劳无功。"政府应当制定政策吸引就业机会，而不是直接创造就业岗位。"

"然而政府没有提供任何帮助。永备公司是南非唯一一家微型涡轮机制造商，产品在美国和英国获得认证。但是永备从来没有机会与政府官员讨论合作。这与我的祖国印度很不一样。尽管印度政府的体制也很官僚，但是印度政府经常与我们谈论怎样合作。"达斯说道。

位于伊丽莎白港的埃滕哈赫以北25公里的大众汽车公司的经验是通过高科技，并且依赖更多的政府干预来弥补南非政府其他地方的低效问题。

2013年，大众工厂安装了价值5亿兰特的最先进的全自动金属压制系统，每小时可生产数百个车身面板。这是全球首家将波动挤压技术与眼镜蛇（Cobra）机器人技术结合在一起，以方便零件在加工过程中快速移动的机械加工厂。这一技术使得大众汽车公司的员工人数从1980年的1万人下降到如今的4000人。

大众公司在埃滕哈赫工厂的现代化投资超过了5亿兰特，这将使其年产量翻番，达到17万辆，并成为新款Polo轿车的唯一生产商。

南非汽车组装公司在1946年成立之初股票价值100万兰特，当年其以2500兰特购买了20公顷今天大众工厂的土地，并组装斯图贝克汽车（Studebakers）。

该工厂在大众全球119个工厂中赢得了全球最佳奖项，然而该工厂的生存完全依赖南非政府的汽车生产补贴计划，即汽车生产和开发计划（APDP），其中本地组装车辆将由于使用进口部件享受关税减免。大众南非负责人托马斯·

舍费尔（Thomas Schäfer）表示："一旦补贴计划结束，工厂的竞争力将直线下降。南非的劳动力成本与葡萄牙或捷克相比没有多大优势，但是南非的物流成本巨大。补贴计划最多为工厂节约500欧元的单位成本，然而航运成本完全抵消了这个优势。"

大众并不是唯一的例子。福特南非总部位于比勒陀利亚附近，自2015年新款猛禽皮卡发布以来，福特取得了惊人的销量。一年之内，它已经占据了南非主要市场，销售额达到3.6万辆，另外向英国和德国出口了6万辆。南非福特首席执行官杰夫·内梅特（Jeff Nemeth）表示："地理位置是南非的一大挑战，无论是生产制造还是出口、进口，南非离供应商和主要市场都有1万公里的距离。"

尽管南非福特的生产效率高于泰国福特30%，但是物流成本仍然给其带来沉重的压力。研究表明，在远距离运输中，通过铁路运输汽车的成本比道路低60%。在南非国内也是如此，这也表明南非铁路网的效率很低。从泰国运输到沙特阿拉伯的成本比从南非出发便宜800美元。

通用汽车工厂位于伊丽莎白港的中心。1948年，通用仅用了100万英镑就开始生产，在大约60年的时间里生产两种型号约4万台汽车。通用汽车首席执行官伊恩·尼科尔斯（Ian Nicholls）表示："汽车行业受困于高昂的技术成本和运输成本。尽管如此，政府能够提供的人才储备仍然不够，工会谈判又加剧了成本问题，工会要求每年加薪10%，但年通货膨胀率仅为6%，这导致南非工厂竞争力下降。在南非很难开除工人，这种状况给我很大的困扰。"通用汽车南非工厂的物流成本占8%，利润率仅为5%。通用汽车目前在中国拥有4座最大的工厂，每年生产50万辆汽车，如今只有通过汽车生产和开发计划补贴，保持非洲战略立足点的愿望以及"惰性"才使得通用汽车继续在南非制造汽车。

根据舍费尔的说法，汽车生产和开发计划将南非列为下游补贴国家，低于韩国、墨西哥、中国和土耳其。虽然补贴计划很重要，但确保南非产业取得成功的因素是"至少10年"的稳定政策以及物流成本的降低和控制通胀。当然，所有措施都取决于政府对企业的态度。

自2013年汽车生产和开发计划出现以来，南非政府的目标是到2020年将南非汽车产量翻番至120万辆。然而，除非物流成本下降，并且本地工厂产量增加，否则这种情况不会发生。但是本地企业饱受经济规模、电力、劳动力成本和其他因素的影响而陷入恶性循环。解决这些问题需要企业与政府通力合作。另一方面，这也需要一个愿意合作的政府来帮助企业。

墨西哥的故事指明了另一条道路，即尽管存在挑战，但在强有力的政府领导下，仍然可以从较低点持续发展。

墨西哥攀登到顶峰

墨西哥[①]曾经和许多非洲国家类似，高度依赖石油，因腐败而闻名，还拥有一个掌控一切但经济政策十分失败的政党。这一形象深入人心，以至于在20世纪90年代，一个玉米片广告中刻画了一个戴着宽边草帽，有着浓重口音的墨西哥人的喜剧形象。这令墨西哥驻南非大使感到无奈。

就在广告播放的时候，墨西哥开始进行改革。1965年，墨西哥政府发起了一项边境工业化计划，更为人所知的是边境加工厂[②]。利用廉价劳动力这一优势，通过"快速而恶劣"的组装，增加了墨西哥的就业和出口。

到2016年，蒙特雷（Monterrey）已成为墨西哥最富裕和工业化程度最高的城市。每天至少有4.6万卡车制成品运输到美国。墨西哥在北美自由贸易协定中的份额在21年后增长了4倍，达到了20%。但是墨西哥出口的不再是廉价商品，而是高附加值产品。墨西哥崛起源于蒙特雷机场附近的各大研究所、创新孵化器以及技术创新园。

墨西哥的经验表明，如果不首先发展基本的制造业，并提高相关的教育、研究和培训水平，就不可能创造更高价值的产品。这些基础工厂是向高级制造业升级的前提。

位于墨西哥中心的瓜纳华托（Guanajuato）曾经是全球银矿业的中心，现

---

① 本节基于2015年10月至11月在莱亚·怀特位于墨西哥的公司的一次调研。参见 Greg Mills. "In Mexico manufacturing is a race to the top". *Daily Maverick*, 2015-11-12, http://www.dailymaverick.co.za/article/2015-11-12-in-mexico-manufacturing-is-a-race-to-the-top/. （2016-11-30）在没有单独引用的情况下，这些信息是在访问期间获得的。

② 一家外国公司在墨西哥经营的工厂，向该国出口产品。

在正在大力发展汽车业。一家巨型通用汽车工厂每年生产37万辆卡车。马自达、本田、日野、丰田和大众也纷纷前来设厂投资。瓜纳华托在2015年生产了55万辆汽车，与整个南非汽车工业产量相同。

墨西哥从汽车工业的组装商到制造商再到创新者，现在已成为世界第七大汽车生产商。南非拥有非洲规模最大的汽车业，但排名仅为世界第24位。

墨西哥拥有1.25亿人口，面临着许多社会问题，但制造业为200多万人提供了直接就业机会。正如贸易经济学家兼墨西哥北美自由贸易协定首席谈判代表杰米·塞拉·普奇（Jaime Serra Puche）所说："如今，墨西哥每天出口10亿美元，其中约80%是制造业产品。在北美自由贸易协定启动之前，墨西哥每天出口约1亿美元，其中大部分是石油。"

虽然该国仍面临毒品犯罪的挑战，但墨西哥前国际贸易谈判副部长路易斯·德·拉·卡勒（Luis de la Calle）认为有三个因素使得墨西哥的崛起"不可阻挡"。第一个因素是人口，墨西哥的劳动力人口有明显的增加，同时墨西哥的抚养比率下降。这些年轻人为墨西哥创造了大量需求。

第二个因素是北美能源成本降低，这使其成为世界上能源最便宜的地区。美国天然气产量从2006年的每天640亿立方英尺增加到2015年的900亿立方英尺，同时美国的石油产量在过去5年翻倍至现在每天的1000万桶。墨西哥经过能源改革，再加上北美综合天然气网络的专项投资，使得得克萨斯的天然气输送到墨西哥偏远地区，降低了工业成本。与此同时，电力部门的宽松政策使商用电价降低了25%。

第三个因素是美元升值。这促进了墨西哥现有的汽车和电器出口。

由于这些因素，墨西哥如今是唯一一个能在制造业与中国竞争的大型发展中国家。墨西哥的人均出口量为中国的2倍。

最重要的是，墨西哥的这些成就靠的是贸易协定而不是各种峰会。事实证明，墨西哥的开放和转型表明发展制造业和工业对国家的进步至关重要。在这方面，20多年来墨西哥一直充分利用北美自由贸易协定的优惠条款拓宽美国市场，尽管这引起了一些美国政客的批评。

墨西哥明确将贸易政策列为外交重点，不仅增强其竞争力，还避免了烦琐的官僚程序和权力寻租。

在安全和腐败问题上，墨西哥的政治环境已经从21世纪初的任人唯亲变得具有竞争性。作为70多年来首次担任总统的反对派领导人维森特·福克斯（Vicente Fox）在2000—2006年开启了墨西哥的民主革命。

回溯到1810年，瓜纳华托是叛军第一次从西班牙赢得墨西哥独立战争胜利之地。180年后，这里再次成为政治改革的中心。瓜纳华托在维森特·福克斯和国家行动党（PAN-National Action Party）的领导下蓬勃发展，失业率为全国最低，连续而稳定的政策吸引了大量投资，这些正是汽车工业所需要的。

福克斯被国家行动党选为全国大选候选人，最终他赢得了大选，打破了墨西哥革命制度党（Institutional Revolutionary Party）对墨西哥长达70年的统治。革命制度党以激进的社会改革起家，但是在漫长的20世纪里，它变得腐败而民粹。一位蒙特雷商人说，作为具有霸权地位的政党，革命制度党享有三大选举票仓——寻求再分配的穷苦农民、希望保住工作的官僚，以及希望获得政治支持的工会。为了持续掌权，该党利用石油价格高涨的时机进行权力寻租，压制反对派，操纵选举，这些既得利益者反对任何改革。正如墨西哥工人联合会领导人菲德尔·韦拉斯克斯（Fidel Velázquez）所说的那样，"掌权者都在幕后"（The guy that moves does not come out in the photo）。[1]

这种政治犬儒主义在1988年的卡洛斯·萨利纳斯（Carlos Salinas）选举之后落到了低谷。萨利纳斯当选后试图进行大规模的改革，其中包括签订北美自由贸易协定，以及保持中央银行的独立性——这被视为墨西哥迈向开放和现代化的重要一步。然而这些改革被当时的一系列腐败丑闻，如南部恰帕斯州（Chiapas）萨帕塔主义（Zapatista）暴乱、贩毒的加剧，以及他的继任者埃内斯托塞迪略（Ernesto Zedillo）造成的债务危机所掩盖。塞迪略还设立了一个新的透明选举制度，这有助于确保福克斯当选。

北美自由贸易协定带来了更开放和负责的墨西哥。墨西哥城一家研究机构——经济研究和教学中心（Centro de Investigación y Docendia Económicas）的政治学家乔伊·兰斯顿（Joy Langston）说："越是封闭，寻租的机会就越大。从法院到警察，司法系统一半已经瘫痪，这也加剧了腐败的情况。"

---

[1] 感谢恩里克·杜塞尔·彼得斯（Enrique Dussel Peters）提供的信息。

福克斯在距瓜纳华托1小时车程的家乡圣·克里斯托贝尔（San Cristobel）的庄园建立了一个专注于领导力的基金会。他认为革命制度党的倒台是其咎由自取。它因腐败变得效率低下，无力发展经济。国家行动党利用这个机会，加强沟通，并让墨西哥人相信，如果没有革命制度党他们会更好。

由于国家行动党在国会中不占多数，福克斯的改革并不那么容易。通过扩大福利支出，福克斯在改善教育和医疗等社会福利方面取得了一定的成绩。福克斯说："我们的民主和自由改革遭受到墨西哥古老而黑暗的暴力陋习的抵制，政治制度的改革需要非常大的努力。"

有讽刺意味的是，在福克斯的支持下革命制度党于2012年重新掌权。然而国家行动党在2000年和2006年的选举胜利改变了墨西哥的政治，也改变了革命制度党大选永远不会失败的形象。随着联邦政府将32个州和2500个直辖市的权力下放，选举竞争更加激烈。这进一步减小了革命制度党像过去一样独霸政坛的可能性。

长期以来，墨西哥人纷纷离开自己的家园去边界以北追求所谓的"美国梦"。但是正如一位商人所说："现在多数人正在追求墨西哥梦，在墨西哥工作，用比索过上美好的生活。墨西哥出口工厂的迅速崛起为这一梦想的实现提供了机会。"

墨西哥在过去1/4个世纪的变化表明，取得国内的政治权力至关重要。贸易协定可以用来推动工业化，制造业不仅是低工资的血汗工厂，它可以通过产业升级成高端产业。

结论："走向非洲"？

这些案例研究（包括第十一章的埃塞俄比亚案例研究）表明，即使是低工资的轻工业产业，对基础设施、物流和工资成本以及谈判贸易优惠也都非常敏感。如果技术和效率无法提高，就很难提高工资和技术水平。

在本书的研究过程中，我们没有发现谁说过非洲无法在国际经济中竞争，相反，许多企业家愿意投入自己的生命和资金从非洲出口；没有人说地理挑战太艰巨，即使处在内陆的莱索托，对发展工业也有积极的兴趣；没有人说政府不知道该如何促进制造业，相反，问题总是归结为政府如何让企业在有利的时间和资本下运营并获得利润。莱索托和南非每次都没能具备合适的条件，结果错过了无数机会。

面对同样的挑战，越南和墨西哥不会错过这些机会。如今这些国家更加富裕，人均寿命更长，儿童能够接受更好的教育。这些例子表明，政府的重点是为商业创造积极的贸易和就业环境，从而使得轻工制造商可以获得可观的回报。这些国家还表明，制造业不一定要变成低工资的竞争。

第七章 服务业

成功的五个步骤

·服务业需要得到各国政府的积极扶持，重点是各国政府要给服务业提供必要的基础设施和管理环境。

·将政府成本（和管理费用）保持在较低水平，并以务实主义为目标，经济增长就会随之而来，埃塞俄比亚和阿联酋等航空公司的情况就说明了这一点。

·各国政府要协助国内旅游业的发展，让更多的人来本国旅游。其中包括通过单次审批程序，使游客更容易获得签证，以及减少运营旅馆的费用和麻烦。

·创造条件，鼓励外国银行协助当地银行，使其系统快速发展和完善。

·积极支持保险业的发展，通过消除保护主义和提供有效的监管，承认保险业的区域性质。

挑战与机遇

服务业提供了大规模就业创造的潜力，以换取相当有限的资本投资。到20世纪90年代中期，服务业，诸如旅游、银行和保险等不生产有形商品的经济活动占全球GDP的近2/3，而20世纪80年代只有大约一半。即使那些仍然处在工业化的国家，服务业相对于经济的其他领域也在增长。①服务业为非洲提供了一个跨越发展阶段和大幅度增加就业的重要机会。例如，咨询公司麦肯锡在2012年估计，到2020年，光是零售业和酒店行业就可能在非洲的5400万个潜

---

① World Bank. "Growth of the service sector". http://www.worldbank.org/depweb/beyond/beyondco/beg_09. pdf.（2016-03-10）

在工作岗位中占到900万个。①与大宗商品不同，服务可以在任何地方"生产"。虽然一些非洲国家在旅游业的某些方面具有独特的优势，但它们在服务市场上是与所有国家竞争的。稳健的服务业需要复杂的商业运作，并且要善于利用技术带来的优势。

关键数据

服务业市场巨大。例如，2014年全球有超过11亿人的国际游客，其中非洲（包括北非）占不到5%。只有两个非洲国家，摩洛哥和南非（每个国家大约有1000万人）接待了到非洲大陆的游客总数的40%。大约每10个访问一个国家的游客就会为这个国家创造一个就业机会。2015年，肯尼亚的移动货币用户达到2540万，位居非洲银行的人口名单之首。在非洲的成年人中有3.39亿人，即80%的人没有银行账户——也就是说，他们无法获得正规的金融服务。②

迪拜的前后形象与新加坡相似。以前的迪拜有的只是沙漠、小海湾和其他的东西。之后，无数摩天大楼拔地而起，包括世界上最高的828米的哈利法塔，以及众多的购物中心和世界级的航空公司和海港。

这种转变仅仅发生在两代人身上。50年前，迪拜的大多数住宅都没有自来水，因此与区域性竞争对手相比，迪拜的优势似乎是微乎其微的。

阿联酋航空公司的发展见证了这种转变。这家航空公司成立于1985年，当时只有两架飞机（一架租赁的波音737和一架空客A300），但是今天，阿联酋航空已成为全球的连接器。2016年，当时中国取消了燃油附加费，但是阿联酋航空的交易额依旧增长了10%以上。与此同时，该航空公司正在努力改进迪拜

---

① David Fine, et al. "Africa at work: Job creation and inclusive growth", McKinsey Global Institute, 2012-08-11, http://www.mckinsey.com/global-themes/middle-east-and-africa/africa-at-work.（2016-12-01）
② Wim van der Beek. "Five factors that differentiate Africa's fintech". CNBC Africa, 2016-06-13, http://www.cnbcafrica.com/news/financial/2016/06/13/factors-that-differentiate-fintech-in-africa/?utm_source=CNBC + Daily + Newsletter&utm_campaign=74209677bf-RSS_EMAIL_CAMPAIGN_Daily&utm_medi-um=email&utm_term=0_37ea1a8e5e-74209677bf-216248097.（2016-12-01）

机场大厅，包括地面飞机运输，以确保其作为全球航空"超级连接器"的地位。

阿联酋的成功反映了该国领导阶层的风格。1966年阿联酋的石油贸易开始繁荣，其石油贸易繁荣的景象是在19世纪20年代谢赫·赛义德·马克图姆·本·拉希德·阿勒马克图姆（Sheikh Saeed bin Maktoum bin Hasher Al Maktoum）为其经济多样化、增长和发展而努力奋斗之后开始的。以前，迪拜一直是一个微不足道的港口。为了使这个国家发展起来，迪拜的领导层承担了经济增长的责任，密切监控每个经济项目及其整体的健康运行。

迪拜还利用其石油红利实现多元化。在20世纪70年代中期，石油贸易额占了迪拜GDP的一半，到了20世纪末，这一数值仅提高了2%。当时，贸易、修理和保养是迪拜最大的产业，占GDP的39%。①对迪拜的成长至关重要的是它对其他文化和外国专家的开放性。到2016年，迪拜的250万人口中有80%是外国人，主要是南亚人。简而言之，迪拜创造了一个让其他国家的人也能成功的环境，这一点与非洲许多地方不同，在非洲有许多地方仍然充满着对外来者动机的怀疑和妒忌。

然而，在这一过程中迪拜仍面临着巨大的挑战。经济全球化使得迪拜的经济在2008年的金融危机中遭到沉重打击，虽然事实证明这只是暂时的，但是迪拜的经济仍然容易受到大宗商品价格波动的影响。

与非洲相比，迪拜快速多样化的发展既令人印象深刻，又令人吃惊。迪拜的发展是建立在贸易开放和金融自由化的基础上，而非洲国家在这些方面却落后于其他国家。例如，非洲国家在不同程度上无法或不愿执行1988年的《亚穆苏克罗决议》（Yamoussoukro Declaration，《亚穆苏克罗决议》要求取消非洲国家之间在航权、运力和班次的限制，允许货运和其他航空服务完全放开，同时提出了统一航空运行安全标准、资格条件、公平竞争、消费者保护及争议解决机制等相关内容，从而形成非洲内部的单一航空运输市场），来开放非洲的天空。再举一例，南非引入了过于复杂的签证手续，使游客访问该国更为困难，

---

① "Dubai gets 2% GDP from oil after diversifying revenue sources". 2010-09-28, http://www.bloomberg. com / news / articles / 2010-09-28 / dubai-gets-2-gdp-from-oil-after-diversifying-revenue-prospectus-shows. (2016-12-01)

而迪拜则不断为游客提供便利，使他们能够更容易地旅游和花钱。

非洲面临的挑战

从历史上看，农业一直是发展中国家最重要的领域。但是，随着国家的发展和人民的富裕，服务行业变得更加突出。现在在大多数发达国家，服务业占主导地位，特别是旅游业。如图7.1所示，①服务业对所有国家的增长做出了重要贡献。

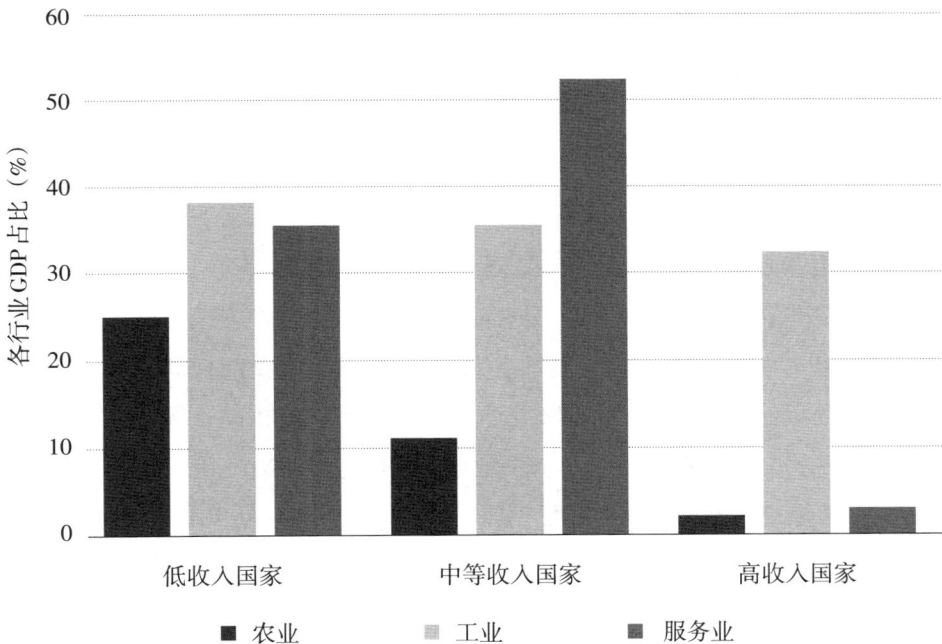

图 7.1　1995 年世界经济结构

（资料来源：世界银行，www.worldbank.org/depweb/beyond/beyondco/beg_09.pdf。）

服务业的劳动密集程度较高，这就确保了随着一个国家的发展，这一领域

---

① Ejaz Ghani and Stephen D. O'Connell. "Can services be a growth escalator in low income countries?". World Bank, 2014-07-22, http://www-wds.worldbank.org/external/default/WDSContentServer/WDSP/IB/2014/07/22/000158349_20140722093642/Rendered/PDF/WPS6971.pdf.（2016-12-01）

所创造的就业机会将补偿那些由于增加资本投资而造成的农业和工业的损失，从而为实现机械化和其他节省劳动力的技术提供了条件。

到20世纪90年代中期，服务业占了全球GDP的近2/3，而20世纪80年代这一比例仅为50%。即使在那些仍处在工业化的国家，服务业相对于经济的其他领域来说也在增长。[1]

非洲国家常常对服务业的增长设置不必要的障碍，从而难以充分利用服务业创造的就业潜力。然而，好消息是，我们可以采取措施来改变当前非洲国家的政策立场，从而创造更多新的就业机会。

旅游业与航空公司的挑战

对于许多非洲国家来说，旅游业是最有前途的行业之一，因为它具有创造大量就业机会的潜力，特别是对新进入劳动力市场的人来说。然而，要想使旅游业取得成功，非洲国家必须得到航空公司提供的可行服务，并致力于尽可能多地运送旅客。

大多数非洲旅游市场仍然难以进入运行轨道，而且在安全方面非洲的旅游业存在隐患。事实证明，让航空公司有效运营是非常有挑战性的工作。定期被评为非洲顶级航空公司的南非航空公司（SAA）的发展轨迹就是一个很好的例子。[2]不幸的是，管理不善已使它陷入债务的深渊。到2016年，政府对该境况不佳的国有航空公司的救助总额已达20亿美元，[3]其中包括2012年10月提供的3.5亿美元担保。政府提供救助的条件是南非航空董事会要制定一项扭转困境的战略，政府在2014年1月再次宣布，南非航空将获得4.6亿美元的救助。

赞比亚也经历过类似的有关航空公司的问题，赞比亚人对旅游业的矛盾心理也令人吃惊。旧飞机的名字和残骸充斥着卢萨卡的肯尼思·卡翁达国际机场，这里成了梦想失败的墓地。自赞比亚国有航空公司于1994年破产以来，赞

① World Bank. "Growth of the service sector". http://www.worldbank.org/depweb/beyond/beyondco/beg_09. pdf.（2016-03-01）
② 南非航空公司，http://www.flysaa.com/za/en/footerlinks/aboutUs/saaAwards.html.（2016-12-01）
③ Ilse de Lange. "Comair challenges government bailout of SAA". The Citizen, 2015-05-05, http:// citizen.co.za/376178/comair-challenges-government-bailout-of-saa/.（2016-12-01）

比亚快递（Zambia Express）、赞比亚飞行公司（Aero Zambia）、赞比亚天际（Zambia Skyways）、赞比亚航空公司（Zambian Airways）、红木航空公司（Mahogany Airlines）、空中电波与赞比西航空公司（Airwaves and Zambezi Airlines）大多是来了又走，已不复存在。它们大多数死于无节制的野心、过于迅速的扩张、高昂的管理费用和低负荷运行。

前赞比亚航空公司飞行员托尼·欧文（Tony Irwin）用一款5座的比奇男爵（Beechcraft Baron）转型公务机创建了赞比亚通勤航空公司（Proflight），并专注于旅游业。6年后，他又增加了一个9座的派珀酋长（Piper Chieftain），带领游客前往南卢安瓜国家公园的姆富韦和利文斯顿的维多利亚瀑布度假村，时间与英国航空公司飞往伦敦的航班同步。2003年，在巴克莱银行的资助下，赞比亚通勤航空公司收购了它的第一架喷气式飞机，一架18座由英国制造的飞机。欧文说："这是我们能负担得起的，它的燃油效率很高，发动机的管理费用很低，而且它的低成本使我们能够很好地运营公司。"即便如此，他还说："现在回顾一下，我们做这件事还是很疯狂的。我们需要更多的飞机来运作，所以我们与赞比亚航空公司展开了对决，赞比亚航空公司是由赞比亚联合铜矿公司（ZCCM）的罗恩·艾尔（Roan Air）创立的，目的是能打入铜带省。"

到2016年，赞比亚通勤航空公司运营着6架喷气式飞机和1架庞巴迪支线喷气式飞机，其中70%的乘客是为了商务旅行，而不是为了度假旅游。欧文说："这只是一个小市场，航空公司需要规模经营。"从2012年到2015年，平均每年有13.6万名乘客受到这种现象的影响。"良好的管理是关键，包括较低的员工流动率和高技术水平。"

"低效的炼油厂"症状使得该公司飞机的燃料成本是南非的2倍，这一症状也是非洲内陆国的通病。更重要的是，虽然旅游业可以创造大量就业机会（赞比亚的行业率是每层提供1.3个工作岗位），但是旅游业的季节性问题正在增多。由于进入赞比亚国家公园的基础设施有限，所以在雨季限制游客进入赞比亚国家公园。欧文说："在最糟糕的一周里我们往姆富韦运送了80名游客，在最好的一周里我们运送了880名游客。在雨季的6个月中，从来没有运送过这么多游客。"

2004年，欧盟对赞比亚航空公司的禁令也对外来者进入该国造成一定困难。在2016年6月，这一禁令终于被取消。机场的角色定位，也使这些问题变得更加复杂。"机场是政府垄断的最后堡垒之一，机场至少需要妥善管理，并将处理职能与管理机场的职能分开。"政府糟糕的运营方式，导致飞机周转费增加，从而增加了飞行成本。

一般而言，在赞比亚，全国范围内拥有国际质量的床的数量大约是5000张，而卢萨卡只有850张。缺乏高质量的住宿条件反映了赞比亚面临的所谓"许可证文化"的挑战。开一家酒店需要将近40张许可证，尽管企业税保持不变，但酒店价格大幅上涨，大大增加了经营成本，并为贪污腐败提供了大量机会。

然而，一些非洲航空公司取得了成功。埃塞俄比亚航空（ET）——一个有着悠久历史的公司，它肯定会成为非洲许多其他国有企业的发展方向——这也许是一个最好的例子，能够说明良好的治理能促进一个充满活力的服务公司的建立。[①]埃塞俄比亚航空公司简陋的总部位于亚的斯亚贝巴博乐机场的主航站楼，这与政府保持低调的口号是一致的。它的首席执行官特沃德·格博马瑞姆（Tewolde GebreMariam）也很坦诚地分享了这家航空公司的运行轨迹，与其他非洲国家航空公司不同的是，它一直在上升，而不是在下降。

特沃德先生表示，该航空公司70年的历史可以分为两个阶段：头60年，虽然增长并不明显但很稳定；在之后的10年，与厄立特里亚战争结束后首次出现亏损之后，该公司实现了战略转型。

特沃德于2004年从纽约返回，在纽约他负责埃塞俄比亚航空公司的运营。在安永（Ernst & Young）的帮助下，该公司进行了"战略分析"，发布了"2010公司愿景"。特沃德表示："这是对该航空公司的重新定位。"其目标是在5年内将营业额从2005年的4亿美元增加到10亿美元。这将通过一个"改头换面的网络"来实现，这一网络包括52个飞往非洲目的地的航班的"晨间银行"，以及一个"晚间银行"。这些航班除了飞往多哥西部以外，还将往返中东、欧洲、亚洲和美洲。

---

① Greg Mills. "Ethiopian Airlines: An example to SAA?". *Daily Maverick*, 2016-06-17, http://www.dailymaverick.co.za/article/2016-06-17-ethiopian-airlines-an-example-to-saa/#.WEASbHecbNA.（2016-12-01）

到2010年，航空公司的营业额达到了13亿美元，超过了最初的预测，乘客和货物的数量也是如此。随后，"公司2025愿景"也被付诸实施。特沃德解释说："飞机的新技术就像787和A350一样需要更长远的眼光。"到2025年，埃塞俄比亚航空公司计划将有120架飞机飞往世界上的90个目的地，而在埃塞俄比亚境内有20架飞机运作，营业额为100亿美元。规划周期分为3个5年期，分别为短期、中期和长期。特沃德承认，这样一个长周期计划在这个行业中是有争议的，这个行业中做出1年的计划就很难，更不必说15年了。由于缺乏足够多的私营部门承包商，非洲的自给自足需求使规划变得更复杂。这意味着他们必须自己提供餐饮、支持和技术服务。

该航空公司的总裁表示，该公司的战略被分成了几个不同的体系。首先是支付能力与可持续性。他说："我们必须保持良好的信誉，因为我们没有其他的融资手段，我们也不指望政府拿出一分钱来资助我们。"在尽可能低的成本下，保持机队的全球标准也是必要的。他承认："我们的竞争优势在于低成本，但要做到这一点，我们必须调整经营模式。"该航空公司不但保持着以亚的斯亚贝巴为中心的"中心辐射型"载体，还在多哥、西非（通过对阿斯凯航空公司的投资）、南部非洲（通过马拉维航空公司）建立了区域枢纽，而且计划在非洲中部进一步提高自身竞争力。

另一个体系是基础设施。该航空公司的总裁说："我们的使命驱动着我们的机队，这意味着我们需要持久的和较高的生产力。多元化是一个必要的驱动力。"考虑到非洲没有其他选择，该航空公司在培训方面是自给自足的，它的学院能够同时培训4000名学生（包括技术人员、飞行员、销售人员、营销人员和机组人员）。埃塞俄比亚航空公司还拥有非洲最大的货运码头和最大的技术维修业务中心，并还将扩大其餐饮设施，保证每天生产8万份膳食，再次使其成为非洲最大的餐饮服务中心。他说道："在南非以外的非洲地区，外包并不是什么大不了的事情，所以这一做法是可行的。"

该航空公司的总裁表示最后一个体系是把航空公司的人力资源、流程、信息和通信等整合成一个"从货物到雇员名单"与"从财政到货物舱单"的全自动系统。这也适用于管理航空公司人员。他说："所有工作人员在出入境时都要刷卡，这与发薪直接挂钩。他们不来，就没有工资。"

在大家有目共睹的这一时期内，埃塞俄比亚航空公司在航空业领域一直是一个成功的典范，用沃伦·巴菲特的话来说这是一种"从大财富中赚点小钱的好办法"。也许它的成功并不在于雄厚的财力，而在于稀缺性。特沃德承认："许多竞争对手的能力都超过埃塞俄比亚航空公司，土耳其航空在非洲拥有40个航空目的地，肯尼亚也是他们的竞争对手。"不过他表示，阿联酋航空是他们最大的竞争对手，阿联酋航空每年接待500万名非洲游客。

但是对其他国家又有什么教训呢？

特沃德说："首先，你必须把眼光放得长远，你需要一个明确的方针，这必须来自政府，而不仅仅是航空公司。政府必须明确这样一个问题：它是将航空公司视为一种战略资产，还是仅仅是一种简单的商业。因为，这将影响到航空公司的角色和投资。然后你需要良好的、统一的管理，尤其是在一个即使是一个小错误也能完全耗尽你精力的行业中。"他警告道："你必须节俭，管理费用要低，成本要控制严格。"他说："包括我自己在内，人们在这里工作不是为了拿到工资，而是为了对国家做贡献和对国家负责。"尽管飞行员的工资由国际市场规定，并且航空公司为了留住有经验的机组人员也被迫调高了工资，雇员成了增加成本的主要因素。他警告道："你不能为了生存下来而像南非航空公司那样慷慨大方。"

他说："从各方面来看，如果一些国家想要进行贸易往来，政府需要让飞行变得简单、廉价和安全，例如，燃料的价格。尽管在2016年，国际油价已经下跌，但非洲的油价并没有下跌。在欧洲，每升油的价格是1.25美元，而在非洲的一些地方仍然是3.5美元。"他补充道："大多数政府对航空业的价值并不了解，而是把它看作摇钱树，因此政府对航空公司征税太高，从而限制了它的发展和服务。"

更好的银行

非洲国家经常抱怨，没有足够的外部资金来满足自身发展的需要。现在已经有两代非洲人呼吁世界向非洲提供更多的援助，并在援助额增加和获得债务减免时大张旗鼓地庆祝。事实上，西方的援助、中国的援助、外国投资和国际信贷市场为非洲国家提供了大量资金。问题是，大多数非洲国家的施政情况不够好，这些资金不能得到有效利用。在很大程度上，世界上到处都是在追逐相对较少非洲项目的资金，这些项目都是可行的，而且是在一个相对没有烦琐的政府监管和对腐败担忧的环境中运作的。

援助和外国投资通常被认为是非洲发展的主要资金来源，很明显，贫穷国家通常没有自由流动的国内资源。然而，即使在贫穷的非洲国家，只要有适当的银行和保险制度，也有资金可用于发展。此外，改善国内银行和保险制度的实质性努力将向外国投资者发出一个强有力的信号，并有助于吸引他们的注意力和资本。

移动电话的出现，极大地改善了非洲主要市场的资金来源。

正如第八章所看到的，通过M-Pesa（一种移动银行系统，pesa在斯瓦希里语中意为"钱"），肯尼亚在非洲有最多的银行注册用户，到2015年有2540万个移动货币用户。乌干达有1800万个用户，而坦桑尼亚只有不到1000万个。到2014年，每10个肯尼亚成年人中就有8人在银行开户，这一比例高于南非（70%）、尼日利亚（44%）和加纳（40%）。这也使肯尼亚高于62%的全球平均水平。[①]但是，总体而言，到2016年，非洲总人口中只有20%的人有存款。银行业与财富、财富创造及技术有关。从2011年到2014年，全球把钱存入银行的人数增加了7亿，全球未开银行账户的总人数下降了20%，降至20亿。这种进展在很大程度上归因于手机和互联网的普及。

然而，尽管所有这些技术进步使非洲的银行业取得了突破，但交易性银行、传统银行、电子支付和借款之间还是有区别的。此外，与借记卡和交易性银行相比，信贷是有限的。万事达数据显示，2014年，非洲零售交易中只有2%是电子交易。[②]因此，虽然技术帮助非洲人迈出了重要的一步，但它还没有解决加大传统银行业扩展所需的一些根本问题。

---

① 乌干达在东非排名第二，44%的公民可以使用银行服务，其次是卢旺达（42%）、坦桑尼亚（40%）和布隆迪（7%）。参见http://www.theeastafrican.co.ke/business/Kenya-tops-list-ofbanked-population/2560-2697138-jh9o4iz/index.html.（2016-12-01）

② Business Day. "Banking Africa's unbanked – time for a reality check". 2015-05-12, http://www.bdlive.co.za/africa/africanbusiness/2015/05/12/banking-africas-unbanked-time-for-a-reality-check.（2016-12-01）

银行业既是"衍生发展",因为它是收入增加的结果,也是"发展的动力",因为获得资金为创业提供了机会。因此,在非洲人口中拥有少数存款的地区既反映了其发展状况,也对其产生了不利影响。

简言之,一个发展良好、运作良好的银行系统是一个发展中国家经济增长、繁荣,基础设施投资、创造就业和全面进步的关键因素。总部位于南非的市值900亿美元的第一兰德(First Rand)金融服务集团总裁劳瑞·迪潘纳(Laurie Dippenaar)表示:"发展中国家的政府往往希望'保护'其当地银行。非洲国家不鼓励外国银行的存在和投资的做法是错误的。外国银行的存在迅速加速了非洲国家银行系统的发展和完善,并带来了普遍有益的结果。"[1]

标准银行(Standard Bank)在南非有超过150年的历史,并在20世纪初期开始向非洲其他地区出售其特许经营权。[2]到2016年,标准银行在非洲大陆的20个国家,包括南非以及其他一些新兴市场运营。迄今为止,标准银行发现在非洲交易性银行业务的利润率很低,这在一定程度上解释了为什么电子货币转账比传统银行业务效果更好。标准银行还发现,鉴于"穷人对债务和信用评级的担心较少,而且几乎根本没有抵押品",所以标准银行难以打入低端小额贷款市场。只要有一个贷款人存在,"穷人会偿还你因为他们想再借钱"的观念似乎就是正确的。尽管南非储备银行(South African Reserve Bank)实施了高资本金要求,但标准银行的业务回报率仍然相当可观:在南非约为15%,在非洲其他地区超过18%。

数字银行为非洲提供了一个新的领域,但同样,数字银行主要是在交易的背景下使用的。标准银行发现,截至2016年,通过其分行的流量比前两年下降了约20%,但同期银行应用的使用量增加了300%。标准银行认为,另外两种"软件"(software)可以帮助刺激银行业务增长。首先是区域一体化,其形式是资本、货物和人员更自由的流动,这也正如东非共同体所设法实现的那样。其次是定期、和平的选举,因为"解决治理不善的唯一办法就是政治竞争"。[3]

---

① 摘自2016年10月29日与劳瑞·迪潘纳的邮件通信。
② 本节主要基于2016年3月10日在约翰内斯堡银行的罗斯银行总部的一次讨论和与标准银行策略师的电子邮件交流。
③ 摘自2016年3月14日与西蒙·达古特(Simon Dagut)的电子邮件往来。

不足为奇的是，在传统商业银行部门步履蹒跚的地方，非洲的小额贷款业务已经蓬勃发展。据估计，小额贷款银行部门的潜力相当于非洲地区生产总值的25%。小额贷款通常提供给非正规就业的人，其收入占全国平均水平的1/3。因此，这些贷款必须依赖银行部门，在传统上不需要抵押品。

这也有助于解释为什么非洲的抵押贷款市场是世界上最小的，在2011年仅占城市潜力的3.7%。例如，尼日利亚的抵押贷款在2006—2011年翻了二番多，其价值仍然相当于GDP的0.5%，而南非的这一比例则超过了25%。①高房价也阻碍了抵押贷款的普及。例如，在埃塞俄比亚，一套100平方米的政府补贴公寓其售价是国民平均收入的35倍，而在英国这一比例仅为5倍左右。改进、透明和简化官僚程序可能有助于减少登记所有权的时间，但与其他地区相比差距也是巨大的。②

在任何发展进程中，把钱廉价而安全地转移是很重要的。对非洲大部分地区来说，能够借贷和利用资产仍然是一个金融难题。

对低收入国家而言，开发"足够好"（good enough）的国家身份证系统，允许有国际联系的银行处理汇款，以避免与美国、欧盟的反洗钱法相冲突，这样可以改善其银行业务。中等收入国家可以鼓励建立私营部门信贷登记制度（但不屈服于实施信贷信息赦免的政治压力），并努力避免非正统的银行监管，如利率下限和上限，临时增加存款准备金要求（前一种情况发生在肯尼亚，后一种情况发生在莫桑比克）。然后，对于成熟的金融国家（例如南非、纳米比亚、毛里求斯和摩洛哥），在保持良好监管的声誉的同时，还需要在国际监管方面变得更加积极，从而使全球规则对发展中国家的金融需求更加敏感。坦率地说，这些规则目前是在巴塞尔和华盛顿制定的，目的是应对美国和欧洲的金融风险。在发展中国家，这些规则使得借贷成本更高，而非洲却没有这样的情况（银行过度举债的结果）。

---

① The Economist. "For most urban Africans, owning anything other than a slum home is out of reach". 2015-12-14, http://www. economist. com / news / middle-east-and-africa / 21684033-unaffordable-housesmake-sub-saharan-africa-worldssmallest-mortgage.（2016-12-01）
② 在撒哈拉以南非洲登记土地的平均时间为58天，而经合组织国家为22天。非洲的平均水平低于南亚（98）、东亚（73）和拉丁美洲（63）。参见 http://blogs.worldbank.org/opendata/youthink/charthow-long-does-it-take-register-property.（2016-12-01）

总而言之，非洲国家应设法利用优惠性融资（发展银行）融入民间金融，而不是将它取而代之。纳税人（无论是在富有国家还是在非洲）通常愿意承担风险较高、期限较长的债务或股份。这使得私营部门的资金能够向同样的项目提供贷款，确保更多、更快的发电量，或任何其他的需要。

因此，标准银行首席执行官锡姆·查巴拉拉（Sim Tshabalala）认为非洲银行"有很大的扩张空间"也就不足为奇了。"我们认为，2010年至2020年，银行资产将增加1倍以上。粗略地说，对金融服务的需求增长为地区生产总值的1.5倍，因此，如果非洲大陆的地区生产总值增长率在这10年中平均约为4.5%，这可能是正确的，"他还补充道，"确切地说，非洲银行还有很大的发展空间。非洲的银行资金仍然严重不足（以人均资产/地区生产总值和正规银行账户衡量）。我们还认为——基于其他地区的发展情况——保险业务会首先增长。人们在交易账户完成后购买的第一种产品是丧葬、人寿或汽车保险。"

非洲的保险业

保险业也是现代经济的一个重要方面，也是支撑基础设施和金融服务的重要因素。但这是一个需要培养的行业。

按国际衡量标准，非洲的保险业发展仍不足。非洲大陆的非寿险普及率（不包括南非）仅占地区生产总值的0.73%，而寿险普及率仅为0.4%，约为世界平均水平的1/5。然而，保险的有效性提高了经济可持续性，减少了公共债务，并使消费者可以购买物品，尤其是住房所有权。

南非的公司迅速抓住这一更为广泛的非洲机会。然而，这条道路充满了种种挑战。

成立于1980年的和德（Hollard）是南非最大的独立和私有保险公司，以强调创新和简便著称。自2000年以来，该公司已将业务扩展到整个非洲，包括莫桑比克、纳米比亚、博茨瓦纳、赞比亚。2015年该公司在加纳进行了投资。到目前为止，该公司的业务主要是非寿险业务，实质上是为大型企业提供保险。这种做法与非洲银行业所处的环境有关。事实上，和德在非洲的企业与个人保险的比率为7：3——与全球的平均水平相反。

自2010年以来的6年中，和德公司在非洲地区的业务同比增长了30%，到2015年非洲地区的利润占该公司利润的28%，而2011年仅为3%。该公司专注于利用自己的品牌，建立本土而非外派团队，将获取南非本土的技术专长和资产负债表作为后盾。

然而，还有更多的可能性。在整个非洲，保险的普及受到文化、监管和相对财富/贫困的制约。和德公司发现，保险条例很少与小企业的利益保持一致，因为他们是"非常守旧且不灵活的"（very old school and inflexible）。该公司支持要求在当地保留一定比例的保险费的尝试。然而，在某些市场，例如尼日利亚，保留80%的保险费被认为太高，这也反映了市场缺乏开放性。一位和德公司的非洲专家表示："如果没有更自由的市场，就很难分享风险、专业知识和产品，如果对小型经济体提出不同层次的承诺，这会增加成本。"这些困难因试图保留国有企业的保险费，以及全球范围内对合规要求的增加而变得更加复杂。后者将逐渐损坏地区和国家企业，并加强跨国公司，而这些跨国公司拥有必要的技能。一位拥有35年经验的专家说："地方监管部门扼杀了保险行业，扼杀了中间商，抬高了成本。"

为了适应市场，保护主义和监管随之减少，因此保险产品的创新与扩展空间还很大。在数字天气监测与智能的驱动下，延伸出的能够保护农民免受干旱或洪水侵害的保险产品就是这样的一个例子，这一保险产品的支付方式是通过手机进行交易。[1]

最后，货币波动使确定保险价值变得更加困难，因为保险价值也会随之波动。出于这个原因，客户希望用"硬通货"（hard currency）来投保，但在一些国家，这通常是不被允许的，因为保险费必须用签发保险单的同一种货币支付。

其结果是，迄今为止，非洲保险市场表现不佳，仅实现了其潜在价值的大约1/4。[2]总之，改善这种状况需要更好的国家治理与更大的开放性，这些特质

---

[1] 该信息基于2016年3月在约翰内斯堡霍尔德和赞比亚进行的采访。参见 https://www.lloyds.com/news-and-insight/press-centre/speeches/2015/07/the-challenges-and-opportunities-facing-the-south-africa-insurance-market-today；http://www.businessinsurance.com/article/20150610/NEWS09/150619997/insurance-challenges-in-africa-exec.（2016-12-01）

[2] 本节是摘自2016年3月与怡安保险（Aon）和其他保险专家的一系列对话和通信。

见证了非洲最大的出口商之一英国南非米勒酿酒公司（SABMiller，SAB，简称南非米勒）的成长。

正确处理复杂的后勤问题：南非米勒的故事

2015年11月，全球最大的两家啤酒制造商安海斯—布希英博（AB InBev，简称百威英博）和南非米勒公司达成了一项价值1070亿美元的合并协议，这将创建出全球最大的企业实体之一。2016年7月，在英国提出退出欧盟后英镑贬值，这也使得原有条款的吸引力降低。世界上大约30%的啤酒将由这家新公司生产。百威英博的品牌包括百威（Budweiser）、科罗娜（Corona）和时代（Stella Artois），其员工总数约为15.5万，收益为470亿美元。南非米勒在80个国家拥有7万名员工，其中包括在非洲的18个直属分公司以及另外21个分公司间接获得了卡斯特集团（Castel Group）20%的股份。

这个故事表明了在一个复杂的行业中成功的必要条件是什么。南非米勒的核心包括所有的服务（即分销和娱乐）、制造业和农业业务，而其健康发展状况则反映了政府政策的质量和基础设施的供给。就南非米勒而言，其分销和娱乐业务意味着该公司拥有强大的服务元素。

在20世纪90年代初期，南非啤酒公司（South African Breweries）向非洲扩张的同时，包括莫桑比克、坦桑尼亚和赞比亚在内的非洲国家也进行了一系列私有化。[南非米勒成立于2002年，并在当时收购了米勒酿酒公司（Miller Brewing）。]

南非米勒非洲业务的总经理乔恩·柯比（Jon Kirby）说："刚开始的时候，人们对南非和南非的企业很不信任。一开始，我们与坦桑尼亚人的董事会会议得持续几天才能结束，而现在只需几个小时。"

基思·多伊格（Keith Doig）在2012年结束了在南非米勒的20年职业生涯，他曾担任非洲、南非和亚太地区的企业融资与发展总监，他说："从全球角度来看，它并不涉及巨额资金。我们相信，我们可以为现有的业务带来商业和管理智慧，并增加其价值。我们在博茨瓦纳、莱索托和斯威士兰也有部分业务，以前在津巴布韦也有业务。我们在津巴布韦只拥有20%的股份，并在不那么复杂的市场上有一定的经营经验。正如梅耶·卡恩（Meyer Kahn）（时任南非米勒集团主席）常说的那样'非洲是我们的后院'。我们相信我们知道如何处理它。"

在1993年的第一次交易中，南非米勒以2250万美元收购了坦桑尼亚啤酒厂50%的股份。柯比回忆道："政府并不是仅仅拿钱，而是把销售收入重新投入到企业中去。这是了不起的。"2016年该公司的市值是10亿美元，该公司扣除利息、税项、折旧及摊销前的利润为2.5亿美元。在随后的23年里，坦桑尼亚啤酒厂的市场份额从35%增加到95%。

从表面上看，增长的逻辑似乎是完美的。在非洲，正规的酒类销售只占整个酒类市场的40%，其余的是没有许可证的各种"自制啤酒"，从玉米啤酒到香蕉酒都会涉及。然而，非洲消费者对品牌和质量的要求和其他任何消费者一样高。或者，正如多伊格所说："我们的目标是将啤酒的价格提高1倍，并将啤酒的质量也提高1倍——为高端市场提供更好的产品，同时提高消费者的可承受性。"

考虑到整个非洲人均啤酒消费量仅为南非人均啤酒消费量的15%左右（非洲人均9升，而南非为58升），柯比说："当前仍然有很多机会。"

柯比表示，南非米勒的成功秘诀在于它早早地进入了市场，并"回到了基本的饮料行业"。它在非洲的扩张与"东欧滩头堡"以及在中国的合资企业相匹配。[①]成功依赖于建立地区规模经济与在生产、物流、营销和金融方面的效率。多伊格回忆道："我们将进入工厂，修复工厂，整顿品牌，提高质量，并获得营销的权利。事实上，把最基本的东西弄好是我们的核心。"

柯比记得，在公司拓展的这一过程中，他们犯了很多错误，也从中吸取了教训，尤其是在未能打入肯尼亚市场的情况下。这是一个"Excel 电子表格的经典案例"（classic case of watch out for the Excel spreadsheet），而非对竞争

---

① 1993年，南非啤酒集团斥资5000万美元收购了匈牙利最大的啤酒酿造商德雷尔（Dreher）80%的股份。1996年，该公司获得了波兰两家最大啤酒厂的控制权，以及罗马尼亚的三家啤酒厂和斯洛伐克的一家啤酒厂。1994年南非米勒与总部位于中国香港的华润创业有限公司成立了一家合资企业。到1997年，南非米勒已经发展成为世界第四大啤酒酿造商，并拥有一个迅速扩张的国际酿酒帝国。此后，该公司出售了 OK Bazaars、Afcol、Da Gama Textiles、Lion Match 和鞋类制造商 Conshu Holdings 的非核心业务。参见 http://www.fundinguniverse.com/ company-histories/the-south-african-breweries-limited-history/.（2016-12-01）

的理解。柯比说："肯尼亚是一个相当大的市场，有300万—400万公升份额。我们认为，我们很容易能够得到12%—15%的市场份额。我们最终得到了15%，但是我们从未赚过钱。在过去五年半的时间里，我们每年亏损1000万美元。这是一场与东非啤酒厂的战争。最后，没有一个零售商愿意把一个装满'城堡'啤酒（'城堡'是南非米勒的啤酒品牌）的冰箱和我们的产品放在他们商店的前排。肯尼亚人不会轻易放弃，我们不应该期望他们放弃，最终我们达成了一项协议，我们公司收购了肯尼亚的东非啤酒厂20%的股份，他们收购了南非米勒在坦桑尼亚20%的股份。"他叹息道："最后，我们都赚了钱。"

随着时间的推移，合并和收购变得越来越复杂，例如在埃塞俄比亚，政府对企业的潜在价值有更敏锐的认识。多伊格回忆道："不过，在获得官方批准方面，从来没有出现过任何重大问题。"

这种经验也被带到了其他市场，比如尼日利亚。2009年，南非米勒收购了尼日利亚的第一家啤酒厂——哈科特港口帕博私营啤酒厂（Pabod）75%的股份。2011年，南非米勒通过它在安哥拉的卡斯特公司，有效地收购了尼日利亚另一个城市伊巴丹（Ibadan）的国际啤酒厂。2012年9月，南非米勒在阿南布拉州（Anambra State）的奥尼查（Onitsha）投资了一家新啤酒厂。这一投资很快取得了巨大的成功，这家新啤酒厂在第二个月就拥有了生产能力，而另外两家工厂的扩张计划也即将完成。

南非米勒在尼日利亚成功开发了两个新的本土品牌：Hero和Trophy。柯比说："与其像我们在肯尼亚那样争取其他品牌的客户，我们还不如在价格上取得竞争优势，在这一过程中，我们的市场份额在5年内从零增长达到了23%。"加纳的情况也是如此，其市场份额在同一时期从30%增加到50%。同样的情况也发生在乌干达。

虽然在非洲建造啤酒厂的费用比在拉丁美洲或欧洲高40%至50%，但非洲啤酒厂的质量水平在不断提高。柯比在2016年3月说："当今，我们在全球排名前十的啤酒厂中有三家在非洲。"出现这一现象的原因，以及为什么拉丁美洲啤酒厂的表现一直很好，"归根结底是人"。

在位于约翰内斯堡简·斯马茨大街（Jan Smuts Avenue）的南非米勒总部大厅里，有一幅画，画的是公司成立后头100年里各位董事长，从1897年的威廉·哈克布洛克（William Hackblock）开始，到1984年欧美参与时期任命的戈登·沃德尔（Gordon Waddell），再到 1990 年任命的迈耶·卡恩（Meyer Kahn）。柯比回忆道："格雷厄姆·麦凯（Graham McKay，接替卡恩担任董事长）总是把一半的时间用于新项目，并支持他的经理。他总是说，'只要非洲有更多的地方，我就会投资'。"

最重要的是，南非米勒的成功是建立在优秀的人才与领导能力之上的。作为一种衡量标准，对于那些在非洲或拉丁美洲进行研究的人来说，对南非米勒啤酒厂的研究，通常会让研究人员对当地的政治与经济形势有非常深刻的见解。柯比指出："该公司在大多数地方与当地政府建立了良好的关系。"部分原因在于公司的规模，柯比说："我们是非洲众多环境下一个小池塘里的大鱼，例如，我们的税收对于支付公务员的工资至关重要。"

非洲是这一成功故事的重要组成部分。柯比说："1995年，我们在非洲的营业利润达到700万美元，创了新高。20多年过去了，现在的利润达到了1.4亿美元。允许该公司在海外扩张，并在伦敦上市，使得该公司取得成功，而该公司的成功是对南非米勒、南非企业和政府最大、最丰厚的赞扬。这也促使我们继续努力。"

多伊格说："就整体战略而言，我们对质量进行了严格的管控。马尔科姆·威曼（Malcolm Wyman，财务总监）和格雷厄姆·麦凯都是可与迈耶①齐名的建筑师。从战略的角度来看，成为上市公司的决定，是南非米勒成为全球参与者的明确声明。一个新兴的市场参与者不需要利用全球股市，而当时我们需要战略基金，这并不容易。在伦敦，投资者的关系遭到伦敦金融城分析师的强烈反对，他们不喜欢没有涉及富时指数（FTSE）运作的公司。但南非米勒最终还是成功了。"

它确实这样做了，并且在这样做的过程中，它表明非洲人同任何其他群体一样渴望质量，在非洲赚钱需要良好的政策、适当的人员和高效的后勤等必要的组合。从根本上说，政府必须放松控制，让私营企业有运作的空间。

---

① 汉斯·迈耶（Hannes Meyer，1889—1954），瑞士建筑师。（译者注）

结论：大量的机会

如果治理能够得到改善，服务业将为非洲国家提供大量机会。例如，目前肯尼亚人每年花费 1.4 亿美元在印度的医疗旅游上。[①]一个采用公私合作关系和远程医疗运作的保健系统（在第八章中描述）不仅减少了这种外流，而且实际上可能会扭转目前的状况，导致资金流入，特别是在寻求高端医疗保健的地区。

同样，西方人口的老龄化为富有的欧洲人在非洲建立老年村提供了前景，纳米比亚则抓住机会，利用非洲的好气候和现有劳动力优势，建立了老年村。通过交易型银行获得分析数据，揭开了另外一系列令人激动和鼓舞的发展潜力，如不断改进对消费品和更有针对性的金融产品的销售，不断满足国家和国际需求的卫生保健服务。要创造这些潜力和其他机会，就需要将良好的政策，适当的立法、技术、基础设施和政治意愿结合起来。

的确，服务业是非洲的理想行业，因为它们不像采矿业与制造业一样需要大量资本投资。

缺乏热情的政府参与可能会产生发育不良的服务行业，而这些行业将无法实现它们创造就业和振兴经济活动的全部潜力。在这一点上，关键是要制定适合银行业和保险业市场的法规。正如埃塞俄比亚和阿联酋等航空公司所显示的，保持低成本（和管理费用）并将雄心与实用主义相匹配也是至关重要的。

---

① 摘自 2016 年 9 月 18 日对迈克尔·马卡里亚（Michael Macharia）的访谈。

第八章 技术

成功的五个步骤

·如果非洲企业要从新技术中受益，并在非洲开发此类技术，就必须对国际经济体系开放。

·高效的政府依靠技术的整合来改善医疗保健和教育服务。

·必须取消监管和政策壁垒，为更多公民提供网络宽带服务。

·通过减免税收来鼓励研发和投资。

·政府应接受某些部门的技术工作岗位流失的现实，同时寻求在其他部门的利益最大化。

挑战与机遇

为了让信息自由流动带来的资本和货物的利益最大化，政府必须让其公民尤其是妇女和其他边缘群体充分参与全球经济，包括信息和贸易，否则互联网的优势将无法体现。确保生产力和效率的提高与新技术的传播相适应有助于创造就业机会。这将有效解决非洲人对"外部人"的不信任和不安的问题，并带动新技术的流动，同时带来企业、资金和技术人员。

关键数据

非洲的手机普及率为70%，[1]然而互联网普及率仅为29%，其中大部分份额都被移动互联网占据。非洲人的互联网接入费用为欧洲的30—40倍。[2]但是

---

① http://www.pewglobal.org/2015/04/15/cell-phones-in-africa-communication-lifeline/.（2016-12-01）

② 2016年非洲互联网使用情况，http://www.internetworldstats.com/stats1.htm.（2016-12-01）

这一情况正在迅速改变：2005年，欧洲的互联网普及率比非洲高20倍；到2014年，这个数字缩小为4倍。①教育和研究的发展使技术得以广泛应用。但是撒哈拉以南非洲地区在教育方面仍面临严峻的挑战，只有2/3的学生完成了初中课程。

马克·扎克伯格于2016年9月对肯尼亚进行了一次访问。这位32岁的互联网企业家、慈善家和脸书（Facebook）的创始人在他的脸书页面称："刚刚登陆内罗毕！我在这里会见了企业家和开发人员，并了解了移动银行（M-Pesa）——肯尼亚在这方面是世界领导者。"扎克伯格在一个精心组织的简短访问中，突然出现在先进的非洲大陆创新中心。

该中心成立于2010年，在6年内投资了30家创业公司。无论在何时该中心都至少有7家公司在等待孵化，另外还有多达80位技术创业者，他们坐在蓝色的椅子上，在柔和的绿白相间的工作室的屏幕后面操作。

扎克伯格在那里与互联网连接设备企业BRCK，支持移动支付购买天然气的派戈能源（PayGo Energy），以及制造硬件"空间"的吉尔伯克斯（Gearbox）的工作人员见面。②他还会见了基于移动业务的企业对企业（B2B）新鲜蔬果供应商特维加食品公司（Twiga Foods）、数字支付创业公司模卡（Mookh）和一家网络女装店Vivo Active Wear的创始人。

肯尼亚高科技创新的声誉源于移动银行的成功，该银行是由肯尼亚移动运营商萨法利（Safaricom）随着智能手机的普及于2007年发起的移动现金转账服务。从1995年开始的只有2200个成年人使用手机，到2015年肯尼亚有80%以上的成年人使用手机，并且有2540万个移动银行用户。现在每10名肯尼亚成年人中就有8人存钱，这一数据超过了南非的人数，也是非洲大陆最高水平。

移动银行不是肯尼亚唯一的杰出技术。M-Kopa是一种面向穷人销售的太阳能系统。其整套设备价值200美元，包括一个太阳能电池板、两个LED灯

---

① 非洲互联网发展和互联网治理，2015-05-22，http://www.internetsociety.org/sites/default/files/internet%20devlopment%20and20Internet%20governance%20in20africa.pdf.（2016-12-01）
② Emmanuel Wanjala. "Facebook's Mark Zuckerberg makes surprise visit to Kenya". *The Star*, 2016-09-01, http://www.the-star. co. ke / news / 2016 / 09 / 01 / facebooksmark-zuckerberg-makes-surprise-visit-to-kenya_c1413233.（2016-12-01）

泡、一个LED闪光灯、一个可充电收音机，以及用于手机充电的适配器。客户预付35美元并在之后的一年内每日支付45美分即可拥有该套设备。到2015年底，M-Kopa设备一共销售了25万套，到2017年底达到了100万套。①在销售的过程中，它还为穷人建立了信用体系。

因此，毫不意外，内罗毕被称为非洲科技中心"硅谷萨凡纳"（Silicon Savannah）。肯尼亚政府对科技行业期望很高，希望到2020年能够提供18万个就业机会，10亿美元的出口额，并孵化价值5亿美元的风险投资创业公司，最终产值达到肯尼亚GDP的8％。②前美国总统奥巴马曾赞扬肯尼亚科技企业家"未来不仅会推动非洲的发展，还将成为全球增长的枢纽"。③

据估计，肯尼亚约有40％的国内生产总值是通过移动银行进行交易的，相当于每天约3000万美元。移动银行无疑已经改变了肯尼亚和更偏远地方的银行业务，实现了现金安全和有效的转移。然而，交易银行（电子支付）和传统银行（借钱创业或买房）之间存在巨大差异。这就是为什么向穷人提供信用贷款的M-Kopa不像一家能源公司而更像一家金融公司。（kopa在斯瓦希里语中的意思是"借用"）它的大多数客户每天收入不到2美元。而信贷员就是可以远程自动开启电源的手机中的SIM卡。它每天每增加600个新客户，就意味着发放10万美元的新贷款。

由于风险很高，穷人很难以低利率得到贷款。总部位于内罗毕的小额贷款公司第一集团（Premier Group）首席执行官蒂姆·卡森（Tim Carson）表示，寻找一种方式为一个巨大的市场提供服务从而获得回报，这是一个巨大的挑战和机会。

第一集团通过三种方式，使传统方法与高科技结合起来。通常，收入在400—500美元的地区，个人贷款需要通过面试、检查信用记录，以及其他技术手段进行仔细的审查。不仅如此，贷款还需基于云跟踪系统，检查市场摊位和

---

① Stephan Faris. "The solar company making a profit on poor Africans". *Bloomberg*, 2015-12-02, http://www.bloomberg.com/features/2015-mkopa-solar-in-africa/.（2016-12-01）
② African Business. "Inside Kenya's silent tech revolution". 2015-12-09, http://africanbusinessmagazine.com/sectors/technology/kenyas-silent-tech-revolution/#sthash.ckH7dDd8.dpuf.（2016-12-01）
③ Forbes. "Kenyan tech successes Zuckerberg should know about". 2016-09-09, http://www.forbes.com/sites / tobyshapshak / 2016 / 09 / 09 / kenyan-tech-successes-zuckerberg-should-know-about/#635230d13090.（2016-12-01）

房屋地理位置，以及参考资料和计算现金流。大部分支出和还款都是通过手机进行的。所有贷款和文件都会被扫描和存档，并自动进行对账。

尽管运用先进的技术，该系统仍然在信贷员方面花费了大量费用，第一集团在肯尼亚拥有400名信贷员，管理着2.4万名客户，在乌干达则为250名信贷员管理1.4万名客户，在坦桑尼亚拥有100名信贷员以管理5000名债务人。但是这种小额贷款期限永远不会超过12个月。①他们可能会用现金帮助人们解决问题，但不会为长期投资（如住房贷款）提供资金。

即使对于移动银行而言，每次金融交易成本仍然高达44%。尽管手机迅速普及，但不少人仍因为贫穷无法负担。自2009年肯尼亚铺设海底光缆以来，互联网用户数量增长了7倍，超过2100万。然而80%的肯尼亚移动用户在数据流量业务上每月仅花费1美元。

肯尼亚4400万人口中接近一半生活在贫困线以下，据估计有390万人生活在贫民窟中。②肯尼亚官方预测表明，到2030年，居住在城市的人数将从现在的32%增加到54%。③

当前肯尼亚的劳动力超过2000万，但仅有500万就业岗位，其余的人则从事农业或自营职业。私营部门仅吸纳130万人就业。1990年，非正规部门在就业市场中的份额仅为20%。

这种情况尤其会影响占肯尼亚人口2/3的35岁以下的青壮年。肯尼亚每年新增80万劳动力，其中大部分会失业。这些人受教育程度低，40%以上的人从未上过小学，也没有完成过小学课程，不到1/5的人完成了中学课程，部分原因是他们在很小的时候就被派去工作或自谋生路。④令人震惊的是，超过50%的15岁以下的工人，约190万肯尼亚人，每周工作66小时或更长时间。在肯尼

---

① 摘自2016年3月14日的电话访谈。

② 世界概况，肯尼亚，https://www.cia.gov/library/publications/ the-world-factbook/geos/ke.html.（2016-12-01）部分内容基于2013年2月的两次肯尼亚之行。作者与时任总理拉伊拉·奥廷加的办公室工作人员就选举后的发展方案进行了讨论，并在2013年8月和9月再次进行了讨论。

③ Peter Ngau. "For town and country: A new approach to urban planning in Kenya". Africa Research Institute, 2013-12-05, http://www.africaresearchinstitute.org/publications/policy-voices/urban-planning-in-kenya/.（2016-12-01）

④ 肯尼亚国家统计局，2009年肯尼亚人口和住房普查分析报告，http://www.knbs.or.ke/index.php?option=com_content&view=article&id=371:2009-kenya-population-and-housing-census-analytical-reports&catid=82&Itemid=593.（2016-12-01）

亚，一些事情将不得不改变，否则情况会变得更糟，因为那里的下层阶级的增长要快于中产阶级。

那么问题是，包括移动宽带在内的技术是否可以在减少教育赤字和财富分配方面发挥作用？而且，通过创造新的就业机会，科技能否让肯尼亚这样的非洲国家跨越发展阶段？答案在很大程度上取决于政府做了什么或不做什么。

技术结合

技术变革的步伐似乎是无情的。根据摩尔定律，计算机性能每18至24个月将提升1倍。这不仅是无法逃避的，而且从表面上看，技术现代化对非洲有很大的帮助。①

非洲从数字技术中可以获得三大潜在优势。一是提升政府的效率和效能。它可以帮助政府加快监管和管理，包括许可和证书申请，以及纳税申报。

在政府领域已经出现了积极的例子。一种是通过智能卡支付福利，这是一种在南非使用的系统，将近一半的南非家庭通过这种形式获得社会福利补助。自1996年以来，南非领取社会福利的人数已从240万人增加到1600多万人。②这大大降低了南非社会的贫困水平。到2015年，南非约有2150万人，即约41%的人口生活在贫困之中。这一数字相比5年前的2780万人（56.8%）大为

---

① 本部分参考了诸多文献，包括：Martin Ford. *The Rise of the Robots: Technology and the Threat of Mass Unemployment*. London: Oneworld, 2015；"The rise of big data". *Foreign Affairs*, 2013, 92（3）；"The Fourth Industrial Revolution". *Foreign Affairs*, 2016；"African farmers in the digital age: How digital solutions can enable rural development". *Foreign Affairs*, 2016；"Inequality: What causes it, why it matters, what can be done". *Foreign Affairs*, 2016, 95（1）. 此外，还包括：Viktor Mayer-Schonberger and Kenneth Cukier. *Big Data: A Revolution That Will Transform How We Live, Work and Think*. London: John Murray, 2013；Danny Dorling. *Population 10 Billion: The Coming Demographic Crisis and How to Survive It*. London: Constable, 2013；世界经济论坛科技与非洲博客，https://www.weforum.org/agenda / 2016 / 05 / africa-s-digital-revolution-a-look-at-the-technologies-trends-and-people-driving-it. （2016-12-01）

② Songezo Zibi. "Unemployment set to threaten SA's welfare system". *Financial Mail*, 2013-12-12, http://www.financialmail.co.za/features/2013/12/12/unemployment-set-to-threaten-sa-s-welfare-system. （2016-12-01）

下降。①通过引入生物识别技术，在发放现金时储存指纹和语音记录，从而大大减少了社会补助系统中的腐败现象。②

在另一个领域，通过利用预测数据技术了解决策的影响和新的建筑技术，可以极大改善基础设施。

技术的第二个主要优势是信息流。例如在农业方面，关于天气模式、种子和化肥使用或市场的信息有助于大幅提高产量，甚至可能确保非洲大陆能够养活自己。高速互联网还可以绕过效率低下的政府和在教育、电力和医疗卫生分配方面的挑战。正如萨法利首席执行官鲍勃·科尔利莫尔（Bob Collymore）所说："在肯尼亚农村，你无法有效地管理一个由100个孩子组成的班级。而平板电脑提供了一种新标准的教育方法，它教学生掌握技能，而不是教人反悔。"③

非洲的教育入学率仍然远远落后于国际水平（见图8.1），尤其是高等教育（见图8.2）。因此撒哈拉以南非洲的科学家和研究者的比例仅为每百万人口79人，而世界平均水平为每百万人口1081人。这不仅是数字，更意味着重要的科学水平。只有22%的非洲裔大学毕业生的学位为科学、技术、工程和数学，与之相比中国的比率为40%。④

---

① Amogelang Mbatha. "South African poverty rate drops as government expands welfare". *Bloomberg News*, 2014-04-03, http://www. bloomberg. com / news / 201404-03 / south-african-poverty-rate-drops-as-government-expands-welfare.html.（2016-12-01）
② The Economist. "Developing countries are cutting fraud and waste from anti-poverty schemes. Deciding who should be eligible is harder". 2015-01-08, http://www.economist.com/news/international/ 21638127-developing-countries-are-cutting-fraud-and-waste-anti-poverty-schemes-deciding-who?frsc=dg% 7Ca.（2016-12-01）
③ 2016年9月8日在内罗毕的访谈。
④ World Bank. "Africa still poised to become next great investment destination". 2015-06-30, http:// www.worldbank.org/en/news/opinion/2015/06/30/africa-stillpoised-to-become-the-next-great-investment-destination.（2016-12-01）

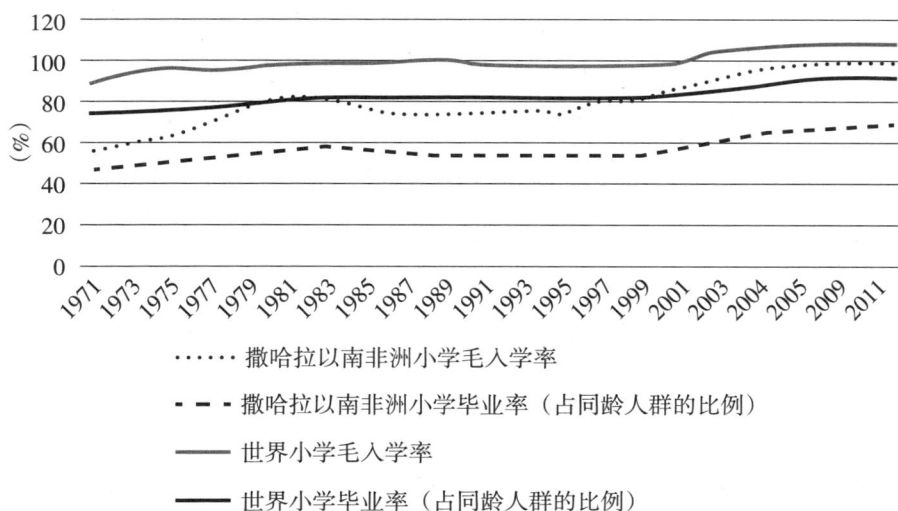

図8.1　小学入学率和毕业率（1971—2011年）

（资料来源：教科文组织统计研究所，http://databank.worldbank.org/data/reports.aspx?source=world-development-indicators&preview=on#。）

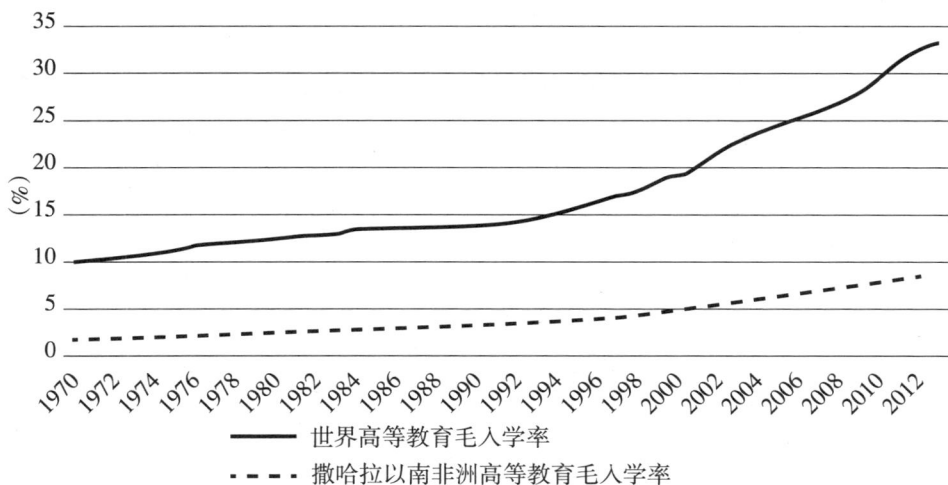

図8.2　高等教育入学率（1970—2012年）

（资料来源：教科文组织统计研究所，http://databank.worldbank.org/data/reports.aspx?source=world-development-indicators,preview=on#。）

通过在线提供廉价（或免费）课程的技术，大学获得了革命性的变化。最大的开放式在线课程数据库（MOOC——海量开放式在线课程）自2009年以来已跟踪超过40万的入学学生，参与者来自150多个国家。迄今为止已经记录了全世界500多所大学提供的4200门课程，覆盖3500多万名学生。[①]

以开普敦为基地的愈聪短期课程公司（GetSmarter）提供了以职业教育为中心的短期在线课程，以及在线住宅校园体验，将重点放在与金融科技和大数据等专业领域相关技能上。罗伯（Rob）和萨姆·帕多克（Sam Paddock）两兄弟于2007年在MOOC繁荣之前开设了短期课程公司愈聪，并已经招收了数千名与开普敦大学和威特沃特斯兰德（Witwatersrand）大学合作的学生，同时将合作领域扩展到伦敦大学、麻省理工学院和剑桥大学。在扩张过程中，愈聪的员工增加到350名，其中绝大多数是兼职员工，他们每天跨越19个时区工作，推广低成本但是世界顶级的南非大学课程。这些课程的设计模块使用了教程、视频、应用学习、书面个人和合作项目以及评分的组合。2016年，来自77个国家的1000名学生参加了麻省理工金融科技（MIT Fintech）课程，900名学生参加了麻省理工学院的大数据和社交分析课程。另有3000名学生参加了开普敦大学和威特沃特斯兰德大学的课程。[②]

比尔·盖茨（Bill Gates）同样指出，利用技术促进重要信息在小农与市场之间流动能够帮助农民从每年400亿美元的非洲粮食进口市场中分得一杯羹。盖茨说："有些情况不太正常，当非洲大陆一半的劳动力在生产食物时，非洲仍然从其他地方购买食物！"有一个"信息断层"，这是因为农业市场像银行一样，存在于一个正式的平面上，而小农是非正式的，所以农民和市场无法有效沟通。小农不知道市场需要什么。他们不能根据市场规格种植农作物，因为他们不知道规格。他们没有办法了解农场管理的做法，尽管管理可以使得他们的产量增加1倍甚至3倍。相反，小农主要种植当地的食物和可供交易的作物。[③]

---

① Kyle Rother. "Technology can revolutionise university access". *Daily Maverick*, 2016-06-21, http://www. dailymaverick. co. za / article / 2016-06-21-op-ed-technology-can-revolutionise-university-access/#. V5H1P03lqM8.（2016-12-01）

② "Getsmarter: Cape company disrupting world's higher education, one MIT, Cambridge at a time". https://soundcloud.com/biznews-com/getsmarter-capecompany-disrupting-worlds-higher-education-one-mit-cambridge-at-a-time.（2016-12-01）

③ "The secret decoder ring: How cell phones let farmers, governments, and markets talk to each other". *Foreign Affairs*, 2016, pp.89—90; "African Farmers in the Digital Age", *Foreign Affairs*, 2016, pp.89—90.

这就是为什么在内罗毕的创新中心运营的M农场（M-Farm）旨在让农民获得批发市场的信息并使用移动技术销售他们的产品。

技术的第三个优势是有可能创造大量新的就业机会。这主要是通过将非洲与全球市场、资本和知识更好地联系起来从而提高竞争力来实现的。也可以通过在内罗毕的创新中心展示的创新类型或在超过一半非洲国家的90多个类似的技术中心来实现。①

例如，眼前就有一个机会，利用非洲8000万移动"钱包"支付从医疗保险、其他保险、电力到教育等各部门的费用。非洲消费市场的大多数人——大约3.3亿成年人得不到金融和许多其他相关的服务。这一市场的潜力甚至超越了银行业、通信业、能源、教育和健康产业。当然在这些领域还需要积累关于非洲消费者的信息，而在收集信息方面，技术可以发挥作用。②

迈克尔·马卡里亚16年前通过帮助整合卢旺达的银行服务进入技术行业。今天，他在内罗毕的高端场所经营七海科技（Seven Seas Technologies）。他的200名员工专注于三大技术领域：医疗保健、社会服务和国家安全。

根据经验，马卡里亚认为在卫生和教育解决方案领域提供技术拥有巨大的前景。他表示要做到这一点需要5个要素：公私伙伴关系、创新的金融模式、技能、供应链和技术。从2015年5月开始，七海科技与通用电气公司合作，并承诺在7年内吸引政府资金，向98家肯尼亚医院引进放射医疗设备，在头14个月内向40万名病人提供放射设备。远程医疗将边远医院与全国各地的专家联系起来。马卡里亚计划通过用集装箱改造的诊所进入初级医疗保健领域，并再次与其他专家联系。

七海科技还启动了胡杜马（Huduma）中心，该项目旨在将肯尼亚的300个邮局转变为政府服务中心，以便支付税费，申请身份证和护照。马卡里亚说，在头3年里，有47个中心投入使用，"减少了拥挤和腐败"。其中最大的挑战是让政府接受解决方案。他指出，中产阶级对这种计划非常愤慨，因为他们可以

---

① CNN. "9 African tech hubs of the future". 2015-06-19, http://edition.cnn.com/2015/06/19/africa/gallery/african-tech-hubs/.（2016-12-01）

② 参见 http://www.cnbcafrica.com/news/financial/2016/06/13/factors-that-differentiate-fintech-in-africa/?utm_source=CNBC+Daily+Newsletter&utm_campaign=74209677bf-RSS_EMAIL_CAMPAIGN_Daily&utm_medium=email&utm_term=0_37ea1a8e5e-74209677bf-216248097.（2016-12-01）

通过贿赂来完成这些事。但社会最底部的人，他们的生活被移动银行改变了，因为他们以前无法在银行兑现支票。①

这种数字承诺在非洲移动电话连接的影响中是显而易见的。在20世纪90年代中期，撒哈拉以南非洲的电话连通率估计仅为每100名居民0.5条线路（而全球平均为每100人15条），360万条固定电话线路在等待名单中。②一半的非洲国家在1995年根本没有连接互联网。③

随着私有化进程和监管改革的进一步深入以及对外国资本的开放，这种情况已经发生了变化。据预测，到2019年，撒哈拉以南非洲的语音通话业务量将从2015年的6.53亿增加到9.3亿。同样在2013—2019年，移动数据的使用量预计将增长20倍，是全球预期扩张速度的2倍，届时3/4的移动订阅将包含互联网服务。这一增长与全球手机使用量的增长一致，从1990年的1110万用户增长到2015年的40亿左右，其中一半用户使用智能手机。④

而且这种通信技术的扩展还会带来其他的影响，这将有助于提高政府透明度，因为年轻人是最有可能成为技术的早期采用者。⑤事实上，移动技术帮助引发并传播了"阿拉伯之春"抗议活动。

这一现象对一些非洲国家政府来说并不陌生，因为这些非洲政府禁止使用促进善治和表达异议的在线媒体，并在选举期间关闭社交媒体，扰乱移动通信，以压制抗议活动。⑥

采用新技术也存在一定的挑战。发达国家的经验表明，新技术可能会给现

---

① 2016年9月13日在内罗毕河畔的访谈。
② Tiyambe Zeleza and Ibulaimu Kakoma. *Science and Technology in Africa*. Trenton: Africa World Press, 2003, https://books.google.co.uk/books?id=x6nVozGjc_IC&pg=PA99&lpg=PA99&dq=africa+telephone+connections + 1995&source=bl&ots=5Sp75Ekg-y&sig=T_NnYAsfhzuLvAhE8Ng1uTX5gOY&hl=en&sa=X&ved=0CD8Q6AEwBmoVChMIm4GA3MfLyAIViV0aCh2upAaC#v=onepage&q=africa% 20telephone% 20connections% 201995&f=false.（2016-12-01）
③ Manuel Castells. *End of the Millennium: The Information Age: Economy, Society, and Culture*. Oxford: Blackwell, 1997, p.95.
④ 国际电信联盟，世界信息和通信技术发展报告及数据库，http://databank.worldbank.org/data/reports.aspx?source=world-development-indicators.（2016-12-01）
⑤ 关于非洲互联网和手机使用的详情，参见http://www.theguardian.com/world/2014/jun/05/internet-use-mobile-phones-africa-predicted-increase-20-fold.（2016-12-01）.
⑥ Patrick Kihara and Juliet Njeri. "Africa cracks down on social media". BBC News, 2016-09-10, http://www.bbc.com/news/world-africa-37300272.（2016-12-01）

有的工作带来压力，而创造的新工作却很少（见图8.3）。

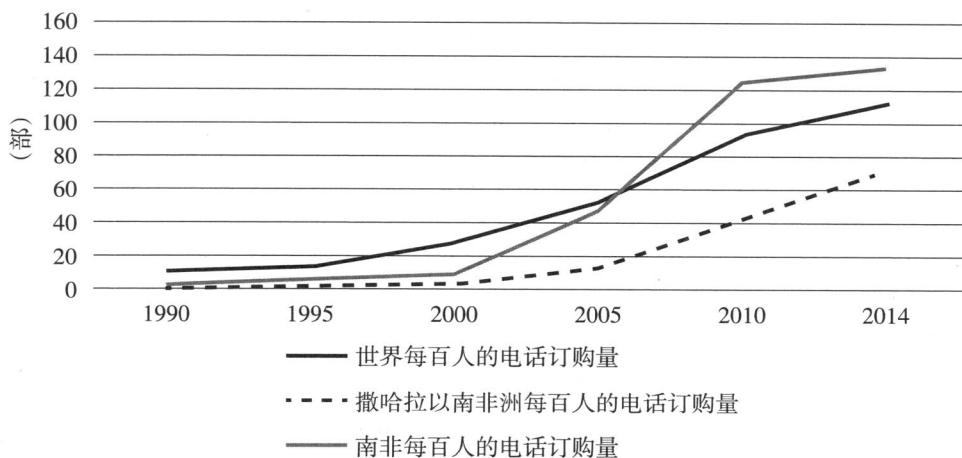

图8.3 每百人中的移动蜂窝用户数（1990—2014年）

（资料来源：国际电信联盟，世界电信/ICT发展报告和数据库，http://databank.worldbank.org/data/reports.aspx?source=world-development-indicators。）

干扰者还是帮助者？

毫无疑问，新技术给劳动力以及世界的运作方式带来了极大的破坏。我们以照片墙（Instagram）和柯达为例。

照片墙（Instagram）是由14名技术精湛的人员利用数字网络的力量创建的一个照片共享平台。成立18个月后创始人将公司出售，获利7.5亿美元。这距离柯达破产仅仅几个月时间，而柯达公司在巅峰时期员工达到过14.5万人，并持有数十亿美元的资产。①

百事达（Blockbuster）视频商店是另一个颠覆性技术的受害者。

在鼎盛时期，百事达在美国购物商城中无处不在，仅在美国的9000家门店就雇用了6万名员工。然而由于受到融媒体视频服务（如Netflix）的竞争，该

---

① Erik Brynjolfsson, Andrew McAfee and Michael Spence. "New world order: Labor, capital, and ideas in the power law economy". in the special Davos anthology "The Fourth Industrial Revolution" of *Foreign Affairs*, 2016.

公司在2010年申请破产。①

  类似这些传统商业模式被新技术打败的例子还有很多。网上交易已经对传统零售店产生了重大影响，甚至在快餐业，通过手机触屏订购和自动化食品的配售也改变了以往的经营方式。配售亭不再只提供巧克力和零食，还出售高价值的电子产品，并可以出租电影碟片。消费者越来越熟悉零售商店中的机器人技术，他们不满足在无人值守的收银台和信息亭等待，而是通过手机作为支付和获取信息的方式。

  自动化与外包一起，不可避免地给劳动力的收入带来下行压力。与此同时，发达国家的收入差距达到了自大萧条以来罕见的高峰。例如，在过去的25年里，绝大多数美国人的实际收入和财富都停滞不前。②2015年，美国经通胀调整后的家庭收入中位数为56516美元，而在1999年为57909美元，这与制造业的下滑是同时进行的。③以俄亥俄州为例，1960年，该州一半以上的就业岗位在制造业，而现在这一数字仅为1/10。④

  就代际不平等而言，美国并不是唯一的例子。在过去的几十年里，几乎每个发达国家的养老金领取者的可支配收入增长都高于年轻人。在7个主要经济体（英国、加拿大、德国、法国、美国、西班牙和意大利）中，年轻夫妇和20多岁家庭的平均收入在过去30年里明显落后于全国平均水平。⑤在很多情况下，这是因为物价通胀已超过工资通胀，因此拥有商品的成本要高得多，部分原因是千禧一代的实际收入低于其父母的同龄人。

① Alex Barinka. "Blockbuster video rental chain will shut all US stores". *Bloomberg*, 2013-11-06, http://www.bloomberg.com/news/articles/2013-11-06/blockbuster-video-rental-chain-will-shut-remaining-u-s-stores.（2016-12-01）

② Martin Ford. *The Rise of the Robots: Technology and the Threat of Mass Unemployment*. London: Oneworld, 2015.

③ Niall Ferguson, Hillary Snafu and Donald Fubar. "It's all about which mess America wants". *The Sunday Times*, 2016-09-18, http://www.thetimes.co.uk/edition/comment/hillary-snafu-and-donald-fubar-its-all-about-which-mess-americawants-kkhvmbkdg.（2016-12-01）

④ Rhys Blakely. "Hard-hitting Trump winning on points in key swing states". *The Times*, 2016-09-24, http://www.thetimes.co.uk/edition/world/hard-hittingtrump-winning-on-points-in-key-swing-states-th8fdvznv.（2016-12-01）

⑤ Caelainn Barr and Shiv Malik. "Revealed: The 30-year economic betrayal dragging down Generation Y's income". *The Guardian*, 2016-03-07, https://www.theguardian.com/world/2016/mar/07/revealed-30-year-economic-betrayal-dragging-down-generation-y-income.（2016-12-01）

同一时期，精英阶层的财富却急剧增加。1992—2013年，财富500强企业CEO的薪酬中位数增长了2倍，达到1000万美元以上。[1]因此法国经济学家托马斯·皮凯蒂（Thomas Piketty）提出的关于资本主义固有不平等的观点颇受欢迎。皮凯蒂认为，经济和政治权力集中在寡头政治手中。这导致一些人得出这样的结论："今天，这场冲突不再是工人阶级和中产阶级之间的冲突，而是一小部分精英和绝大多数公民之间的冲突。"[2]这导致人们要求增加对财富的再分配，以维持社会稳定。

然而对非洲大部分地区来说，这些极端不平等长期以来一直是现实，即一小部分中产阶级、一个巨大的下层阶级和一个与政治联系不大的精英阶层，就像本章开头提供的肯尼亚的例子那样。更普遍的是，非洲对不平等的关注程度较低，而只是出售更多的初级资源。

即便如此，鉴于非洲的需求，技术在一个极端的恶性循环中仍会夺走一些就业机会。例如在采矿业，机器人越来越多地成为首选。

未来在金伯利地下钻石矿开采中将运用无人驾驶的陀螺引导式自卸卡车，与传统的地下矿山相比，新技术可以减少约30%的劳动力。一位矿业资深人士表示，虽然劳动力成本可能保持不变，但高素质工人的薪资将得到提升，维护费用将大幅下降。机器人不会突然刹车或加速，或者撞到侧面，也没有午餐休息和罢工。这些车辆在定期维修周期之间平稳行驶，在矿井中的上下移动也越来越多地由机械化技术驱动。[3]

在矿物勘探领域未来也将更多地使用机械化设备和技术。在南非的铂矿和金矿中，矿体的深度、厚度和等级的性质决定了可以使用的技术和劳动的组合，既可以使用劳动密集型的传统手持式气动钻孔方法，也可以使用通过远程控制的低矮设备来切割和移动矿石的机械化技术。[4]

采矿业并不是南非唯一被新技术影响的产业。尽管技术无疑会导致工作岗位减少，但这并不意味着它总是会导致失业。

---

[1] Ronald Inglehart. "Inequality and modernization: Why equality is likely to make a comeback", in "Inequality: what causes it, why it matters, what can be done", *Foreign Affairs*, 2016, 95(1).
[2] 同上。
[3] 格雷格·米尔斯于2015年在南非威尼西亚矿山（Venetia Mine）的访谈。
[4] 格雷格·米尔斯于2014年11月21日在约翰内斯堡安革金公司（Angloplats）的访谈。

一天不止一个苹果

南非的苹果产量占全球的 1.2%，主要是由 700 名商业性农场主在 23625 公顷土地上生产的。①全球苹果年产量为 6400 万吨，出口市场总量为 750 万吨。中国的苹果产量占据世界一半，但是其苹果的出口量很少，②因此南非在全球苹果出口市场中占有极其重要的地位。南非每年苹果出口略低于 37.5 万吨，占世界出口总量的 5% 以上，产值近 4 亿美元。落叶水果产业对南非就业的影响更大，直接影响 10.8 万名工人和 43 万名家属。仅在苹果产业，2015 年就分别影响了 2.7 万名工人和 10.7 万名家属。

克罗姆柯公司（Kromco）总部位于开普敦附近的格拉鲍（Grabouw），每年销售 5.3 万吨苹果，其中 2/3 用于出口，价格是国内市场的 2 倍。③

新技术的运用对克罗姆柯的业务产生了影响，一些旧的岗位被取代了，但同时创造了新的工作。以前大部分分拣工作是在采摘水果时完成的，既缓慢又浪费时间。现在采用新的加工技术，单位时间内新鲜水果的包装量增加了 15%。在此之前，被浪费的水果只能用于生产果汁，其价格仅为新鲜水果的 1/3。

现在所有的苹果直接从树上装箱，没有分拣过程，每个箱子里都装着大约 3000 个苹果。之后箱子直接进入高科技加工和分拣车间或冷库。在分拣车间里，每小时可处理 24 吨苹果。一台自动化设备将箱子浸入水中，苹果飘到处理车间，6 名工人检查水果是否有明显的切口或瘀伤，不合格的苹果将用于制造果汁。

随后苹果被转移到传送带，在那里按照重量和质量自动分类，每个苹果在这个过程中被拍照超过 30 次。然后根据 57 个类别对它们进行分级，并再次装入箱子中，这些箱子此时已被自动清洗。每个苹果都拥有一个条形码，表示其

---

① 关于南非落叶果树产业的详细统计数据，参见 https://www.hortgro.co.za/wp-content/uploads/2016/06/Key-Deciduous-Fruit-Statistics-2015-2.pdf.（2016-12-01）
② 参见世界苹果和梨协会，世界数据报告，http://www.wapa-association.org/asp/page_1.asp?doc_id=446.（2016-12-01）
③ 2016 年 8 月格雷格·米尔斯对克罗姆柯公司（Kromco）的考察。

大小、来源和质量。之后苹果被带回冷藏室或包装设施旁边，在那里（大部分）妇女忙着把水果装入华丽的彩色包装盒。每个包装箱都可以通过电子方式追踪到农场、果园、生产线，甚至包装商。

尽管克罗姆柯的分拣工人已经从70人减少到不足25人，但包装线上的雇员人数却在增加。苹果经过包装出现在超市和消费者手中，这套系统减少了出口市场中的中间商数量。克罗姆柯雇用了300名永久性员工和700名季节性员工。

随着生产能力和质量控制的提高以及对技术的运用，预计到2022年克罗姆柯将实现30%的增长。这种预计也是出于对出口市场的详细了解。2015年，30%以上的南非苹果出口到非洲以外的地区，其中英国占25%，东亚占24%。克罗姆柯常务董事威廉·库切（Willem Coetzee）说："我们必须了解非洲市场的特殊偏好。尼日利亚可能更喜欢苹果的特殊品质，但在安哥拉的情况又有所不同。这些市场更敏感，因为销售商经常单独出售水果。"

这些并不是创新技术在南非苹果种植业中的唯一应用。保罗·克鲁弗是向克罗姆柯供货的13名农民之一，他已经习惯于在夜间采摘水果。由于温度较低，而且夜间照明下，工人们的注意力更加集中，这使得产量增加了1倍。他的40台拖拉机现在配备了全球定位系统，虽然这降低了速度，但也降低了维护和柴油成本。

这些技术远远称不上是革命性的。克罗姆柯的法国机器人分拣线仅需400万美元便可买到，拖拉机的全球定位系统也很常见。关键在于应用、系统和技术的集成。

摩洛哥提供了另一个如何管理技术的例子：利用技术创造新的就业机会，迄今为止已经取得了良好的效果。

摩洛哥利用技术促进发展

在丹吉尔—卡萨布兰卡（Tangier–Casablanca）高速公路旁的拉巴特（Rabat）以外约10公里处就是科技城市（Technopolis）——一家为创业公司提

供孵化器的园区。①在毗邻拉巴特国际大学（International University Of Rabat）的玻璃和混凝土建筑内，聚集着50家受到租金低廉、连通性好、有资金支持的吸引而来的新兴企业。90公里以外的卡萨布兰卡科技园于2001年开放，内有260家IT创业公司。2015年丹吉尔开设了第三个类似的科技园。

对摩洛哥来说，创造就业机会主要不是利用新技术，而是在于政策、流程和人员。

距离卡萨布兰卡30公里的阿罗波航空免税区有100家公司，其中包括分包商马提斯（Matis）、埃赛公司（Aircelle）、斯奈克玛（Snecma）、萨基姆（Sagem）和特乔思（Teuchos）等公司，以及波音（Boeing）、庞巴迪（Bombardier）和空客（Airbus）等大牌公司。这些公司总共雇用了1.15万人，营业额超过10亿美元，占摩洛哥出口总额的5%。

摩洛哥的目标是在未来20年内在全球制造的3.5万架飞机中获得更大的制造份额。其航空工业的目标是通过将本地生产的组件的比例提高到35%，到2020年将其就业和产出翻一番。

摩洛哥的汽车业也在蓬勃发展。2005年，雷诺（Renault）从菲亚特（Fiat）手中收购了卡萨布兰卡的一家工厂，到2015年，原菲亚特工厂共生产了6.2万辆汽车。2011年，雷诺又在丹吉尔附近投资10亿美元新建一家工厂，2015年该工厂共生产了22.9万辆汽车。它的市场大部分是从西班牙到法国和德国的短途汽车。

该工厂的目标是到2020年生产33万辆汽车，使雷诺在摩洛哥的产量达到40万辆左右。2016年，雷诺签署了第二笔10亿美元的投资，将摩洛哥本土制造份额提高到65%。标致雪铁龙（PSA Peugeot Citro N）计划于2019年在凯尼特拉（Kenitra）投资6.2亿美元建设工厂，目标是3年内生产20万辆汽车。另外还有第三家制造商计划在摩洛哥投资，这将进一步提高摩洛哥的生产能力，增加摩洛哥的汽车分包商。

---

① 本节基于格雷格·米尔斯与迪奇·戴维斯的文章。Greg Mills and Dickie Davis. "Countries as companies; Morocco's use of technology for development". *Daily Maverick*, 2016-08-11, http://www.dailymaverick. co. za / article / 2016–08–11-countries–as–companies–moroccos–use–of–technology–for–development/. （2016-12-01）

2015年摩洛哥的汽车出口总额达到53亿美元，仅次于500万海外摩洛哥人的侨汇（约70亿美元），超过了该国旅游、农业和磷酸盐等其他大型"出口"部门。汽车业现在提供了10万个工作岗位，到2020年还将增加9万个工作岗位。摩洛哥的目标是零部件和汽车出口产值达到100亿美元。摩洛哥的汽车行业是一个巨大的成功案例。

这一胜利不是侥幸，也不是地理运气使然。摩洛哥工业增长建立在若干因素之上：该国靠近欧洲市场，拥有相对廉价的劳动力（考虑到生产力因素，摩洛哥汽车工人的收入约为欧洲同行的一半），与美国、欧盟、土耳其和几个北非国家签订了价值15亿美元的贸易协定，高效的物流系统以及税收和其他激励措施。

但其成功的根源是政策的变化和政府的行动。在担任摩洛哥工业、商业和新技术部长之前，艾哈迈德·沙米（Ahmed Chami）曾在微软工作了11年。他解释说，摩洛哥最大的挑战是每年必须创造20万个就业岗位来吸收毕业生。①

沙米表示在2007年进入政府时，他有2件事情要做。首先是确保宏观经济稳定。这包括减少政府债务、通货膨胀、财政赤字和国际收支赤字。其次要增加外汇储备。要做到这些，政府就必须考虑发展的驱动因素。在20世纪90年代，摩洛哥有一个半的增长引擎：一个是旅游业，半个是农业综合企业。

沙米强调，这种情况必须改变。为了实现经济多样化，并为3300万公民提供粮食，政府必须把重点放在改善基础设施上。基建行业作为一个独立的行业，既能促进经济增长，又能起到推动作用。因此与10年前相比，摩洛哥的公路、港口和铁路系统得到了很大的改善。与此同时，摩洛哥政府刚刚启动了在瓦扎扎特（Ouarzazate）的耗资90亿美元的世界上最大的太阳能发电厂第一期工程。

政府还开始实施其他计划来增加旅游人数。2015年，摩洛哥吸引了1000万名游客，是20年前的4倍，同时政府启动了一项"绿色摩洛哥"战略，以促进农业发展。

尽管如此，摩洛哥的发展还远远不够。没有工业国家就无法发展，摩洛哥

---

① 这些信息是于2016年7月在摩洛哥调研时获得的。

在顾问的帮助下仔细审查了80个制造业部门，并提出了6个重点领域：航空、汽车、离岸外包、纺织和服装、电子、农业。沙米说："我们必须把摩洛哥看作一家公司，找出我们做得好的事情，以及我们可以盈利的地方。"

沙米笑着说，考虑到他的背景，虽然在他上任时已经有了一个新兴的产业战略，但他的角色是把这个战略变成实践。"从幻灯片（PowerPoint）到文字处理器（Word），或者变成微软项目（Microsoft Project）。"2009年2月，摩洛哥签署了111项行动路线图，称为Le Pacte National Pour L'emergence Industrielle（工业发展战略），涉及9个部门。

"该计划之所以有可能，不仅因为我们的政府有一位领导者，还因为其涉及私人部门，另外我的部长内阁中拥有一支'超级英雄'团队。"沙米表示。

该项目的预算直接与实现每年22万个就业机会的目标挂钩。然而，这并不保证能成功。"总的来说，政府很糟糕，"沙米沉思道，"人们习惯于在严格的等级制度和约束中工作。为了把事情做好，我们有时不得不亲自动手，打破常规。"

政府对技术的应用采取了类似的方法，并设想了四种角色。首先是社会转型，例如对学生的笔记本电脑提供80%的补贴。到目前为止，这些援助已惠及14万人。该项目由一个电信基金提供资金，以确保普及到农村地区。

技术的第二个角色是电子政务，例如纳税、预约和登记许可证。第三项是利用资讯科技提高营业额不足1000万元的中小型公司的竞争力。

最后，为了创造条件让"摩洛哥微软或谷歌"有一天能够出现，政府设立了摩洛哥数字基金（Maroc Numerique），为技术园区的初创企业提供资金，并在卡萨布兰卡、非斯（Fes）、拉巴特、乌杰达（Oujda）和蒂图安（Tétouan）的5家离岸外包基地推广IT、业务处理和知识处理外包技术。

为了使这一想法成为现实，政府制定了一系列激励措施。在丹吉尔、肯尼特拉（Kenitra）、乌杰达和卡萨布兰卡的航空园内的免税区租金较为低廉，且头5年税率为零，在未来20年仅为8.75%。在技术公园和离岸园区中，租金也很便宜，电信成本更低，网络带宽更大，速度更快，个人所得税（20%）不到外部税率（44%）的一半，培训费用也可以报销。政府的哈桑二世基金（Hassan II Fund）也可以支持高达20%的汽车行业资本投资。

这一切都需要一个冠军——"国王自己"。沙米表示。摩洛哥国王穆罕默德六世（Mohammed VI）自1999年加冕以来，一直是推动摩洛哥经济和政治变革的核心力量。2011年的"阿拉伯之春"极大地推动了该国实施自由化和私有化的进程，摩洛哥起草了一部新宪法，将权力下放到1503个市、78个省和12个地区。摩洛哥面临一场危机，然而到目前为止它充分利用了这一危机。

当然，情况远非十全十美。就在沙米离开教育部前不久，每年为毕业生创造的就业机会已从2011年的13万人左右，缩减到约6万人。

为了确保摩洛哥能够继续应对其巨大的社会压力，还需要进行更多的调整。"所有这些都必须与合适的人一起工作，"沙米解释说，"否则这只是理论。"20世纪80年代，摩洛哥的教育体系遭到了政治干涉，当时政府试图通过引入阿拉伯语教育，远离法语的影响。这与对社会包容的广泛关注有关。来自农村的人一般来自大家庭，在教育方面十分落后，很可能会在城市地区被边缘化，并陷入粗重的工作岗位，甚至会犯罪。

尽管许多国家面临同样的社会和经济变化压力，并且制定了实现经济多样化和现代化的愿景，甚至计划，但很少有国家能做到。

到目前为止，摩洛哥的科技故事是利用现有技术创造工作机会，改善政府治理和服务提供。对于这个新的未来，未来主义的"回到未来"的磁通电容器或连续介质交换器是必不可少的。相反，我们需要的是拥有政治意愿，良好的政策和能干的、充满精力的领导人。

结论：回到基础？

扎克伯格提出了免费基础设施计划，这是一项为赞比亚、坦桑尼亚和肯尼亚等基础设施不足的国家的手机用户提供免费互联网服务的倡议。但是这一项目遭遇了阻力，被嘲笑为只可以自由进入部分互联网。扎克伯格的计划使其能够利用非洲的大数据对消费者进行分析，从而量身定制策略并改变非洲人民的生活。这也符合国际上由电信网向互联网转移的潮流，包括WhatsApp和Messenger等具有识别和认证能力的产品。

预计千禧一代的世界将越来越多地从一个Wi-Fi热点跳到另一个。这对电信公司来说是个坏消息，但能促进更快、更便宜的交易。德勤预测，到2016年底，全球将有3亿用户通过Wi-Fi或语音终端——长期演进——4G技术（LTE）进行语音通话，是年初的2倍，比2015年初高出5倍。①这个数字还将继续增长，仅仅是因为它很便宜。

事实上，肯尼亚的移动银行在这方面既失败了，也成功了。一位驻肯尼亚的银行高管说，移动银行之所以成功，是因为肯尼亚的支付系统已经崩溃。然而8年后，移动银行尚未被全球采纳的原因在于，其他人已经有了更好、更低成本的系统。

创新中心的经验表明，孵化器可以提供实施的想法，但是将它们转化为企业要困难得多。总体而言，与技术有关的政策必须着眼于鼓励中小企业，这些企业占低收入国家就业岗位的绝大多数。②要想使这些企业发展，就必须像摩洛哥那样，为初创企业提供资金，包括建立合适的生态系统。③

不过，在应用新技术时也需要谨慎。使用无人机向马拉维运送血液样本进行检测或在卢旺达分发药品并不会解决这些国家的艾滋病毒感染、医院每况愈下或失业问题。而且正如其他人指出的那样，④用摩托车运送样本要便宜得多，而且可能更加可靠。当然，对于硅谷的高科技公司或精通媒体的捐赠者来说，这些可能并没有那么有吸引力。

技术也无法超越对健全的政策、精心设计的法规、法治、清洁厕所和饮用水的需求。这些条件的存在，不仅意味着启动一项新程序或开启一段新征程，更可以使因资金不足而停留在纸面上的基础设施规划落到实处。

如果非洲要从信息自由流动中受益，其政府就必须改善信息的连通性，让

---

① Deloitte. "Predictions: voLTE/voWiFi – capacity, reach, and capability". http://www2.deloitte.com/rs/en/pages/technology-media-and-telecommunications/articles/tmt-pred16-telecomm-volte-vowifi-capacity-reach-capability.html.（2016-12-01）

② World Economic Forum. "Lessons in entrepreneurship from two of Africa's most successful business leaders". 2016-05-05, https://www.weforum.org/agen-da/2016/05/lessons-in-entrepreneurship-from-two-of-africa-s-most-successful-business-leaders.（2016-12-01）

③ World Economic Forum. "Africa's digital revolution: A look at the technologies, trends and people driving it". 2016-05-04, https://www.weforum.org/agenda/2016/05/africa-s-digital-revolution-a-look-at-the-technologies-trends-and-people-driving-it.（2016-12-01）

④ The Economist. "The notion of leapfrogging poor infrastructure in Africa needs to come back down to earth". 2016-08-06, http://www. economist. com / news / business / 21703399-notion-leapfrogging-poor-infrastructure-africa-needs-come-backdown-earth-look.（2016-12-01）

本国公民了解世界经济信息。这需要政府在5个方面采取行动。

首先，政府必须承认信贷的力量。要想广泛发放信贷并不附加烦琐的条件，就必须提供交易信息，这不仅使交易更便宜而且有助于发放信贷。正如萨法利的鲍勃·科利莫尔承认的那样，"技术也会加深不平等"。使用智能手机的用户将远离那些没有智能手机的人——连接世界和被困在图尔卡纳的牧民的第一步。①

其次，政府必须接受全球生产链在制造业中的作用。就像苹果手机的零件供应商多达几十家，为了生产一个小产品就必须在全球采购组件，这种方式是全球化生产必不可少的方式。

第三，对外开放意味着鼓励技术向内转移。对于技术和企业家来说，快速办理签证是必需的。到2016年，澳大利亚、新西兰、新加坡、英国、爱尔兰、法国、西班牙、意大利、荷兰、丹麦、加拿大和智利等十几个国家已经开通了快速签证项目。作为发展中经济体，智利的一个初创企业在2010年启动了创业签证项目，根据企业的创业阶段提供1.5万美元到9万美元不等的种子资本。该项目自成立以来，已吸引了2000多名企业家，由此产生的企业已筹集了超过1亿美元的私人资本。这一举措使智利成为拉丁美洲的创新中心。②

在怀疑外国人抢占当地人工作的环境中，这需要领导人拥有深厚的政治资本，同时意味着允许外国公司和个人公开和轻易地回收他们的股息和资本。此外，纳米比亚总统哈吉·格林布（Hage Geingob）在第十一章中指出，这需要政治领导人改变当地人的心态，从求职者转变为创造工作的人。

第四，要重视对教育和研发的投资，这是创新的动力。撒哈拉以南非洲的研发支出仅占该地区生产总值的2.1%，不到全球平均水平的1/4。即使是在非洲大陆最发达的国家南非，2012年度的研发支出也只占南非GDP的0.73%。③企业税收减免制度以及政府对科技孵化器和大学的支持也会有所帮助。

最后，各国政府必须认识到国家间监管差异的成本及其对企业的负担。印

① 2016年9月8日在内罗毕的访谈。

② Hanna Ziady. "Start-up visas: Countries draw top talent". *Financial Mail*, 2016-09-01, http://www.financialmail.co.za/features/2016/09/01/start-up-visas-countries-draw-top-talent.（2016-12-01）

③ 世界银行，研发支出（占国内生产总值的百分比），http://data.worldbank.org/indicator/GB.XPD.RSDV.GD.ZS.（2016-12-01）

度拥有12亿人口的市场，但每个行业只有一个监管机构。非洲也有12亿人口，但有54个监管机构。为了降低电信价格，政府需要确保其竞争力。

技术将为非洲提供答案，并减少发展的壁垒。然而就像援助一样，技术无法提供即时和单一的解决方案。这会带来新的挑战，其有效性取决于非洲政府的改革程度，包括允许私营部门运营的空间。例如，数字解决方案可以将津巴布韦的农民与市场联系起来，通过更好地安排种植时间和提供保险，提高其农产品产量，帮助他们解决困境。但是，技术永远不可能减轻津巴布韦总统罗伯特·穆加贝（Robert Mugabe）的土地政策给农业部门带来的灾难。

非洲在技术方面的巨大优势在于能够将其整合到一个解决"流程问题"的一揽子方案中，就像移动银行在金融交易中所做的那样，或者像七海科技在医疗保健和其胡杜马中心所做的那样。这种综合解决方案的优势在于能够收集有关人口的信息并进行分析，特别是在为收入处于金字塔底部的人提供信用评级方面。

如果非洲不采取大胆步骤——不仅仅是推动信息化连接，还必须促进货物、技能、服务和技术的流动——非洲各国就有可能在日益一体化的世界经济中再次落后。

第三部分

实现非洲发展的路径

第九章　调动资源，消除投资风险

成功的五个步骤

·外国援助有利于国家的发展，但投资主要来自私营部门，因此，实施商业友好型政策至关重要。

·投资者的战略成功实现，保持正常的法律与监管环境的稳定性与确定性是关键。

·援助无法解决政府执政不力的问题，提高国家的绩效和服务水平必须依靠国家自身。

·中国的参与应予欢迎，非洲人民而非精英群体的价值应得到保障。

·援助应服务于国家计划，并应为降低营商成本做出贡献。

挑战与机遇

鉴于非洲目前所获外国直接投资的水平较低，因此非洲有相当大的发展空间。但是，私人资本在进入很多非洲国家和市场时仍然障碍重重。目前，多数非洲国家不具有吸引可以创造就业岗位的各种类型与规模投资的监管与政策环境。援助不但无法解决非洲发展所需要的资金问题，相反还会因为弱化非洲领导人与选民之间的联系，而为非洲政府提供错误的导向。尽管中国为非洲国家的资金支持提供了一种新范式，但外部的帮助本身并无法解决非洲的发展问题。

关键数据

2014年，全球外国直接投资（FDI）流入量为1.23万亿美元，其中4990亿美元流入发达国家，4650亿美元流入亚洲（中国除外），1290亿美元流入中国。

非洲吸引了540亿美元的FDI，其中425亿美元流入撒哈拉以南非洲。在撒哈拉以南非洲中，西非获得了128亿美元，东非获得了68亿美元，中部非洲获得了121亿美元，南部非洲获得了108亿美元。南非是非洲最大的单一吸引FDI的国家，接受投资量为57亿美元。非洲接受的FDI中，48%流向服务业，31%流向初级产品领域，21%流向制造业。[①]全球援助量从2000年的600亿美元提高到了2014年的1600亿美元。[②]自2000年开始，西方对非洲的援助以每年超过500亿美元的速度增加，是此前的2倍。中国的援助不包括在此数字中，同期内，中国对非洲的援助总计近1000亿美元。旅居他乡的非洲人每年汇回祖国的资金估计为400亿美元，但实际水平或高达这一数字的4倍。

　　巨大的涡轮机壳上刻着制造商名字的金属牌显示了这座水电站曾经的辉煌——伦敦京士威大道皇后大厦，英国电力有限公司。[③]这家曾经辉煌一时的英国铁路机车、导弹、计算机、堪培拉"闪电"飞机以及为其他标志性工程做出重大贡献的制造商，如今已不复存在。它于1968年并入美国通用电气公司。

　　不过，这家古老的英国电气公司今天仍留给了非洲一些遗产。位于赞比亚355米深谷底，距卡布韦东南60公里的穆隆古希（Mulungushi）发电厂，就是由布罗肯希尔开发公司（Broken Hill Development Company）[④]建设，威尔士亲王（即后来的爱德华八世）于1925年宣布落成的。建设该发电厂的目的在于为布罗肯希尔矿供电。后来，其姊妹发电厂也在60公里外的米塔山（Mita Hills）建成。

　　时至今日，由于卡布韦至穆隆古希之间的公路穿过数个偏僻的村庄，所以卡车穿行其间需要艰难地行驶2个小时。当年建设穆隆古希发电厂所需的坚忍不拔、远见卓识与奉献精神已令人惊叹，加之山路陡峭、寸步难行、疾病肆虐等，这一工程堪称壮举。

---

① UNCTAD. *World Investment Report 2015: Reforming International Investment Governance*. New York: UN, 2015, http://unctad.org/en/PublicationsLibrary/wir2015_en.pdf.（2016-12-01）
② World Bank. "Net official development assistance and official aid received". http://data.worldbank.org/indicator/DT.ODA.ALLD.CD.（2016-12-01）
③ 本节参考了发表在《异议者日报》上的文章，参见 Greg Mills and Dickie Davis. "Decline and regeneration: Zambia's ghosts of development past". *Daily Maverick*, 2016-04-11.
④ 布罗肯希尔开发公司或为英国电气公司的子公司。（译者注）

工程师们不仅需要建设水电站，还要制作闸门，建造绞车房，开凿5公里长的运河与分水坝，以及修筑为涡轮机蓄水的穆隆古希大坝。之后，他们还需要沿山谷竖直铺设长达1公里的包裹着大量混凝土的大型钢铁管道，以确保发电机运转所需的水流速度。

穆隆古希峡谷的旅程令人兴奋。缆车沿着45度角的狭窄轨道驶向谷底，一根缆绳与谷顶的绞车相连，但工程较为粗糙（绞车上刻有"Allen West & Co，Brighton，England"字样）。15分钟后缆车可到达谷底，从谷顶伸下来的银色巨型管在谷底形成了直角弯，通过诸多复杂的进气阀与压式喷嘴为涡轮机提供动力。在这座由波形铁修筑的建筑内，并排摆放着4台涡轮机，其中2台是英国产的涡轮机，另2台是全称为"重庆华源水电技术工程有限公司（Chongqing Huayuan Hydroelectric Technical Engineering Co. Ltd）"生产的中国新型涡轮机。

1925年，穆隆古希发电厂只有1台功率为2.5兆瓦的涡轮机。2年后新增了2台6.2兆瓦的机器。1941年，发电厂购置了功率为8兆瓦的第四台涡轮机，当时，布罗肯希尔矿山可全面开采锌、铅、银等金属。

随着赞比亚于1972年对矿业实行国有化政策，该产业经历了长期、缓慢的衰落过程。布罗肯希尔（后改名为"卡布矿山"）于1990年关闭。12年后，2个为矿山供电的水电站私有化，被卖给了伦塞姆富瓦水电公司（Lunsemfwa Hydro Power Company），由此，赞比亚的矿业进入了恢复发展期。

2009年，第一台2.5兆瓦的涡轮机被10.5兆瓦的新机器取代，第二台、第三台机器也得到了修理；2013年，第四台机器被升级为7.8兆瓦的新机器，输出功率得到提高，理论功率至少为32兆瓦。到2016年，穆隆古希与米塔山的总装机容量为56兆瓦，尽管体量较小，但由于赞比亚能源需求迫切，能源不足，这一数值已经很大了。

赞比亚曾经以发电量大、电价低而闻名，这对矿业的发展颇为有利。赞比亚矿业所消耗的电力占全国发电总量的50%左右，仅这一行业对国家出口创汇所做的贡献即高达70%。赞比亚的水资源储备在南部非洲的比重约达1/3，因此水力发电至今在该国仍然有很大的优势。

据估计，2008年，赞比亚的电力需求为1600兆瓦，8年后的需求量则会增至2200兆瓦。从理论上而言，这一增量需要9座发电站才能满足。然而，对水资源的管理不善，新电站的建设久拖未决，致使限电情况时有发生。

例如，装机容量达750兆瓦的下卡富埃峡（Kafue Gorge Lower）大坝水电工程自20世纪90年代中期至今一直被搁置案头，尽管该工程经过了数次资助性论证。1997年①的一次全面研究证实，利用赞比亚的河流与湖泊网络可发电6000兆瓦，可创造"重要的出口机会"。当时全国的发电量为1000兆瓦，其中65%用于铜业发展。报告预测，15年内赞比亚铜业发展所需的电量将增加100%。报告同时指出，到2010年，南非的发电量将减少5000兆瓦，这对赞比亚的电力出口是个机会。

经过15年的搁置，下卡富埃峡工程终于于2015年开工，但是该电站至少在5年后才能投入使用。此外，事实证明，当初对赞比亚用电需求的预测惊人的准确，因此该工程只是补充而不是超过需求。

谁也无法想象另一个穆隆古希可以在当下短时间内建设起来，以满足赞比亚人民对电力与就业的迫切需求。尽管人们知道赞比亚的电力供应不足，尽管捐助者多年来一直支持赞比亚的电力发展，但该国的电业仍未能满足人民的需要。私营部门多年一直期待能获准承担一些电力工程。此类耽搁似乎是因为政府惰性及人为操纵仍有空间。

赞比亚拥有国家发展计划、各种工业化与创造就业的战略，以及《2030愿景》，并不缺乏良好的分析与理念。但是，行动才是实现发展所必需的。正如20世纪20年代建设穆隆古希发电厂一样，资金也必须到位，而这些资金很可能来自私营部门，因此此类投资必须在盈利的基础上加快发展。

为了使良好的理念付诸实践，一些穆隆古希的"开拓"精神与商业热情在今天也毫不过时，它们曾使90多年前的人们在人迹罕至的山谷里创造了惊人的工程伟绩。

---

① Burns & McDonnell. the *KGL Independent Power Project Report*. Kansas: The Dahlgren Group, 1997. 关于赞比亚权利限制的细节，参见http://www.dailymaverick.co.za/article/2016-02-29-the-deficits-behind-zambias-power-problems/#. VvLboU3lqM8；http://www. dailymaverick. co. za / article / 2015-09-02-zambias-power-woes-all-roads-lead-to-kariba-dam/#.VvLbzk3lqM8.（2016-12-01）

非洲资源问题

时至今日，援助捐赠仍被视为非洲发展的主要途径。这一观点是以托尼·布莱尔与戈登·布朗为主的与会者在2005年召开的格伦伊格尔斯（Gleneagles）八国集团峰会时提出的。在广泛听取与会者意见后，大会提出加倍向非洲大陆提供官方发展援助的号召。全球援助净流量从1980年的350亿美元、2000年的600亿美元达到了2014年的1610亿美元。[①]截至2016年，非洲每年获得的援助达到400亿美元，相当于2000年受援金额的2倍之多。[②]

| 流入非洲的外国直接投资（按现值美元计） | 发展援助委员会的援助国向非洲提供的双边援助净值（按现值美元计） |

图9.1 非洲获得的外国直接投资与援助（1990—2014年）

（资料来源：经济合作与发展组织发展援助委员会，"流向发展中国家资金的地理分布"，《发展合作报告》，国际发展统计数据库，www.oecd.org/dac/stats/idsonline；http://unctadstat.unctad.org/wds/TableViewer/tableView.aspx?ReportId=96740。）

---

① World Bank. "Net official development assistance and official aid received". http://data.worldbank.org/indicator/DT.ODA.ALLD.CD.（2016-12-01）
② 在所谓的"国家项目援助"中，"援助国为个别国家或地区规划的官方发展援助的份额，以及在哪个伙伴国可以有重大发言权的份额"，不包括人道主义和紧急援助、行政成本和粮食援助。参见 https://www.oecd.org/dac/stats/documentupload/2%20Africa%20-%20Development%20Aid%20at%20a%20Glance%202015.pdf.（2016-12-01）

过去20多年中的援助暴露了很多问题。2000年以来，援助者向非洲提供了5000多亿美元资金。冷战期间，非洲也获得了大量援助，但是其中很多援助主要出于超级大国的自身战略利益，获取受援国的忠诚，如扎伊尔现在的刚果（金）或苏联的代理人，而不是为了受援国的发展。[①]

冷战结束后，发展援助也通常附加严格的条件。这些条件很快变为各国政府关系紧张的原因。后来出现了"预算支持"（budget support）的趋势，即援助国允许一些受援国政府控制援助，并将援助直接计入预算。这种做法在提高受援国治理能力方面取得了不同程度的成功，但也由于财务问题及监管不力等出现了滥用项目资金的情况。尽管预算支持可以极大地降低援助者的交易成本，提高指数的协调性，但这种方式对减贫没有显著的作用。[②]

援助的作用总体而言是微小的。正如达龙·阿西莫格鲁（Daron Acemoglu）与詹姆斯A.罗宾逊（James A. Robinson）曾指出的那样："自20世纪50年代以来，大量捐助可以解决贫困问题的思想支配了经济发展理论，很多国际援助机构与政府均持此观点。结果如何呢？实际并不好。在过去60多年的时间里，全世界千百万人脱离了赤贫，但这与外国援助的关系很小，主要是因为亚洲国家实现了经济发展，而他们所获得的援助很少。"[③]

非洲国家通过发行债券筹集发展资金是另一个重要趋势。[④]截至2014年，21个非洲国家拥有良好的国际信用评级，是10年前的1倍之多。非洲国家有能力获得新兴国家寻求较高收益的投资资金，随着2008年金融危机的爆发，发达国家利率骤降，这种趋势越加明显。例如，2014年，赞比亚、肯尼亚、科特迪瓦、南非、塞内加尔与加纳纷纷新发债券，获得了70多亿美元投资，从而使这些国家自2006年以来累计获得的投资资金达到了258亿美元。

发行债券并非非洲获得"新"钱的唯一来源。外国直接投资也在稳步增

① Kwame Anthony Appiah and Henry Louis Gates. *Africana: The Encyclopaedia of the African and African American Experience*. US: Basic Civitas, 1999, p.142.

② https://www.oecd.org/derec/denmark/Review-of-BudgetSupport-Evaluation.pdf.（2016-12-01）

③ Daron Acemoglu and James A. Robinson. "Why foreign aid fails – and how to really help Africa". *The Spectator*, 2014-01-25, http://www.spectator.co.uk/2014/01/why-aid-fails/.（2016-12-01）

④ Paul Adams. "Africa debt rising". Africa Research Institute, 2015-01-22, http://www.africaresearchinstitute.org/publications/africa-debt-rising-2/.（2016-12-01）

加，从2000年的63亿美元增加到了2013年的420亿美元。[1]同样，私募股权收益也有所提高。例如，总部位于美国的凯雷投资集团（Carlyle Group）于2014年首次向撒哈拉以南非洲投资了将近7亿美元。非洲大陆其他领域也获得了重要投资，从水泥行业到花卉业再到银行业。[2]

海外非洲人的侨汇也越来越成为一个相对重要的资金来源。官方统计的非洲侨汇为400亿美元，但由于约75%的资金并不是通过正规的银行途径汇入非洲，因此实际数字或高达1600亿美元，相当于非洲大陆生产总值的1/12。例如，在厄立特里亚600万人口中，有1/4旅居国外，每年汇回祖国的资金相当于该国GDP的38%。1/3的厄立特里亚家庭依靠侨汇收入，3/4的家庭至少有一个成员会汇回资金。[3]总体而言，以GDP衡量，越小的国家对侨汇的依赖度越高。佛得角（34%）、利比里亚（26%）与布隆迪（23%）对侨汇的依赖程度都非常高。

尽管非洲领导人十分热衷挖掘新的资金来源，但也十分重视可能导致资金非法外流的管理制度。

例如，据非盟资金非法外流高级别工作组估算，由于有人采取欺骗手段逃避商业与政府税收，非洲每年非法外流的资金超过500亿美元。该工作组指出，这一数字自2001年以来翻了三番。1970—2008年，非洲大陆因资金非法外流而导致的损失总计高达8500亿美元，其中尼日利亚的损失为2177亿美元，南非的损失为818亿美元。研究指出，资金外流主要是因为"谎报贸易价款、不报或少报母公司与子公司之间的服务费，以及为隐匿收入而设计收

① World Bank. "Foreign direct investment flows into sub-Saharan Africa". 2014-03-18, http://www-wds. worldbank. org / external / default / WDSContentServer / WDSP / IB / 2014 / 03 / 18 / 000456286_20140318105721 / Rendered/PDF/860600BRI0WB0H00Box382147B00PUBLIC0.pdf.（2016-12-01）

② UNCTAD. *World Investment Report 2015: Reforming International Investment Governance*. New York: UN, 2015, http://unctad.org/en/PublicationsLibrary/wir2015_en.pdf.（2016-12-01）

③ Mikolaj Radlicki. "The 30m-strong Africa diaspora likely sends \$160bn home every year: Where does it go?". *Mail & Guardian Africa*, 2015-05-29, http://mgafrica.com/article/2015-05-29-remittance-in-africa-where-does-it-go.（2016-12-01）

益转移机制"。①

避税港的存在为上述形式的资金外流提供了便利。不过，非洲落后的管理制度，以及人们对各国的政策与法治缺乏信心是资金外流的主要原因。实践表明，非洲政府要解决这些重要问题十分困难。

对援助资金的使用是促进发展的关键，越南就是一个成功的例子。

用好援助：越南的启示

如果有哪个国家可以找到无法发展的理由，那么非越南莫属。数百年来，越南因不断的战争而遭到了严重破坏，因殖民主义、被强加的外国管理制度、崇山峻岭等不利的地理位置而四分五裂，加之民族分裂以及教条地实行社会主义制度，越南应该是世界上最贫穷的国家之一。

1975年4月国家重新统一后，越南政府因实行社会主义政策（包括导致饥荒与经济崩溃的集体农业）而丧失了10年的发展机会。20世纪80年代中期，越南开始实行改革。在改革（doi moi，越南语）进程的开始阶段，允许农民自留一部分农产品。

20世纪90年代中期，越南的改革计划尚处于实施初期，多数产业为国有或国营，大多数国家航线使用的是苏联制造的飞机（以防止谋取私利）。尽管当时摩托车已经开始在世界范围内流行，但大多数越南人出行仍然靠步行、推车，以及东方集团国家②生产的笨拙的汽车、电动三轮车、冒着尾气的公共汽车和一列蒸汽火车。条件艰苦，生活水平极低，越南显然十分贫穷。

20年后，越南发生了翻天覆地的变化。河内不再暗淡无奇，胡志明市也成了亚洲的大城市之一。尽管存在着诸多问题，包括基础设施落后、通货膨胀及金融过热等，但越南在过去20年的时间里仍然是世界上发展最快的经济体之

---

① The Guardian. "Africa losing billions from fraud and tax avoidance". 2015-02-02, https://www.theguardian.com/global-development/2015/feb/02/africa-tax-avoidance-money-laundering-illicit-financial-flows.（2016-12-01）; Caroline Kende-Robbe. "Africa is rich in resources but tax havens are keeping its people poor". World Economic Forum, 2016-05-17, https://www.weforum.org/agenda/2016/05/africa-is-richin-resources-but-tax-havens-are-keeping-its-people-poor.（2016-12-01）

② 东方集团国家指的是当时以苏联为首的一些东欧社会主义国家构成的集团。（译者注）

一。1990—1997年的平均GDP增长率为8%，1998—2003年的平均增长率为6.5%，尽管2004年以来全球经济出现了周期性震荡，但越南仍实现了超过5%的经济增长率。

越南人并没有忘记艰难的过去，而是成功地摆脱了那段历史，选择向前看。越南的恢复发展，不仅是源于曾经的失败，也有战争本身的原因，可给希望取得同样成就的其他国家带来很多启示。

假如有一点机会，越南人的埋头苦干与创业精神就会淋漓尽致地表现出来，正如他们在其他领域所取得的相似成就一样。1990—2005年，越南的粮食产量几乎翻了一番，使其从一个粮食净进口国转变为世界第二大粮食出口国。尽管19世纪中期法国殖民者将咖啡引入了越南，但由于战争及中央计划的影响，该产业曾一度萎靡不振。在改革的作用下，私营企业的进入使咖啡产业实现了快速发展。截至2000年，如第四章所介绍的那样，越南的咖啡产业由几乎空白发展成了仅次于巴西的世界第二大咖啡生产国，年产量高达90万吨。2010年，越南的咖啡产量达到了110万吨，出口值仅次于粮食，位居第二。

鱼类产品、腰果、纺织品及电子产业也蓬勃发展起来。2010年，仅服装业就创造了100万个就业岗位。

尽管援助在越南的复兴过程中发挥了一定作用，但主要是因为越南调动了国内外一切可用的资本。

过去40多年的时间里，越南获得了大量外部援助。苏联时期，越南在1975—1989年每年获得的援助约为10亿美元。和所有实行中央计划经济制度的国家一样，援助资金利大于弊，至少如果越南以促进发展为目的，而不是在思想上与战略上"教条"地空想、空谈，则即使失败也不会惨败。随着改革的实施，1993—2004年，越南获得了总计140亿美元的官方发展援助，主要来自亚洲国家、美国、多边机构（尤其是世界银行与亚洲发展银行）、欧盟国家，其中约一半为抵押援助。21世纪的前10年，越南以抵押方式获得的援助从初期的25亿美元增加到了2008年的60多亿美元，增加了1倍多。

援助者指出，援助在越南产生了重要影响，因为越南人可以自主使用援助款，并重点用于行业发展。例如，1993年以来的15年间，交通运输业是投入最多的行业（28%），其次为能源行业（22%）。①

尽管如此，越南从未以援助作为首要的发展手段。随意拿起一张越南的英文报纸，你可能就会看到外国直接投资的规模、类型与行业等详细信息，还会看到私营部门在公共基础设施项目中的投资计划。1990—2015年，外国直接投资由0实现了年均100亿美元的发展。②援助对于越南的作用在于它对于国家计划是一种补充，而不是取而代之。

资金洪流不能解决治理不力问题

传统援助者在提高治理能力方面所取得的成就参差不齐，有时会使问题复杂化，莫桑比克就是一个例子。

莫桑比克长期以来被援助者视为一个成功的案例。1975年脱离葡萄牙获得独立时，莫桑比克国内一片混乱，这个东非国家主要得到了苏联等东方集团国家的支持（主要是实物形式），以及西方的人道主义援助和发展援助。20世纪90年代，随着1992年冷战的结束与民主化时代的到来，西方的援助大量增加，从1994年民主选举时代的10亿美元成倍增加到了2013年的23亿美元。③

1994年，受数日的政治冲突与经济管理不力的破坏，莫桑比克沦为世界最贫穷的国家之一，年人均GDP只有160美元。④内战结束后，20世纪90年代至21世纪，莫桑比克的GDP实现了每年超过7%的增长。同期内，该国的人口数量增加了80%，从1995年的1500万人增加到了20年后的2700万人。

21世纪初，莫桑比克实现了高速发展。随着投资的大量涌入，2012年，莫桑比克的梅蒂卡尔（Meticais，莫桑比克流通货币）是世界上兑美元表现最佳的货币。即使是于1975年莫桑比克独立后大量逃回本国的葡萄牙人，也纷纷返

① Danske Vietnamesisk Forening. "Overview of ODA and international NGOs in Vietnam". http://www.davifo.dk/userfiles/file/pdf/International%20NGOs%20in%20Vietnam8.pdf. （2016-12-01）
② World Bank. "Foreign direct investment, net inflows". http://data.worldbank.org/indicator/BX.KLT.DINV.CD.WD?locations=VN. （2016-12-01）
③ World Bank. "Net official development assistance and official aid received". http://data.worldbank.org/indicator/DT.ODA.ALLD.CD. （2016-12-01）
④ World Bank. "Mozambique". http://data.worldbank.org/country/mozambique. （2016-12-01）

回这个前殖民地，寻求更好的未来，以走出欧洲的经济困境。①

太特省（Tete）煤炭资源的开发以及莫桑比克北部近海天然气的发现纷纷登上媒体头条，如《天然气的大规模发现使莫桑比克由一潭死水变为活力四射的国家》②《莫桑比克：非洲曾经的老大难国家迎来了繁荣时代》③。标准银行预测，天然气在未来20年将为莫桑比克做出390亿美元的经济贡献，带动人均GDP从2013年的接近650美元提高到2035年的4500美元，并创造70万个就业岗位。

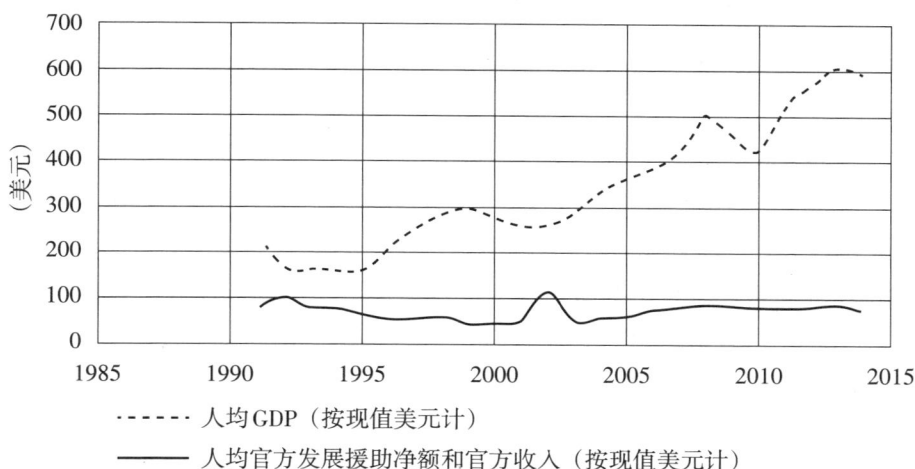

图9.3　莫桑比克：人均援助与人均GDP趋势对比（1985—2020年）

（资料来源：世界银行各国账户数据和经合发组织各国账户数据档案；经济合作与发展组织发展援助委员会，流向发展中国家资金的地理分配，《发展合作报告》，国际发展统计数据库，www.oecd.org/dac/stats/idsonline。）

然而，莫桑比克的情况从2015年开始再次变糟，危机的直接原因是国际货

① David Smith. "Boom time for Mozambique, once the basket case of Africa". *The Guardian*, 2012-03-27, https://www.theguardian.com/world/2012/mar/27/mozambique-africa-energy-resources-bonanza. （2016-12-01）

② Alex Court and Dianne McCarthy. "Massive gas discovery transforms Mozambique backwater into boomtown". CNN, 2015-02-03, http://edition.cnn.com/2015/02/03/africa/pemba-port-mozambique-gas/. （2016-12-01）

③ David Smith. "Boom time for Mozambique, once the basket case of Africa". *The Guardian*, 2012-03-27, https://www.theguardian.com/world/2012/mar/27/mozambique-africa-energy-resources-bonanza. （2016-12-01）

币基金组织、世界银行等国际机构在援助者发现莫桑比克无力偿还与国家有关的诸多公司亏欠的10多亿美元债务后，停止向莫桑比克提供援助。2013年，瑞士信贷（Credit Suisse）代表莫桑比克金枪鱼捕捞公司（Empresa Moçambicana de Atum）——一家仓促成立的国有渔业公司筹集了5亿美元资金。俄罗斯外贸银行（Vneshtorgbank）也另筹3.5亿美元，据说是帮助该公司购买一支渔船舰队。但是一筹集到位，这些资金就被挪作他用，包括购买数艘高科技海岸巡逻快艇（coast-guard speedboats），而莫桑比克当时的渔业已经近乎停滞发展。借款使莫桑比克的总债务接近100亿美元，而当时其GDP还不到160亿美元。[①]

莫桑比克的债务一经披露，梅蒂卡尔立即跳水将近40%（除赞比亚的克瓦查外，非洲贬值最快的货币），尽管中央银行拿出了10亿美元予以补救，仍于事无补。[②]2015年12月，政府不得不采取外汇控制措施维持外汇储备。由于债务主要是以美元形式存在，因此货币的崩溃导致莫桑比克无法履行很多对外义务。在经济危机过于严重的背景下，由于"国内、国际宏观经济条件不利"，莫桑比克财政部于2016年7月暂停国家预算。在此之前，基于这场危机的严重性，评级机构穆迪（Moody's）已将莫桑比克（新发行主权债务的信贷评级）从"B2下调至B3"。[③]

莫桑比克拥有丰富的资源与经济潜力，为什么走出困境如此艰难？归根结底，是治理不力、制度脆弱。这也引发了我们对于外国援助对提高莫桑比克的治理能力、改善其政治性质的作用的思考。

一方面，世界银行承认，莫桑比克的快速发展对减贫有一定影响，但其社会指标依旧很差：成人识字率为56%，新生儿的预期寿命只有53岁。与贫穷和

---

① CNBC Africa. "World Bank delays aid to Mozambique pending debt analysis: spokesman". 2016-04-28, http://www.cnbcafrica.com/news/southern-africa/2016/04/28/world-bank-delays-aid-to-mozambique/. (2016-12-01)

② Tom Bowker and Michael Suhen. "Mozambique resorts to foreign exchange curbs as metical dives". *Bloomberg*, 2015-12-08, http://www.bloomberg.com/news/articles/2015-12-08/mozambique-resorts-to-foreign-exchange-curbs-as-meticaldives. (2016-12-01)

③ The Economist. "Mozambique is floundering amid corruption and conflict". 2016-03-18, http://www.economist.com/news/middle-east-and-africa/21695203-scandals-and-setbacks-gas-and-fishing-industries-darken-mood-mozambique. (2016-12-01)

制度脆弱密切相关的疟疾仍旧是最常见的死因，35%的儿童死亡和29%的全国死亡人口均是因为疟疾。①尽管莫桑比克实现了发展并引以为荣，但其联合国人类发展指数仍旧很低，在188个国家中名列第180位，55%的人口生活在贫困中。

有观点认为，过多的援助通过投资人力资本降低了莫桑比克的社会不公程度，并刺激了社会的发展。但是，即使是援助的支持者也认为："称莫桑比克对外国援助的依赖对国家治理产生了负面影响是合理的，且有充分的调查的支撑。从援助确实降低了中央政府的透明度并导致了治理问题中便可见一斑。"②

在世界经济论坛的《全球竞争力报告》中，莫桑比克在140个国家中名列第133位。该报告主要评估一国的制度、基础设施、教育体系、商业等指标的水平。③

尽管一些援助资金因莫桑比克的进步思想而发挥了作用，但该国执政党莫桑比克解放阵线（Frelimo）各级官员的腐败仍无处不在。莫桑比克的政治冲突由来已久，2014年之后，莫桑比克解放阵线党与反对党民族抵抗运动（Renamo）再次付诸武力的想法，引发了人们对莫桑比克长期保持的，至少一定程度受到了政府维护的和平进程的担忧，其稳定形势大不如之前的预想。

在透明国际公布的2015年全球清廉指数排行榜中，莫桑比克在168个国家中名列第112位。④反腐资源中心（Anti-Corruption Resource Centre）指出，腐败肆虐"引起了民众与援助者的担忧，后者对莫桑比克预算提供了近一半的资金。腐败在很多方面均有体现，包括政治、大小贪腐、挪用公款以及根深蒂固的庇佑制度。由于行政对立法与司法有强大的影响，制约与平衡机制也很不给力。腐败对国家很多部门也有影响，如警察机关、公共管理机关、司法机关以

---

① World Bank. "Mozambique, overview". http://www.worldbank.org/en/country/mozambique/overview. (2016-12-01)
② "Mozambique: Foreign aid dependency necessary for growth and not the other way around". Econ 488 at JMU, 2014-11-03, http://econ488.com/2014/11/03/mozambique-foreign-aid-dependency-necessary-for-growth-and-not-the-other-wayaround/. (2016-12-01)
③ World Economic Forum. "Mozambique". http://reports.weforum.org/global-competitiveness-report-2015-2016/economies/#economy=MOZ. (2016-12-01)
④ 透明国际腐败认知指数，http://www.transparency.org/research/cpi/overview. (2016-12-01)

及公共财务管理机关"。①因此，一小撮精英与执政党相互勾结，控制着国家经济，余下的人则捡点蝇头小利。

援助者们似乎未能理解莫桑比克政治经济的性质，具体说，政治阶层中哪些人能够以及将会为了自己的利益控制国家政治经济体制。实践证明，援助者支持的制约与平衡机制的严格性与稳定性仅停留在纸面上，无法对抗莫桑比克解放阵线党的领导人的既得利益，他们的行为似乎可以免受任何惩罚，包括非透明性招标程序在内的一些明显的预警信号通常被忽视。长此以往，援助者或有意对莫桑比克官员怠于履行职责视而不见，或缺乏对该国公共财政管理机制的监督能力。援助者过于重视维护与莫桑比克官员的良好关系与"公开对话"，而没有足够精力深入调查实际情况。此外，莫桑比克试图通过外部援助"进口"治国理政方略，援助者则不愿用严词破坏彼此的关系，因此也给莫桑比克带来了麻烦。

莫桑比克案例的总体启示是，资源与经济潜力本身是不够的。为了对整个国家产生积极影响，必须有强有力的治理、健全的机制以及透明的政府。经济学家保罗·科利尔曾提出了在疲软的市场更好地使用援助资金的多种途径，包括设立政治风险保险补助金，投资风险高但可能具有催化作用的领域。②

中国向非洲公共与私人领域的投资或许是一种答案？

中国的答案？

2008年，我们与新当选的法国总统尼古拉斯·萨科齐的一位顾问做了访谈，讨论了法国对非洲政策的变化与面临的问题。当问及新时期法国的非洲政策时，他回复说："3个数字：4，14和16亿美元。"问及其具体含义，他说："16亿"指的是2020年撒哈拉以南非洲的预计人口数量，在此期间，该地区人口增长迅速，劳动力市场中年轻人数量将激增；"14"指的是分割非洲与欧洲

① Anti-Corruption Resource Centre. "Overview of corruption and anti-corruption in Mozambique". http://www.u4.no/publications/overview-of-corruption-and-anti-corruption-in-mozambique/. （2016-12-01）

② Paul Collier. "The role of donors in fragile African states". paper presented to the African Development Bank high-level panel on fragile states, 2013-08-01.

的直布罗陀海峡的宽度（千米），"表明法国的安全与经济形势不容乐观"；"4"指的是萨科齐总统的执政期限，因为其前任总统雅克·希拉克（Jacques Chirac）曾与即将成为多哥总统的纳辛贝·埃亚德马军士（Sergeant Gnassingbé Eyadéma）一同参与了阿尔及利亚战争，这意味着"旧制度将面临代际转换"。

该顾问补充说："中国对这些问题都非常重视，认为非洲不仅是一个应该解决的问题，而且更是一个可以把握的商业机会。"

关于中国在非洲角色转变的研究正在逐渐深入。① 例如，在《大陆漂移：非洲改变命运之路》（*Continental Shift: A Journey into Africa's Changing Fortunes*）② 一书中，作者凯文·布鲁姆（Kevin Bloom）与理查德·普拉克（Richard Poplak）赞赏了中国作为交易商、商品购买者的新作用，以及作为基础设施的提供者对非洲发展起到的关键推动力。毋庸置疑，20世纪90年代中国崛起以来，中国与非洲的关系从贸易额不到50亿美元，发展为中国为非洲注入更多资金，更加重视非洲，帮助非洲建设诸多基础设施，双边贸易额也提高了近20倍。③

当然，中国承包商与商人愿意去西方人很少去的地区，在西方人不予考虑的条件下工作。在偏远的非洲之角，中国承包商的身影也随处可见，或铺设厄立特里亚从阿斯马拉到克伦（Keren）之间的公路，或新修与邻国埃塞俄比亚的拉利贝拉（Lalibela）之间的公路、涵洞与桥梁。

但是，如果政府不参与管理，显然这种进步也是需要付出代价的。2014年，刚果（金）被列为世界第五大最贫穷国家（年人均GDP只有442美元）。④ 但该国是全球矿物资源最丰富的国家之一，矿产资源储藏量估计价值为24万亿美元。刚果（金）拥有世界上最丰富的铜矿资源，世界一半的钴矿（用于生产特种钢、合金，制造喷气发动机、燃气涡轮机、磁钢和不锈钢的切割工具），

---

① 参见南非国际事务研究所"中国在非洲"项目，http://www.saiia.org.za/news/china-in-africa-project.（2016-12-01）

② Kevin Bloom and Richard Poplak. *Continental Shift: A Journey into Africa's Changing Fortunes*. Cape Town: Jonathan Ball, 2016.

③ Foreign Policy. "5 myths about Chinese investment in Africa". 2015-12-14, http://foreignpolicy.com/2015/12/04/5-myths-about-chinese-investment-in-africa/.（2016-12-01）

④ 世界银行，人均国内生产总值，http://data.worldbank.org/indicator/NY.GDP.PCAP.CD?order=wbapi_data_value_2013+wbapi_data_value&sort=asc.（2016-12-01）

拥有钶钽铁矿的世界储量的80%（用于生产移动电话等个人电子产品）。该国还是第五大钨生产国、第六大锡生产国。

2007年9月，刚果（金）宣布与2家中国公司签订了标的额为90亿美元的订单，这一数字比刚果（金）国家总预算还要高，其中30亿美元将投资矿业领域，另外60亿美元则用于基础设施建设。作为回报，在中国水利水电建设集团公司、中国铁路工程有限公司与刚果（金）国有铜矿企业吉卡矿业（Gécamines）合资成立的公司中，中国公司占68%的股权，并对一座大型铜矿与一座钴矿享有特许权。[①]国际货币基金组织与当地非政府组织因该合作缺乏透明性，并担心该交易将使已经背负重债的刚果（金）更不堪重负而提出了异议。2009年，该合作协议被修改，标的额降为60亿美元，其中一半用于矿产开发，另一半用于基础设施项目，并除去了矿业贷款的主权担保。反腐非政府组织全球见证（Global Witness）估计，中国为刚果（金）铺设了约3800千米的公路、约3200千米的铁路，修建了145家卫生所、32家医院、2所大学、若干输电工程及2座水电大坝，换取了该国1000万吨铜、60万吨钴。签订协议时，这些矿产预计将创造高达1200亿美元的收入，相当于刚果（金）GDP总量的11倍。

2010年6月，国际货币基金组织与刚果（金）签订了一项123亿美元的债务减免协议，因此可以以此对刚果（金）施加重大影响。该组织不希望刚果（金）在享受债务减免的同时承担新的债务。2012年，由于获取刚果（金）方面32%的股份及缩短最初约定的25年偿还期的要求未能得到满足，中国进出口银行停止为刚果（金）融资。经过长期的一系列协商，该项目于2014年重新启动。

尽管如此，中国在一些情况下与其他投资者及援助者仍有所不同。实际上，中国的外国直接投资与对象国的政治稳定密切相关。因此，南非是中国在非洲最大的投资对象国。当然，"中国在法治落后国家的投资也很多（包括安

---

① Joe Bavier. "China's DRC investment $9 billion – $3 billion for mining". Mineweb, 2008-02-16, http://www. mineweb. com / archive / chinas-drc-investment-9-billion-3-billion –for-mining/; "China and Congo: Friends in need". Global Witness, 2011-03-01, https://www.globalwitness.org/sites/default/files/library/friends_in_need_en_lr_1.pdf.（2016-12-01）

哥拉、布隆迪、中非共和国、刚果民主共和国、厄立特里亚、几内亚与津巴布韦），因为西方投资者普遍规避向这些国家投资"。①

因此，我们认为中国可与其他援助者及投资者分享经验，因为成功投资的关键在于支持当地技术的发展，治理制度的完善，以及寻找途径减少投资非洲所固有的风险。

消除非洲风险：与唐纳德·卡贝鲁卡的访谈

唐纳德·卡贝鲁卡（Donald Kaberuka）于2005年当选为非洲开发银行行长，任期两届，即于2015年结束任期。②

"我于布莱尔非洲委员会（Blair Africa Commission）成立和格伦伊格尔斯八国集团峰会召开之际接任行长一职。当时的主流观点是如果非洲所获得的援助加倍，债务得到免除，则'我们是否可以在其他条件相同的情况下取得更大的成绩'。不论布莱尔与布什怀有多大好意，他们的行为范式并没有任何改变。

"同时，我不认为非洲可能获得加倍的援助。我甚至不相信这是一件好事。相反，我更重视努力找到些许途径摆脱援助，而使私人资本发挥影响。不过，想要实现这一点，我必须转移重点，重视减贫专项私营部门的发展。我们必须做三件事。第一，必须降低营商成本；第二，必须解决非洲经营风险问题；第三，必须加快实现非洲经济一体化。

"这要求推动基础设施项目的落实，将治国理政置于一切事务的中心，以及通过减少非关税壁垒来促进货物自由流动并改善跨境基础设施条件。我们有一种说法'只靠金钱是不行的'，需要的是智慧型政府。

"还需要商业与政府获得同样水平的银行贷款。我接任行长的时候，两者获得的贷款比率为10∶1，即政府获得30亿美元，私营部门获得3亿美元。但是，改变这种情况十分困难，因为包括解决艾滋病问题在内的减贫是工作的重

---

① Wenjie Chen, David Dollar and Heiwei Tang. "China's direct investment in Africa: Reality versus myth". Brookings Institute, 2015-09-03, http://www.brookings.edu/blogs/africa-in-focus/posts/2015/09/03-china-africa-investment-trademyth-chen-dollar-tang.（2016-12-01）
② 采访于2016年8月2日在意大利科莫（Como）进行。

点。实现这些目标，我们需要盟友。布什政府时期的美国人民颇有帮助，一如布莱尔时期的国际发展事务内政大臣希拉里·本（Hilary Benn）所发挥的作用一样。同样重要的是，南非在世界银行董事会中占有一席之地，以发挥南非的影响力，此外，南非财政部长特雷弗·曼纽尔（Trevor Manuel）的帮助也十分重要。

"私营部门目前每年从银行贷款 40 亿美元。另有 400 亿美元的私募基金。还有一种新型非洲基础设施基金，用以补充基础设施的大量资金需求，目前已投资 280 亿美元，仅交通基础设施所得到的投资就达到了 120 亿美元。从一体化的角度而言，除西非的马诺河地区、卡宗古拉地区跨越赞比西河的大桥、金沙萨与布拉柴维尔之间的轮渡、冈比亚与塞内加尔之间陆路相连外，我们在通过公路、电力将非洲国家之间相连方面的努力已经取得成功。

"实质是我，我们已经从关注减贫的大型非政府组织转为重视私营部门发展的援助者。如果没有实现这种转变，我们或许仍在专注于做一些小工程，而这些本应该是乐施会（Oxfam）做的事情。"

失败在哪里呢？"由于国内有很多竞争对手，我们未能在技术解决方案问题上取得合作。如果可以重来，我们还是会对提高治国理政能力与我们所建设的硬件设施给予同样的重视，因为治国理政可以使事情自然发生。南苏丹就是一个很明显的例子，当初大清早战争爆发的时候，我便得到了董事会批准的一项价值 2500 万美元的电气化工程项目。同样，尽管我是第一位踏足中非共和国的银行行长，但（当地的武装）冲突仍不断扩大。"

非洲诸多项目与银行对其贴现能力之间的鸿沟如何？"这不是一个技术性问题，而是政治性的，正如你是否会允许电力供应商独立存在一样。任何工程都需要在早期排除风险，这就要求政府有坚定的政治意愿，对盈利怀有耐心，提供技术支持。通常情况下，这不是获得新资金的问题，而是如何利用现有资金推动项目的落实，但这是很困难的。"

您 10 年的银行工作经历的最重要心得是什么？"如果制定好议程安排，非洲就有可能设计出良好的制度，从而可以找到突破各种瓶颈的出路，而不会陷入另一个劳民伤财的官僚主义的困境。"

投资非洲的收益高于市场一般水平的情况广为人知。一份对 2002—2007 年在非洲主要从事制造业与服务业的贸易公司的公开研究发现，这些公司的平均资本收益比中国、印度、印度尼西亚及越南同类公司的收益水平高约2/3。[①]

其中的原因在于想象中的风险并未对收益较低及投资期限长的投资者造成影响。"现在，投资主要集中于短期成熟项目。"世界银行指出。这反映了"投资者不愿涉足基础设施建设等收益期较长的领域，但是投资非洲的收益高于其他发展中国家或地区"。[②]换言之，正如一位分析人士所指出的那样，"收益是对风险的预期"。[③]投资者因为担心臆想或实际存在的腐败、任意缴税与改变税制、政策不稳定、情势变坏时修改法律的明确程序与实际期限而不安。一位伦敦油气专家指出："由于违约损失率计算模式问题，我们在加纳与尼日利亚的收益损失[④]预计分别为70%与80%，但在英国的损失约为2%，这说明非洲的经营风险很高。"[⑤]

消除非洲的投资风险需要稳定的政策与监管、明晰的法治及适时的矫正措施，取决于商业与政府之间建立公开、非对抗性的关系。同时，对潜在风险进行彻底、独立而客观的评估也必不可少。

结论：管理风险，调动资源

非洲多年来一直需要回答的问题是：实现发展是否要有足够的资金？这实际是一个错误的问题。正确的问法应该是，如果拥有巨额资金，非洲国家是否具备有效利用这些可用资金所需的治国理政能力、制度及法治条件？

在非洲调动资金有很多阻碍。21世纪初，投资非洲的利益主要受大宗商品价格的驱动，相比之下，在其他地区投资的收益率则较低，同时受到对非洲大陆喜讯的期待，不良数据偶然甚或彻底被处理掉的影响以及对事实证据的依

① Paul Collier. "The case for investing in Africa". McKinsey, 2010-06-01, http://www.mckinsey.com/global-themes/middle-east-and-africa/the-case-for-investing-in-africa.（2016-12-01）

② Makhtar Diop. "Africa still poised to become the next great investment destination". World Bank, 2015-06-30, http://www.worldbank.org/en/news/opinion/2015/06/30/africa-still-poised-to-become-the-next-great-investment-destination.（2016-12-01）

③ 摘自2016年9月27日在伦敦一家投资俱乐部的讨论。

④ "收益损失"一词指的是借款人违约时损失的资产份额，反映了抵押品和债务的次级程度。

⑤ 摘自2016年9月21日在伦敦瑞士银行的讨论。

赖。然而，随着大宗商品价格增长放缓，国际金融家越来越惧怕承担非洲大陆的风险。例如，非洲的私人投资额从2014年的81亿美元降至2015年的25亿美元。①

最近，投资者对非洲繁荣的终结担忧及对该大陆喜讯的期待，已经为21世纪初该地区实际变化的程度以及非洲在繁荣时期的收益是否主要用于精英的分配而不是投资人民和基础设施建设所取代。这种情况由于非洲资产变卖者对资产价值的高估而加剧，因为实际上，此类资产价值的上升未能跟上大宗商品价格下降的速度，这从某种程度上反映出了非洲银行所发挥的作用与所付出的代价，尤其因为它们不愿勾销账目上的不良贷款而背负更沉重的债务。最后，外汇的匮乏以及稳定的政策体制的总体缺失加剧了投资的困难。

多数非洲国家严重的治理问题使构建令人放心的投资环境困难重重。因此，尽管潜在可用的投资资本很多，但很少被利用起来以产生明显的效果。同时，尽管很多非洲国家有能力驾驭国内的大量资金，却因为其银行体系欠发达而未能做到。

此外，数据显示，非洲的营商环境总体较差，制约了其获取资金。这反映了登记在册的企业数量少、资金相对缺乏流动性。2013年，非洲证券交易所协会的21家交易所的总市值为16亿美元，其中仅南非交易所就占了11亿美元。②相比之下，伦敦的选择性投资市场（London's Alternative Investment Market）（企业规模较小，但数量不断增加）有1000家注册企业，市值达1000亿美元。

因此，为非洲商业投资者设计消除风险战略，必须重点考虑以下问题：

（1）尽职尽责：关于重要行为体可以有哪些发现？他们的商业模式对相关政党的依赖程度如何，即与政治的联系如何？

（2）本土管理团队的质量：他们拥有哪些技能，哪些是所需要的？他们与政府的关系是否公开？对于遏制腐败有哪些期待？对于外部团队的需求程度

---

① Joe Brock. "Weak economy takes gloss of 'Africa Rising' optimism". CNBC Africa, 2016-09-16, http://www.cnbcafrica.com/news/special-report/2016/09/16/private-equity-in-africa-loses-its-shine/?utm_source=CNBC + Daily + Newsletter&utm_campaign=d0f3c17366-RSS_EMAIL_CAMPAIGN_Daily&utm_medium=email&utm_term=0_37ea1a8e5e-d0f3c17366-216248097. （2016-12-01）

② KPMG. "Listing in Africa – extractive industries". https://www.kpmg.com/Africa/en/IssuesAndInsights/Articles-Publications/Documents/KPMG%20Listing%20in%20Africa-extractive%20industries.pdf. （2016-12-01）

如何？

（3）与政府的关系：商业对政府收入的依赖程度如何？政府是否有适当的国家担保？这种与政府的关系是否依赖重要个人，且处于制度变革的危险中？处理这种与政府的关系需要何种干预？

（4）管理与政策风险：政策是否明确，政策变化是否存在威胁？是否有民族主义的威胁？行政效率如何，与政府有关的影响因素有多严重？相关产业部门需要多少许可证？（数量越多，如发电，则该产业承受腐败的压力越大）是否存在与定价有关的政治活动及操纵选举的威胁？

鉴于投资者存在上述合理担忧，政府可以通过简化投资申请与批准程序，限期修改合同法，以及实现解决腐败问题的承诺等大力消除这些担忧。政府还可以建立公共会计系统，使评估总体经济环境及为新公司投资定位更为方便。

总体而言，用"你若盛开，蝴蝶自来"这句格言来形容资本（不论是国外资本还是国内资金）与总体经济环境之间的关系再适合不过。如果国家可以做出推进善治的重大决定，就会有资金流入。反之，或者口惠而实不至，则不论所用辞藻如何华丽，援助者与投资者都不会拿出资金使经济实现发展，或为非洲大陆的年轻人及日益增长的人口提供就业岗位。

这种不确定及较差情况因非洲政府缺乏现实性、可行性的发展机会而复杂化，下一章将对此予以讨论。

第十章　为成功做好计划

成功的五个步骤

·利用计划手段为国家注入紧迫感，促进增长、创造就业应成为迫在眉睫的紧迫任务。

·重视政府与商业的合作关系，而不是如很多计划那样将政府置于首要地位。

·有价值的计划有赖于坚定的优先安排、合理利用资源及精心设计安排。

·政府应雇用最佳人选从事制订计划等工作。

·外国政府与组织的作用应受到限制。

挑战与机遇

非洲国家面临着金融资源短缺与合适的技术人才不足的双重制约，而这正是实现国家复杂的发展计划所需的两大要素。这些不足使抉择困难而导致的支持落选者的选区复杂化。因此，尽管非洲制订了大量计划，但实现这些目标的情况很差。

关键数据

20世纪70年代早期，32个非洲国家制订了国家计划。今天，很多国家拥有指导2020—2035年发展路径的愿景，包括马拉维的《2020愿景》、喀麦隆的《2035愿景》、加蓬的《2025愿景》和科特迪瓦的《2020愿景》。世界银行的世界治理指标（Worldwide Governance Indicators）显示，①1996—2014 年，撒哈拉以南非洲的政府效率处于停滞发展状态。2014—2015 年所做的一份针对 32 个非洲国家人口的非洲晴雨表调查发现，失业是非洲最急需解决的问题。②

温得和克街道的名字就是纳米比亚艰难的过去的证明，同时也显示了其实用主义的发展道路。③

在菲德尔·卡斯特罗大街（Fidel Castro Street）与独立大街（Independence Avenue，以前名为"凯撒大街"）交会处，有很多与天主教堂、弗里德里希大帝纪念碑（Reiterdenkmal）及阿特菲斯特④有关的标志。为纪念非洲独立，很多街道以肯尼思·戴维·卡翁达、克瓦米·恩克鲁玛博士和纳尔逊·曼德拉命名，今天，它们已经成为当地英雄与德国殖民者共存的"万神殿"。

德国殖民时期比较短暂，只有 30 年，但该期间德国人十分残忍。在此期间，德国人屠杀了 2.5 万—6.5 万名赫雷罗人、1000 名纳马族部落男子，分别占当时两个族群总人口的 50%—70% 与 50%。此后，纳米比亚又被南非占领了 75 年，进一步强化了身份与种族特权的殖民模式。

今天，纳米比亚特意为德裔纳米比亚人与南非白人裔纳米比亚人留了一定空间。除了接待一日游的安哥拉人与赞比亚人，纳米比亚每年接待的 150 万名国际游客中，南非人与德国人占大多数。他们赴纳米比亚旅游不仅因为其美丽的自然风光，还在于其令人感觉安全、受欢迎。纳米比亚尚存德国学校，这些学校特有的文化不但得到了民众宽容的对待，还受到了鼓励。

然而，就在约 25 年之前，纳米比亚或有些人所知的西南非在新闻中还只是个经常冲突不断、不可调和的地区。

---

① 世界银行，全球治理指标，http://info.worldbank.org/governance/wgi/index.aspx#reports.（2016-12-01）
② Afrobarometer. "Where to start? Aligning sustainable development goals with citizen priorities". http://afrobarometer. org / sites / default / files / publications / Dispatches / ab_r6_dispatchno67_african_priorities_en. pdf.（2016-12-01）
③ 本节参考了发表在《异议者日报》上的文章，参见 Greg Mills. "Inside the house Namibia built: Open windows and a breath of fresh air". Daily Maverick, 2016-09-12, http://www.dailymaverick.co.za/article/2016 - 09 - 12inside - the - house-namibia-built-open-windows-and-a-breath-of-fresh-air/#. WEY5SXecbJI.（2016-12-01）
④ 阿特菲斯特是纳米比亚现存最老的建筑，建于 1890 年，现在是国家美术馆的历史展厅，里面陈列的多是纳米比亚独立运动时期的文物。（译者注）

一次在罗伯特·穆加贝大街与洛朗·德西雷·卡比拉大街交会处的国家宫[①]接受采访，哈格·根哥布（Hage Geingob）总统解释道，纳米比亚闻名的稳定与不断持续的繁荣（或许并未得到正确评价）是以对自由主义宪法、民主及对私营企业的尊重为基础的（第二章已有所阐释）。

根哥布承认，和平只是一个开始。他强调说："我们已经向贫困宣战。"同时承认："但这并不意味着我们可以一蹴而就战胜它。"

我们运用SWOT分析法对纳米比亚进行了简要分析，其优势包括政治经济稳定、人口规模小（只有230万人，世界排名第143位）、幅员辽阔、资源丰富（世界排名第34位）。尽管矿业只提供了2%的就业岗位，但纳米比亚外汇收入的一半以上、GDP的11.5%均依靠该产业，主要出口宝石级别的钻石。此外，纳米比亚更是世界第五大铀生产国。

国家持续发展。尽管人口的预期寿命从1991年以来的61.2岁有所下降，但21世纪初再次提高，到2015年达到了64.7岁，实际人均收入也从2000美元提高到了5210美元。[②]正如纳米比亚政府所表述的那样，"独立时，国家经济体量很小，多数人无法参与有意义的经济活动，不能有效参与社会活动。一些地区的贫困率高达90%……从很多方面而言，纳米比亚独立时的状况与现在的状况大相径庭"。[③]

但是，正如纳米比亚总统中肯地指出的那样，国家最大的弱势在于未能创造足够的就业。官方公布的失业率为28%，但是，如果将贫穷的农民计入在内，则实际数值或将翻倍。

从某种程度上而言，失业率反映了纳米比亚的人口数量的增长——从独立初期只有140万人到现在的增加。例如，仅温得和克的人口就从1990年的15万人增加到了2016年的38万人。

为了增加就业岗位，以跟上人口增长的速度，政府只能借钱。2015年，国家的经常账户赤字达到了GDP的14.3%。连续财政赤字从2009年的15%攀升至

---

① 摘自2016年9月6日的访谈。
② 世界银行，纳米比亚，http://data.worldbank.org/country/namibia.（2016-12-01）
③ 纳米比亚哈比兰发展计划，http://www.gov.na/documents/10181/264466/HPP+page+70-71.pdf/bc958f46-8f06-4c48-9307773f242c9338.（2016-12-01）

2015年的36%左右，其中很多资金用于公共部门与基础设施建设。因此，相比纳米比亚的国家规模，超过10万就业者的行政部门的规模大得不成比例。根哥布说："这种情况的一大影响因素在于，在民族和解精神的指引下，政府在独立时保留了种族隔离制度时期的公务人员，并增加了以前被排除在外的群体。"①

根哥布尤其担心日益增加的青年失业者，目前其比例已达到了50%。"这与未能创造就业机会的经济增长、教育的性质与标准以及人民的思维模式有关，"他说，"纳米比亚是一片满是求职者而非创业者的土地。"

纳米比亚总统指出，失业是纳米比亚的一大难题，但或许也是一种机遇，如果不能得到妥善解决，则必然成为一种威胁，正如纳米比亚与南非之间密切相连的"文化与经济"关系一样。纳米比亚超过70%的生活必需品需要从"南边"（指南非）进口，1/3的政府收入来自南非主导的南部非洲关税同盟。借用一句俗语形容，"南非打个喷嚏，我们就会感冒"。但是我们也利用养老基金在南非投资，因此我们之间是一种兼具透明性与责任性的双向伙伴关系，即信任。

为了推动国家的发展，尤其面对区域经济下滑的形势，纳米比亚政府于2016年4月推出了"哈兰比团结繁荣计划"（Harambee Prosperity Plan，以下简称"团结计划"）。

"非洲发展计划面临的一大问题是无法实施计划，对此我们有真知灼见，并形成了愿景及华丽的文件，但往往束之高阁，未能得到实施，我们需要学习如何区分效率与效益。你可以通过发邮件与他人预约，但这或许不具有有效性，他人或许永远不会赴约。只要所提供的商品与服务不能为最需要的人获得，政府就不具有有效性。"根哥布，这位自1990年提出了管理理论而任总理达12年之久，名声远播的男人说道。

根据规划，团结计划的第一个实施阶段为2016年至2020年，基于五大支柱领域，该计划共设定了15个最终目标、41个具体目标。这5个支柱领域为：

---

① 有关公务员费用的详情，参见 http://www.namibian.com.na/ index.php?id=138292&page=archive-read.（2016-12-01）

有效治理、经济发展、社会进步、基础设施发展、国际关系与合作。

团结计划的最终目标是，通过实现纳米比亚的政治稳定、司法独立、经济管理良好、媒体活动积极，"使纳米比亚到2020年时成为非洲最具竞争力的经济体"，且在此过程中，将国家债务在GDP中所占的比例降至30%以下。

计划实施之初主要关注成本较小的事务，如缩减商业注册所耗费的时间，或通过支持独立的能源生产者恢复能源市场的活力。具体目标包括在计划实施的4年中，在全国范围内新建2万间房屋、5万间农村厕所，同时保证到2020年，农村年轻人拥有121家新企业。

国家宫的一个顾问团负责团结计划的起草与实施，根哥布亲自参与监督计划的实施。"我在一定程度上将各部长的档案与其工作经历与任职资格联系在一起，确定了他们固定的任职期限，并与其订立了绩效合同，"他承认道，"但是主要的驱动力是总统，如果依靠他人，就会出问题。如果我亲力亲为，政府公务人员就会听从。"

私营部门是该计划的核心。尽管西南非洲人民组织（Southwest African People's Organization，SWAPO）曾走过马克思主义道路，有些四五十岁的同志曾在捷克斯洛伐克、东德及南斯拉夫等今天已经不复存在的多个东方集团国家接受过教育，但总统坦言："以前的革命家认识到私营部门并不是国家的敌人，私营部门并不是政府，能够创造就业机会。"实用主义的春天又来了。

尽管总统承认存在很多优选项，但依重要程度将它们缩小为3个方面：建立治理架构，提供价格合理的住房，固定包括职业培训在内的教育制度。他认为现有的学校系统"糟糕透顶"，有必要打破一些社会禁忌。"由于有种族隔离经历，人们认为使用双手劳动有损人格。但我们应向德国等国家学习此类工作的价值。"

尽管我们已经为"经济赋权新平衡框架"立法，规定将白人所有的商业的25%转移给之前处于弱势地位的纳米比亚人，但根哥布认为这是个馊主意。"我们已经知道这是不可能的，我们不会反对某一群体，而是要学会携手合作。我们不希望向投资者传递错误信号，而是要公平竞争。"

纳米比亚的所有14个地区的市政会议均讨论了"哈兰比"（harambee，斯瓦希里语，意为"让我们齐心协力"）。"我们是一个资源型国家，来到我国的很多投资者是为了这些资源。我们应该找到为它们增加更多附加值的途径，为此我们需要为投资者提供一个有利的环境……反过来，他们必须帮助我们解决社会分化问题。这是一种社会责任，因为如果这一问题未能得以解决，其将会把我们所有人都击垮。"

纳米比亚并非唯一一个认识到要将命运掌握在自己手中的国家。纳米比亚应该向新加坡、智利等成功为发展制订计划的国家学习，重视促进经济持续增长、技术与教育发展，必要时引入国外包括适合改革进程本身在内的专业知识等，以及对这些问题的自主解决。[①]

腐败必须予以控制，因此需要一个能够实现改革的行政机构。正如新加坡公共服务署常任秘书杨颖仪在谈及新加坡前总理李光耀时所言："他是一位极具天赋的伯乐，拥有吸引优秀人才并与其共事的领导能力。"李光耀清楚依靠高效的行政机制的支持以实施政府规划的重要性。他亲自主导了对充斥着慵懒、自满官员的官僚机构的改革。[②]在如新加坡这样的成功案例中，国家的计划与行动主要受商业原则而非一时的政治冲动的指导，至少国家投资获得回报需要具有可持续性的指引。

不去设定不切实际的目标至关重要，马拉维在这一点上的失败就是个最典型的例子。例如，马拉维于1998年着手制定的《2020愿景》称："马拉维将于2020年发展成令上帝畏惧的国家：安全、民主成熟、环境可持续发展、自力更生，为所有人提供平等机会并促使其积极参与国家建设，所有人均可以享受社会服务，拥有充满活力的文化与宗教价值观，国家成为技术驱动型中等收入经济体。"[③]

---

① 例如，新加坡国家经济发展战略背后的智囊之一是荷兰经济学家阿尔伯特·温塞米乌斯（Albert Winsemius）。第二次世界大战结束后，他在新加坡的工业规划中发挥了关键作用。新加坡新政府的一项早期行动是向联合国技术援助方案（现为联合国开发计划署）征求意见。该任务于1960年启动，由温塞米乌斯领导。在会议结束时，他提出了一份新加坡广泛采用的10年经济发展规划纲要。1961年至1984年，他担任政府的首席经济顾问，在国家转型中发挥了至关重要的作用。到1985年，联合国提供了744名技术专家的服务，并在1950年至1985年期间向2029名新加坡学生提供了奖学金。有关温塞米乌斯和联合国开发计划署作用的更多细节，请参阅 https://issuu.com/undppublicserv/docs/booklet_undp-sg50-winsemius_digital.（2016-12-01）
② Channel News Asia. "Remembering Lee Kuan Yew". http://www.channelnewsasia.com/news/specialreports/rememberingleekuanyew/features/team-s-porestrong/1740616.html.（2016-12-01）
③ 马拉维《2020愿景》，http://www.africanchildforum.org/clr/policy%20per%20country/malawi/malawi_vision2020_en.pdf.（2016-12-01）

　　为了实现该愿景，马拉维政府于 2002 年 5 月出台了《马拉维减贫战略》（*Malawi Poverty Reduction Strategy*）。但马拉维 2005 年的评估指出，国家各部门未能将相关活动纳入预算中，权力下放进程缓慢，分配资金时忽视了计划的重点。

　　然而，马拉维政府并没有气馁，又制定了《马拉维增长与发展战略（2006—2011）》（*Malawi Growth and Development Strategy 2006—2011, MGDS I*）[1]，该文件共 265 页，包含 55 页的目标和 97 页的关键指标。2012 年针对该计划的评估指出："它的重点是减少贫困和创造就业，但收效甚微，应对相关挑战的进展相当缓慢。"也有人指出，该计划的"监测和评价系统因碎片化而不尽如人意，并且由于基础数据不足，绩效结果的可衡量性变得更加复杂"。[2]该计划的后续计划即 2011—2016 年的 MGDS II，共计 271 页，包含了 128 页的目标和 100 页的关键指标，对于一个缺乏意愿，过去 50 年期间一直是最贫穷的 5 个国家之一的弱政府而言，这样的文件可谓不切实际。

　　非洲国家自独立以来所制订的计划可以分为 4 个时期。20 世纪 60—70 年代的中央计划最为重要。当时的重点是强调国家的作用，其中国有企业控制了多数生产性行业。诸多计划以 3—5 年期为主。总体而言，由于计划本身存在缺陷，目标不切实际，国家缺乏充分实施计划的政治意愿，这些计划均未能实现。

　　随后是结构调整计划时期。这一时期的计划以弱化国家的角色，对诸多国有企业实行私有化，缩小很多公共机构为重点，同时重视削减政府开支以缩小预算赤字，以及创造宏观经济的稳定。

　　但是，这些计划对贫困人口产生了相当大的负面影响。因此，非洲国家于新世纪开始推行减贫战略，以缓解结构调整计划所造成的一些无比严重的社会影响。（西方国家）通常以实施此类战略作为减免非洲国家债务的条件，因此

---

① 马拉维 2006—2011 年增长和发展战略，http://api.ning.com/files/R9O3ej52zzLO0AZVM*p7O9s7bOPX2Adsbc 8Mq942QLrYOepESAv*mIff1PT8dEtl9wPkGQ16q7XP8QGOGOuKLq8rBqwNHWAe/MalawiGrowthandDevelopment Strategy20062011.pdf.（2016-12-01）

② 国际开发协会和货币基金组织，第二份马拉维增长和发展战略联合工作人员咨询说明，2012-07-05，http://wwwds.worldbank.org/external/default/WDSContentServer/WDSP/IB/2012/07/18/000386194_20120718044147/Rendered/PDF/691340PRSP0P120Official0Use0Only090.pdf.（2016-12-01）

是很多国家制定该战略的一大激励因素。但是对社会福利的重视多伴随着牺牲国家的生产性行业，因此引发了他们的可持续发展问题。

过去10年间，非洲的重点转向了制订与实施综合性国家发展战略与计划，通常还包括全球性发展目标。但是，在实施具体措施的过程中，这些计划就变得宏大、复杂、困难重重，此外，有效制订计划及考量成效所需的精确数据也基本缺失。

本章接下来的部分将以赞比亚为例，考察国家发展计划的制订与实施机制。该案例有助于我们认识为何有些良好的计划未能实现，而有些取得了有效结果。

计划何以行之有效

赞比亚前总统盖伊·斯科特回忆他1991年担任农业部长时，要求所有关于如何提高赞比亚农业水平的报告均须经他过目。然而，尽管相关报告浩如烟海，但诸多建议只停留在了纸面上。

赞比亚六大国家发展计划也有着同样的命运：有始无终。这些计划多能合理分析问题并列出了可能的解决方案。然而，这些政策建议通常是非常笼统的，需要进一步研究并详细阐述才具有可操作性。与这些问题相伴的依旧是公务人员缺乏执行能力，领导人缺乏分清主次和做出选择的政治领导力与意愿。

事实上，应当受指责的是，政客们常钟情于短期政治利益，而不愿解决子孙后代需面临的问题。当然，仅仅依靠优秀的领导者是不够的，他们需要得到能够实现目标的制度的支持。

2016年，本书的两位作者受赞比亚工业发展公司（Industrial Development Corporation of Zambia）与反对党国家发展联合党（United Party for National Development，UPND）的邀请，对如何振兴赞比亚的经济进行了研究。在物价较高的多年时间里，赞比亚的经济未能实现多样化发展，主要受到了铜价下跌、基础设施投资不足、人口快速增长的压力，以及对商业构成主要限制的官僚主义与腐败的双重毒害的影响。尽管赞比亚只有1500万人口，但正式就业的人口只有62.5万，其中25.6万是政府雇员。此外，如前所述，肯尼亚缺乏能够制定与实施国家战略的教育水平高且有经验的人才。

为了更好地了解问题，提出可行的解决方案，我们在几个月的时间里游历了赞比亚，广泛阅读了相关资料，采访了150多人。尤其令我们感到震惊的是，人们缺乏对国家所面临的问题的共同理解，可供开展讨论与做出决策的数据也缺失。一些基本事实鲜有人知。

例如，很少人了解赞比亚中央政府的负债程度以及债务偿还期。这与当年赞比亚电力短缺的情况如出一辙。例如，一份1977年的报告曾十分精确地预测到，赞比亚2016年将出现电力短缺现象，并提出了规避该危机的一系列行动建议。然而，人们对此置若罔闻。最令人沮丧的是，当我们询问赞比亚供电委员会的一位高级职员关于应对计划一事时，他的答案是："提高降雨水平。"

鉴于赞比亚之前的6项国家发展计划未能付诸实施，我们的结论是，若求任何新计划行之有效，必须考虑实施者的能力，因此，必须高度重视，早早采取培养信心的一系列措施，以提振士气。由于到2030年赞比亚的人口将增至2500万人，我们认为与撒哈拉以南非洲其他很多国家相似，赞比亚应解决的关键问题是为可持续就业创造条件。最后，我们在研究中发现，尽管采矿业为赞比亚创造了很大一部分税收，但出现了严重衰退，缺乏必要的投资。

我们围绕3个生产部门制订了计划：农业、旅游业和采矿业。这是根据5个能力部门所制订的，该5个部门分别为金融和债务管理部门、廉政部门、国家治理部门、电力部门、后勤服务部门。我们针对每个部门起草了它们将在6个月内完成的5项行动，以及在18个月内完成的另外5项行动。为期6个月的行动的目的普遍在于建立信心，为进一步实施改革或为快速取得胜利创造条件。为期18个月的行动的目的主要在于进行更具实质性的改革。这些行动必须详尽具体，切实可行，目的在于创造就业。

在赞比亚的项目接近尾声时，我们花费大量时间与关键的利益相关者进行了沟通，以确保计划可以得到广泛接受。在设想这个计划时，我们得到了议会组建的工作小组的推动与监督，各部部长向计划的实施者分配了具体任务，初期的每3个月，总统都会主持会议正式评估该计划。这种做法后来为其他非洲国家所效仿，例如，塞内加尔所制订的旨在提高公共部门与私营部门生产力的塞内加尔振兴计划（Plan Senegal Emergent）。①

但是我们也认识到，作为外国人，即使赞比亚政府采纳了我们的计划，我们所发挥的作用也十分有限。

局内人与局外人

卢萨卡俱乐部（Lusaka Club）停车场里的一辆陆地巡洋舰的车身上印着"加强多部门的权力分工与协调，实行去中央化管理，解决艾滋病毒与艾滋病问题"字样。这种冠冕堂皇的宣传语只会助长政府的惰性，为暗箱操作留出空间。

这并不是说局外人在国家的发展进程中无可作为。他们可以为商业带来巨大的价值。他们可以通过即时、积极的干预，确定削减成本的方式、重组、产品的选择与推广、并购的程序与成本、销售与收购等，这些都是他们明显有真正专业知识的领域。对流程和人员进行详细的尽职调查，有助于促进投资，取得良好的效果。

麦肯锡通过确定行业的优先发展事项，在摩洛哥的经济改革中发挥了重要作用。参与实施者也可以在提出想法方面发挥重要作用。有时，从局外人的视角看问题，不受制度的约束，将其作为"军队"，同样大有裨益。例如，可以将局外人作为"红色团队"来检验主流的假设和逻辑。尤其应指出的是，出于降低非洲经济风险的需要，外部顾问可以在政府与企业之间扮演中间人的角色，因为他们可以明确并设法应对阻碍投资的因素。

但反过来，如果外部顾问实施与完成相关项目的可期待利益未能高于他们眼前的经济回报，则存在一定的风险。

而随之而来的还有一个相关的风险，由于这些顾问是外来者，特别是那些接受指派、扛着行李来的人，因此他们的想法没有内部基础，甚或是无源之水。捐赠者与政府也不得不警惕雇用非商业人士可能产生的后果，因为他们所扮演的角色主要与私营部门的发展有关，而这些人可能缺乏经验或意识形态与

---

① 详细信息请参见 http://www.worldbank.org/en/country/senegal/overview.（2016-12-01）

政府相对立。

毫无疑问，确定程序的改革需要何种分析类型十分困难。它超越了"问题树"（issue tree）这种为顾问们所追捧的范式，即以图示的形式剖析物体，首先垂直地将物体切割成组件，然后自左向右进一步细分。相反，事务的解决方案要求对政治、经济、商业及安全问题的复杂叠加予以甄别，这种做法通常与传统的咨询服务相去甚远。此外，还需要从根本上区分思想领导者与长远规划者，前者是对环境正如何发生变化予以评估，而后者则需要提出所需的具体的、有时限的政策方略。

所有这些都意味着有必要接受这一过程尤其是政治过程，作为解决问题方案的一个重要部分。

事实上，过去国家计划的错综复杂并不仅仅是国家领导人的过错，国际社会坚持增加诸多目标的行为也必须承担一些责任，尽管这些目标很重要，但并不是最关键的。这种无所不包的计划所导致的结果是援助变得颇为随意，捐助方可以在大量项目中挑选支持哪些项目，而不是在核心问题上付诸努力。

考虑到非洲在未来40年对就业的长远需要，发展计划应侧重于经济增长和创造就业岗位。

实施计划

在任何计划中，所采取的行动都应该是清晰的、有形的、可见的，所有看起来既具挑战性又有现实可行性的资源均须得到有效利用。这些行动也需要与政府宣布的计划紧密联系起来，因为这种做法的成功实现可以促进政府制订与实施更广泛的计划。对于计划也需要非常明确规定由谁负责实施具体行动，如果政出多门，则成功渺茫。

对于这种计划方式来说，政府在一个任期内很难做出有意义的改变是一大挑战。李光耀曾面临类似困境，他在新加坡首个国家发展计划的发布会上说："我们今天的成年人，为了下一代的福祉，必须忍受今天的苦难。如果有政治家声称在几年内就能改变一个社会，他是个骗子。"①当然，在民主国家，改选是执政党的关键目标。因此，一种双管齐下的做法，即在政府任期内实施计划的同时，寻求其他党派对该计划的支持，可能是计划取得长远成功的最佳机会。

如果政府的执行能力较弱，那么除履行最基本的职能外，积极挖掘自身的潜力，赋予私营部门在合适的领域以经营权是合乎逻辑的。在规划的过程中即应考虑这个问题。一位赞比亚的受访者解释说，他的商业模式是在政府"醒悟"而颁布新法规，建立新机构之前，寻找政府干预程度较低的领域，开辟新的商业。

上述问题的核心是，将各部委和政府视为在4个平行的工作程序中运作。他们不断地试图理解周围发生了什么；他们正在计划和控制他们的活动；为了塑造人民及其活动，他们彼此沟通、相互影响；最后，他们正在评估自己工作的进度。所有这些过程高度依赖于精准的管理信息，但是，正如我们已经看到的那样，这些信息供不应求。此外，所有这些过程相互作用，因此，团队协作控制计划执行的关键目标是确保整个过程保持同步，以此才能保证积极的发展势头，使工作取得进展，这需要所有人恪守承诺。一旦有重要的官员开始派副手参加关键的同步会议，则发展势头就会迅速消失。

2012年，利比亚总统埃伦·约翰逊·瑟利夫（Ellen Johnson-Sirleaf）在其第二任期伊始便制订了150天计划②，这表明公民社会对他产生了实际压力，促使政府兑现自己的诺言。这种方法有赖于政府与民众积极对话的意愿，以及公民、社会组织扮演独立监督角色的能力。

对于许多面临实现快速增长压力的非洲国家来说，或许需要采取这种双重措施。为推动社会的发展，需要成立一个与具体实施单位有联系的核心计划小组。此外，国家还需要在重组、改变文化和培训教育公务员方面不懈努力，这需要的不仅仅是愿景声明和团队建设实践，还需要树立榜样，以及解决既得利益问题。

---

① The Straits Times. "Blueprint for coming generation in store, says Lee". 1996-04-09.
② Tony Blair Africa Governance Initiative. "Seizing the moment: Liberia's 150-day plan". http://www.africagovernance.org/article/case-study-delivering-liberias-150-dayplan.（2016-12-01）

人民的重要性

李光耀公共政策学院（Lee Kuan Yew School of Public Policy）院长马凯硕（Kishore Mahbubani）认为，国家计划的成功实施有赖于三项特殊政策：精英管理、实用主义与诚实信用。"事实上，我向李光耀公共政策学院的每位外国学生分享了这个'秘密'的政策，并保证如果他们实施了这个政策，他们的国家也将如新加坡一样获得成功。精英统治意味着一个国家选择最好的公民而不是亲属来治理国家。实用主义意味着一个国家不要试图'别出心裁'。"正如新加坡的第一独立财政部长吴庆瑞博士所言："不论新加坡遇到什么问题，某个人、某个地方已经解决了这个问题。我们且复制这种解决方案并将其应用于新加坡。践行'诚实信用'是最难的事情。腐败是多数第三世界国家失败的最大原因。新加坡开国元勋的最大力量在于他们不折不扣的诚信，他们异常的精明与机智也颇有裨益。"[1]

许多非洲国家面临的困境是，它们需要实现经济的快速增长和创造就业岗位，却没有很多时间去提高公务员的工作效率。此外，他们一直未能显著改善人才库建设。

1997年，国际货币基金组织在回顾撒哈拉以南非洲10年的政府改革时强调，许多国家在经历了10年的公务员队伍的快速发展而实际工资（特别是对高级职员）缩减后，于20世纪80年代开始改革公务员制度。它指出："政府很难留住称职的公务员，而官员收受贿赂的动机很强。"[2]援助者一直关注不断攀升的财政开支、"影子职员"（ghost workers）现象以及关键领域的技术人才短缺问题。

世界银行的全球治理指标尝试利用6个综合治理指标，对1996—2014年超

---

[1] Kishore Mahbubani. "Why Singapore is the world's most successful society". *The World Post*, 2015-04-08, http://www. huffingtonpost. com / kishore-mahbubani / singapore-world-successful-society_b_7934988. html.（2016-12-01）
[2] Ian Lienert and Jitendra Modi. "A decade of civil service reform in sub-Saharan Africa". https://www.imf.org/external/pubs/ft/wp/wp97179.pdf.（2016-12-01）

过215个经济体进行了衡量。①政府效力是其中的一项衡量指标，即收集公众对政府公共服务质量、免受政治压力的程度、政策制定与实施的质量，以及政府对此类政策所做承诺的可信度的看法。

当然，这些数字掩盖了一幅复杂的画面。经过多年的发展，毛里求斯2014年的得分高达83分，卢旺达1996年的得分仅为11分，但2014年已提高到56分。刚果（金）的成绩一直很差，2014年的得分只有4分。2011年以来，马拉维的得分出现了下降的趋势，2014年仅有25分。尽管撒哈拉以南非洲国家尝试了许多公务员制度改革，但该地区的排名变化并不大。分析报告显示，整个撒哈拉以南非洲地区19年间的排名从28位下降到了26位。卢旺达和毛里求斯的发展轨迹表明，该地区是可能实现改善的，但这需要时间和不懈努力。

在非洲，与人交谈的一个常见主题是外籍工人很难获得工作许可，特别是技术专家的工作许可。企业和其他组织不断被告知要雇用当地工人，以及必须减少外籍劳动力。一些组织指出，雇用当地员工比雇用外籍员工的成本更低，他们欣然为之，但实际情况是很难找到合适且经验丰富的人。这似乎是一场永无止境的争论，给那些试图开展业务的企业增加了很多摩擦。最后，放眼长远，解决这个问题需要重视如何为整个国家创造更多的就业机会。

该地区很难留住人才和合格的专业人士。世界银行估计，来自赞比亚的侨民人数占其总人口的1.5%（约23.5万人）。②2011年对赞比亚侨民③的一份调查估计，在那些离开赞比亚的人中，有3/4的人获得了学士学位甚至更高。该研究还指出，71%的受访者已经做好了准备，亲自到赞比亚传授知识和专业技术。报告同时也强调，腐败、裙带关系和公共服务效率低下打击了那些想要回国的人。尽管需要谨慎对待报告中的数字，但可以明确的是，对于很多有专业技术的赞比亚侨民可以采取适当的激励措施，鼓励他们回国，相比直接的经济诱因，与营商相关的公平待遇、发展机会及便利条件等激励措施更重要。

---

① 世界银行，全球治理指标，http://info.worldbank.org/governance/wgi/index.aspx#home.（2016-12-01）
② 世界银行，http://siteresources. worldbank. org / INTPROSPECTS / Resources / 334934-1199807908806 / 4549025-1450455807487/Factbook2016_Countries_M-Z_Glossary.pdf.（2016-12-01）
③ Office of the President of the Republic of Zambia. "Zambian diaspora survey". https://www.iom.int/ jahia/webdav/shared/shared/mainsite/activities/countries/docs/zambia/Zambian-Diaspora-survey-Report.pdf. （2016-12-01）

在加强人才储备方面，利比里亚为人民提供了有意义的研究案例。据估计，利比里亚2000年的熟练工人中有45%生活在国外，其中大部分居住在美国。利比里亚政府成功推行了两项方案——旅外专家回国传授技术（Transfer of Knowledge Through Expatriate Nationals，TOKTEN）和高层行政人员培训计划（Senior Executive Service，SES），以鼓励技术人员归国。TOKTEN旨在通过短期合同，使旅外专家回国填补特殊人才的空白或培训他人，而SES则期望通过可续签的3年期合同招募100名技术熟练的利比里亚人。①

关于人民的重要性的阐述不胜枚举，但这都是从新加坡的经济战略计划中提炼出来的。1991年，一项以"走向发达国家"为题的计划，为新加坡在25年内实现发展转型指明了道路："取得发达国家地位的最重要因素在于，提高新加坡最重要的资源——人民的地位。提高人民的能力水平，提高基础教育水平，提高与培训项目相关的产业水平，实施有效的中等职业培训项目，提高重要的人力资源质量，如职业道德与创造力。"②

为解决人力资本短缺问题，必须兼采短期与长期行动。在中短期内，国家应明确重要（领域）的人力资本短缺问题，安置本土人才，鼓励海外人才回国，吸引外部人才，以填补空白。同时，重视奖学金计划，如新加坡和智利就实施了此类计划，以促进合适的毕业生队伍的快速发展，并且他们学成后必须回国并在关键岗位工作。从长期来看，国家应切实重视教育制度的发展，并将其转化为国家的需要。

结论：解决问题的计划

我们的计划在赞比亚得到实施的机会随着埃德加·伦古（Edgar Lungu）政府的改选而丧失。尽管国际货币基金组织因赞比亚的财政状况恶化，国际债务激增而迫促伦古政府走改革之路，但伦古所属的政党是使这些问题出现的"罪魁祸首"。他们会进行改革，不是因为相信改革，而是由于别无他选。所

---

① Greg Mills. *Why States Recover*. Johannesburg: Pan Macmillan, 2014, p.272.
② 联合国可持续发展知识平台，https://sustainabledevelopment.un.org/content/documents/1431Singapore.pdf.（2016-12-01）

以，历史表明，当外部压力消失的时候，他们不太可能坚持这些艰难的、在政治上不受欢迎的改革。

这一经验表明，如果希望成功实施任何计划，那么就有必要考虑政治经济中的既得利益者。必须甄别、承认和处理这些利益。尽管拟定计划是良好的开始，但它本身并不能解决问题。为了成功实现计划，必须采取与实施计划的能力相匹配的更加平衡的方法。

此外，还需要进一步指导方针。第一，行动的数量需要保持在现实可行的水平。列出冗长的政府干预手段，却忽视多数非洲国家的实际能力，将以失败告终。

第二，在制订任何计划，甚至采取每个行动之时，都需要谨慎处理并反复强调社会化问题，并且随着新行动取代已完成的行动，在实施计划的过程中不断更新。当地（人）对计划的所有权及其行动是必不可少的。

第三，要有严格的时间表，应给出实现或实施计划的具体日期。

第四，应仔细考虑政府内部与整个政府如何推动该计划的实施。尽管为了保持工作的一致性，需要某种形式的中央队伍，可能是总统办公室，但各部长、常任秘书及政府公务员也应被纳入该体制内，从而使他们可以在实施计划时发挥积极和建设性作用。尽早建立如此体制，实现可以实现的成功，是建立信心和保持发展势头的关键。

第五，尽管通常的建议是可行的，但每个国家都有其特殊性，因此在制订计划时，需要考虑自身具体的优势、劣势、机会和威胁。

外来者很明显会受到限制。不论其动机如何，这些人在思考、提出政治激励措施时会受到当权者的限制。这就是为何满足当地人的需求是任何改革获得成功的必要条件：外来者的需求不能超过当地人。改革要想获得成功必须获得当地人的支持，同时，必须排除外部孤立、指责等一些不利于领导的因素。

以下情形是很少见的：尽管政府因腐败或裙带关系的侵蚀而管理不善或功能失调，人民却不知何为运行良好的政府。他们对最佳国际实践、最有效的管理与信息系统等的启示与模式已经耳濡目染，但改革仍不奏效，原因在于实施改革对一些重要官员没有利益；现实中，他们可以从政府现有的功能失调中获益。这种情况在不同程度上打击了许多非洲国家的努力。

　　总之，有必要避免浮夸的或一劳永逸的办法的诱惑，原因不仅仅在于这是不现实的，还因为它们无法解决根本问题。例如，当看到南非的核计划或尼日利亚的空间计划时，任何基本称职的投资者都会嗅到腐败的气息，对问题避重就轻。国家计划要么对国家的发展绝对重要，要么仅比镇纸贵重一点。因此，问题不在于规划本身，而在于国家规划是否既能预见国家所面临的最重要的挑战，又能够有坚定的领导来实施该规划。制订计划不是过程的终结，而仅仅是成功制订，则计划就是通过资源再分配解决最重要的问题，以及通过组建积极的政府来实施该计划。

第十一章 领导力与执行力

成功的五个步骤

·领导者应该以民主的方式逐渐灌输有纪律的民族主义，同时解释这个国家的发展道路。

·领导者应把重点放在执行和注意管理的细节上。

·领导者需要充分利用个人的外交技巧和耐心。

·应通过透明度来确保政府官员的问责制。

·强有力的领导者愿意将权力下放。

挑战与机遇

改变一个国家的经济发展轨道，并处理像非洲这样的人口增长问题需要强有力的政治领导。这种领导不仅需要设定一个愿景，在资源匮乏的时候做出艰难的选择，它还需要力量，致力于对共同利益和对细节的关注，以推动交付。完善管理，强化制度和增加行政透明度，对需要吸引外国投资的国家来说是至关重要的改革，在这方面，强有力的领导也是至关重要的。

关键数据

2016年脆弱国家指数中，处于"非常警戒"或"高度警戒"类别的16个国家[1]中，有10个[2]位于撒哈拉以南非洲地区。[3]透明国际2015年腐败感知指数

---

[1] 这16个国家分别是索马里、南苏丹、中非共和国、苏丹、乍得、刚果民主共和国、几内亚、尼日利亚、布隆迪、津巴布韦、也门、叙利亚、阿富汗、海地、伊拉克和巴基斯坦。

[2] 这10个国家分别是索马里、南苏丹、中非共和国、苏丹、乍得、刚果民主共和国、几内亚、尼日利亚、布隆迪和津巴布韦。

[3] 2016年和平基金脆弱国家指数，http://fsi.fundforpeace.org/.（2016-12-01）

中排名最后的10个国家①中，有6个②是非洲国家。③根据世界经济论坛，在140个经济体中进行的测量，撒哈拉以南非洲10个最具竞争力的经济体为（括号内为全球排名）：毛里求斯（46）、南非（49）、卢旺达（58）、博茨瓦纳（71）、纳米比亚（85）、科特迪瓦（91）、赞比亚（96）、塞舌尔（97）、肯尼亚（99）和加蓬（103）。在同一次调查中，非洲国家也占据了排名20位里的15个。④

"在1999年担任尼日利亚总统后，我（奥卢塞贡·奥巴桑乔）发现，尼日利亚对巴黎俱乐部⑤的累积债务约为300亿美元。构成债务的一些项目即使不是彻头彻尾的欺诈，也是可疑的。一个典型的例子是800万美元的交钥匙项目，其中的钱被抽出却没有票据交换，更不用说奠定了基础（搁置基金会）。然而，有一个视频说明了该项目的所谓调试。"这件事发生在尼日利亚36个州之一的埃努古州。显然，它涉及州政府与贷款人和项目推动者之间的勾结与腐败。同样地，贷款是一项承诺，它是必须偿还的。

这已经成为尼日利亚对国际社会的债务。

"我没有把时间浪费在这些项目的优点、缺点和不当之处，以前的政府接受了这些项目，而且为因失败而产生的利息，支付已经赔付了的利息和罚款。我集中精力寻求债权国政府的债务减免，债权国政府联合捆绑起来形成卡特尔模式，他们称之为巴黎俱乐部。"尼日利亚每年花费近30亿美元用于偿还债务。这对该国经济造成沉重负担。如果未能偿还债务则会受到处罚。尼日利亚只有两种选择：违背前政府与巴黎俱乐部达成的承诺或谈判债务清偿。违背承诺将导致尼日利亚被孤立，并在国际经济界和市场中面临严重的惩罚。

---

① 10个国家是朝鲜、阿富汗、委内瑞拉、伊拉克、索马里、苏丹、南苏丹、安哥拉、利比亚和几内亚比绍。
② 这些国家分别是索马里、苏丹、南苏丹、安哥拉、利比亚和几内亚比绍。
③ 透明国际2015年腐败感知指数，http://www. transparency.org/cpi2015.（2016-12-01）
④ 排名后20位的国家分别是几内亚、乍得、毛里塔尼亚、塞拉利昂、布隆迪、马拉维、海地、莫桑比克、委内瑞拉、缅甸、马达加斯加、利比里亚、斯威士兰、马里、巴基斯坦、津巴布韦、尼日利亚、冈比亚、贝宁、圭亚那和坦桑尼亚。参见 https://www.weforum.org/agenda/2015/09/what-are-the-10-most-competitiveeconomies-in-sub-saharan-africa/.（2016-12-01）排名后20位的国家中存在排名并列的情况。（译者注）
⑤ 巴黎俱乐部成立于1956年，当时阿根廷与其公共债权人在巴黎进行了谈判。它由21个作为主要债权国的常任理事国组成，其目的是协调和找到可持续解决债务国偿债困难的办法。巴黎俱乐部的常任理事国是澳大利亚、奥地利、比利时、加拿大、丹麦、芬兰、法国、德国、爱尔兰、以色列、意大利、日本、荷兰、挪威、俄罗斯、韩国、西班牙、瑞典、瑞士、英国和美国。

"最可持续和最谨慎的做法是谈判。但是，是什么样的谈判呢？前政府已经谈判过推迟还款和服务条款了，但反而使得债务量不断增加，并使其变得越来越繁重和难以忍受，特别是当我1999年上任时，一桶油的价格甚至低于10美元。

"我开始穿梭于外交场合，以改变尼日利亚在世界眼中的形象和看法，并寻求债务减免。我访问了许多西方国家，以呈现新的尼日利亚情况。其中一次访问华盛顿特区，在那里我遇到了克林顿总统和世界银行行长吉姆·沃尔芬森。我向他们两人提出减免债务的问题，并向吉姆寻求支持和建议。他建议尼日利亚应紧急开展全面改革，以打击其债权人。如果尼日利亚在经济改革和管理方面做得很好，它将获得世界银行的支持。

"这构成了我的行军装备。在我的第一个任期内，从1999年到2003年，我访问了许多国家和世界领导人，不止一次，为了减轻债务而作战。在这期间，我听到了明显的同情声，但政治领导人没有采取太多行动。在我第一个任期之后，我意识到我在最高政治层面的会谈需要在下面的层面进行跟进。因此，我从世界银行找到恩戈齐·奥孔约·伊维拉（Ngozi Okonjo Iweala），任命她为尼日利亚财政部长。我的计划是她会在较低级别管理后续的工作。即便如此，由于尼日利亚是世界上第六大石油输出国，而这一事实经常被用作拒绝减免债务的理由。但我会解释说，尼日利亚的1.5亿人口和它的发展阶段能够证明这种救济是正当的。

"渐渐地，这个说法开始陷入困境。但尼日利亚需要一个债权国相信它正在进行的改革、规划和进步。这个国家就是托尼·布莱尔担任首相的英国，此时戈登·布朗担任他的财政大臣。在2人的坚定支持下，英国在七国集团会议上率先采取行动，为尼日利亚的债务减免进行辩护。那时，英国是尼日利亚最大的债权人。布朗在坚定的道德基础上为尼日利亚的债务减免辩护，并领导了十字军的讨伐。

"最后，尼日利亚获得了大约180亿美元的债务减免，并支付了大约120亿美元以摆脱这种负担。这是一个巨大的突破，节省下来的费用用于千年发展目标，这是对债权人做出的承诺之一。在巴黎俱乐部同意减免债务的情况下，尼日利亚也有了与其他债权人谈判减免债务的能力。

"在我任总统期间的第二大挑战是伊斯兰教的问题。作为一个穆斯林和基督徒的比例约1∶1的国家，伊斯兰教一直是北方法律和司法系统的一部分，但只是在习惯的或所谓的地方法官层面。即便如此，尼日利亚宪法还规定建立一个伊斯兰教上诉法院。伊斯兰教徒从来不是一个问题，因为它涉及个人问题，如婚姻、继承、民事问题，债务、边界争端和土地问题。只是偶尔会处理刑事问题，并在必要时转交高等法院确认。

"沙里亚争议的发起者，当时的扎姆法拉州州长萨尼·耶里玛（Sani Yerima），提出的这个争议，不过是出于自私和自我保护，而不是真正或真实的宗教信仰。当他在全体人民党的旗帜下代表国家的州长时，后来成为国家安全顾问的阿里尤·穆罕默德（Aliyu Mohammed）将军在当时的党派旗帜下赞助了一位人民民主党的候选人。人民民主党候选人在选举中失败了，但看起来美国国家安全局打算对州长问责，他们开始偷偷地收集有关州长的错误和腐败的证据。与此同时，我曾多次尝试调和他们，但都无济于事。我甚至把他们两位都带到中国进行正式访问，这是一个将他们聚集在一起的机会。当美国国家安全局持续存在时，耶里玛州长让他自己变得至高无上。

"他邀请了伊玛目、穆斯林领袖和他所在州的神父，并告诉他们，他正在使扎姆法拉变成一个完整的伊斯兰教国家。他宣布了一项法律，宣布扎姆法拉为伊斯兰教教国。而且，真的，他变得惹不起。为了不被视为孤立行事，他在北方的其他伊斯兰国家中煽动伊玛目，以鼓动极端的伊斯兰教法宣言。最后，北方19个州中有12个州颁布了完整的伊斯兰教法。

"这个国家的穆斯林都在密切关注着我会做些什么。对我而言，错误的讲话或行为会被视为煽动性行为，因为"异教徒"，反穆斯林的总统会被视为践踏伊斯兰教的宗教神圣。但是，与此同时，尼日利亚境内外的基督教神职人员和领导人都呼吁我在穆斯林占多数但同时拥有大量基督徒的国家中消除伊斯兰教法这一新现象。他们指出尼日利亚是一个世俗且多宗教的社会，而不是一个伊斯兰教国家。在整个争议中，我所做的唯一声明是，如果扎姆法拉州长所宣传的伊斯兰教法是真实的，它将会存活并茁壮成长。如果不是，它就会消失。

"为了向那些他招募来的'政治'伊斯兰教徒证明他的所作所为符合伊斯兰教信仰，证明他的"伊斯兰教性"，耶里玛切断了一个小偷的手——这是传统的穆斯林刑罚。从那之后，可以确定的是，伊斯兰教的热情开始消退。穆斯林曾期望我回击伊斯兰教，支持他们弹药武器以给伊斯兰教造成混乱。而基督徒则因为我没有推出军事坦克来粉碎伊斯兰教的支持者而感到愤怒和失望，在这一事件中，他们都同时有输有赢。但尼日利亚肯定是毫无疑问的胜利者。最终，耶里玛放弃了他穆斯林神职人员的身份，而伊斯兰教也在他的州里衰落了。

"几个月后，耶里玛到我的官邸拜访我，问候我的表妹，并在我面前亲切地拥抱她。我开玩笑地对耶里玛说，这个行为不符合伊斯兰教法。耶里玛反驳说："不是你说伊斯兰教会消失，难道它没有消失吗？"

"那时，这件事变成了一个笑话。如果处理不当，对尼日利亚来说将是一场严重的灾难。在那期间，我收到了尼日利亚境内外有关伊斯兰教的许多信件，而不是有关我 8 年任期内的其他问题。"

人们期待男女政治家有冷静的头脑和娴熟的外交手段。如上述尼日利亚的例子所示，虽然面临着共同的挑战，但是非洲各国分歧日渐增大，不仅表现在地形上，还表现在人口规模、经济、社会结构和政治经历方面。有的国家稳定，有稳固的人权制度，有的则即将或已经陷入冲突。接下来我们用 4 个例子展示传达能力：埃塞俄比亚和博茨瓦纳———一个大国一个小国，一个虽大但是严重缺乏商品经济，而一个虽小但是商品经济独立。而且，自由之家将它们一个划分为非自由国家，一个是自由国家。[1]毛里塔尼亚也被列为萨赫勒地区面临改革的一个例子，而且它面临的是特殊且极端的挑战。最后，本章探讨了西非的一个重要经济体，着眼于科特迪瓦在冲突中获利的事迹。

埃塞俄比亚的经济单一吗?

在埃塞俄比亚，很难不被战略前景的明晰性、专一性和注重执行所

---

① Freedom House. *Freedom in the World, 2015.* New York: Freedom House, 2015.

打动。①

"我们看到中国变得富有,但非洲未能充分利用这个优势,部分原因是非洲大陆的劳动力成本昂贵,"埃塞俄比亚总理海尔马里亚姆·德萨莱尼②(Hailemariam Desalegn)说,"然而,在埃塞俄比亚,为了发挥我们在轻工业方面的优势,我们一直保持低成本。这与政府工资花销同时展开。如果把政府开销做大,就会对市场产生影响并导致通货膨胀。在埃塞俄比亚,领导人的官方薪水每月不高于400美元,为非洲最低。我们还基于生产率提高了工资,而不仅仅是简单的增量。"

海尔马里亚姆来自埃塞俄比亚南部少数民族沃莱塔区(Wolayta),2012年8月原总理梅莱斯·泽纳维逝世后,海尔马里亚姆根据宪法代行总理职务,年仅47岁。早年间,他想成为一名医生,但在他陪生病的爸爸去位于亚的斯亚贝巴的医院之后,他打消了做医生的念头。之后,他在芬兰坦佩雷理工大学获得文学硕士学位的同时,接受了土木工程师的培训。他在27岁时回国,成为水利技术研究所的院长,相较于他的年龄和经验,这个职位对于他来说"非常具有挑战性"。35岁时他在政治上迈出了一步,被任命为南方各族州③副州长,1年后,他成为州长,直到2006年,任职近5年。之后,他担任梅莱斯特别顾问,于2010年10月晋升为副总理兼外交部部长。

自1991年厄立特里亚独立以来,自然资源不断减少,人口迅速增加到1亿,④并且由于地处内陆,埃塞俄比亚的发展选择似乎被限制了。55%的人口在24岁以下,因此政府不得不创造更多的就业机会。

缺乏自然资源驱动的增长对埃塞俄比亚来说是一个优势,特别是在商品价格下跌期间。埃塞俄比亚已成为非洲经济增长最快——或许是增长最快的经济体之一。从2003年到2013年,与撒哈拉以南非洲地区的平均5.3%相比,埃塞

---

① 本节参考了发表在《异议者日报》上的文章,参见 Greg Mills. "Ethiopia's Hailemariam Desalegn: Growth has to be shared to be sustainable". *Daily Maverick*, 2016-06-07, http://www.dailymaverick.co.za/article/2016-06-07-ethiopias-hailemariam-desalegn-growth-has-to-be-shared-to-be-sustainable/.(2016-12-01)

② 海尔马里亚姆·德萨莱尼已于2018年2月辞去党政职务。(译者注)

③ 埃塞俄比亚9个民族州之一。

④ 埃塞俄比亚2016年的人口是9400万。

俄比亚的增长率超过10%。①这种经济表现大大降低了国家的贫困水平，从1995年的45.5%降至15年后的30%以下。②

"首先，我们必须在全球范围内关注我们的相对竞争优势，"总理说，"我们的首要任务是农业，农业需要机械化并从中获取更多的产值。"农业人口仍然占埃塞俄比亚就业人口的80%。"我们的战略是支持小农耕作，并增加对农业的需求。但仅此一点是不可持续的，我们必须考虑下一步。"他说。

"在一定程度上，接下来的步骤是通过从自给性作物转向出口作物来增加农业的价值。埃塞俄比亚经济转型的下一阶段涉及提高寻找前任总理梅莱斯所称的'相对比较利益'的技能。"总理强调。③

"我们必须专注于技术和职业培训。否则，带着这种错误的态度，我们的年轻人将既不懂技术也不了解市场。这不仅仅涉及技术技能，这也是为了支持那些中小型企业。"他说。

海尔马里亚姆认识到，当地的资本和劳动力只能提供这么多资源。"基于我们的竞争优势，我们打算吸引更多的外国企业来直接投资，而竞争优势主要集中在劳动密集型轻工制造业。"

有数据证实了这一点。2005年，埃塞俄比亚每年的外国直接投资流入量为2亿美元，相当于国内生产总值的3.6%，与20世纪90年代的中国流入率相似。现在它增加了10倍。2013—2015年，仅美国的直接投资总额就达40亿美元，其中包括对花卉出口公司的2亿美元投资，以及可口可乐公司增加的2.5亿美元投资。

从总理的角度来看，政府最重要的任务是让投资者进入遍布全国的20个工业园区。他强调说，这些工业园不仅仅是棚屋，还是全面的项目，包括从一站式服务到恰当的公益事业、环境管理、培训和技能开发规定——适用于现代城市的所有设施和服务。为了使这些工业园运转，"还需要了解它们在非洲和其他地方失败的原因"。

---

① World Bank. "Ethiopia, Overview". http://www.worldbank.org/en/country/ethiopia/overview. （2016-12-01）
② World Bank. "Ethiopia", http://data.worldbank.org/country/ethiopia.（2016-12-01）
③ 感谢克里斯托弗·克拉彭的观点。

东方工业园距离亚的斯亚贝巴40公里，到2016年，受到进口制成品低关税或零关税，以及长达7年的免税期的吸引，中国投资者超过了20个。该园区的核心是中国华坚集团的"鞋城"，这是一家鞋厂，雇用3200名工人，每月出口18万双鞋。①

"我们的目标是每个工业园有5万个工作岗位。"总理说。这个工业园是劳动力成本问题产生影响的地方。埃塞俄比亚工人的平均收入是中国同行工资的1/10。例如，亚的斯亚贝巴的鞋厂每月支付700到800比尔（30—35美元）。

当一个人在首都东北部旅行时，经过新建的公共单元住房，会来到勒格塔夫（Legetafo）的另一个工业园。虽然这里的道路仍处于施工阶段，但不仅仅是工业园内的泥路，从食品加工到包装，肥皂和鞋子的制作，都可在工厂里随处可见。此外，这些产品也不仅只适用于出口市场。

一家名为"Top Shoes"的制鞋公司刚刚安装了5台新的中国台湾供应的机器。该公司现有4个加工单位，用于生产橡胶凉鞋和人字拖鞋，这些鞋子以低于1美元的价格向国内消费者批发销售。虽然每台机器每周可以生产5000双鞋子，但它们很容易受到国内需求波动的影响。在我们访问的时候，9台机器中只有2台正在冒着热气运作。

"我们在经营制造业务方面存在相当大的挑战，几乎所有零部件和材料都是进口的，而且电力不可靠，需要投资备用发电机。尽管如此，政府正在努力使埃塞俄比亚有足够的吸引力，以克服这些挑战。"

总理指出，需要将国内资本作为外国投资的一部分，"特别是在纺织品、服装、鞋类和农产品加工方面"。埃塞俄比亚政府还致力于在区域铁路网络和电力生产这些亟待发展产业方面的扩张。为了吸收每年进入埃塞俄比亚就业市场的大量年轻人（估计每年有200万人）②，迫切需要这种改善，而由于越来越多的人迁往城市，这种情况变得更加紧迫。该国目前的城市化水平仍然很低，仅占人口的19%。但是，这些将会开始发生改变。

---

① Addis Ababa Online. "Chinese shoe factory Huajian now employs 3200 people". http://addisababaonline. com/chinese-shoe-factory-huajian-now-employs-3200-people/.（2016-12-01）

② UK Department for International Development. "Economic development: The good news from Ethiopia and what might make it even better". https://www.gov.uk/government/speeches/economic-development-the-good-news-from-ethiopia-andwhat-might-make-it-even-better.（2016-12-01）

埃塞俄比亚的竞争优势——劳动力成本低，这并不是总理提出的唯一问题。

埃塞俄比亚转型的成功及其集体创造就业的能力，取决于能否鼓励本土商业阶层成为一个强大的国内增长基础。资金短缺阻碍了这一过程，一部分原因是政府将大部分资金用于基础设施项目，另一部分原因是政府希望保持控制权并相应地不向外界开放某些部门。

总理解释说："我们需要让政治、经济更容易接受资本。如果它有利于寻租，如果政府官员参与庇佑或者短期掠夺，它会阻碍当地私营部门投资生产。这要求我们消除腐败。"他补充说："但这也意味着，我们消除了基础设施、规则、程序以及融资方面的缺陷，以鼓励私营部门投资富有成效的增值活动。"

海尔马里亚姆表示，由于埃塞俄比亚希望吸引来自土耳其的纺织品投资者，争取来自印度和其他行业的建筑材料，因此，埃塞俄比亚"不仅要立足，而且要谋求发展，这意味着要在各领域交互跃进，包括生物技术和纳米技术"。他承认，这就意味着需要"参与并投资研发以提高竞争力"。

他说，创造高质量的工作至少需要20到30年。"但我们知道我们是从哪里开始的，我们想在哪里创造就业机会，以及如何去创造。首先，我们必须从低成本、劳动密集型和低技术开始。"

总理对埃塞俄比亚人在这之中应当承担的个人责任同样坦率。"我们最大的制约因素是人民的态度、观念和曝光度。我们拥有庞大的农村人口。你要让他们懂得人需要创造价值，而创造价值需要每个人都努力工作，并且以不同的方式工作，例如，从生存到农业的转变。你还必须让人们相信工作，农业可以成为现代职业。"

他解释道："所有的这些需要一个良好的沟通策略，包括如果我们不改变我们的方式，我们会面临什么样的挑战。如果我们不解决这些问题，不变得积极和勤奋，那么我们将面临的危险就是贫穷和国家的解体。"

面对所有这些挑战，埃塞俄比亚取得了一些显著成就。第七章讨论过的埃塞俄比亚航空公司和第四章讨论过的国家花卉产业就是不同行业成功开展业务的例子。

鞋城就是梅莱斯邀请该公司创始人在2011年访问中国之后开设的一家工

厂。这让人有点小意外。因此，梅莱斯的死让总理海尔马里亚姆感到"震惊"。"这是一个悲伤的时刻。我认为，没有他我无法管理好这个国家，我不知道怎么做。但我还是在同事的帮助下挺过来了。我意识到这个国家的最终决定得由我自己来做的时候，你光想就知道压力多大。这就是为什么我选择在政治和私营部门采用更具协商性和集体性的领导机制。"他每年会在战略会议上遇到后者3次，每季度就竞争力问题会面，并每月评估出口进展情况。

海尔马里亚姆承认："领导最重要的是要得到人民的信任。我们必须通过实例证明我们对腐败的零容忍，不使用公共资金致富个人，也要展现出我们的奉献。如果你不能这样做，你也不能指望别人这样做。"

当问及如何定义成功时，总理回答："大概是给我们人民的生活带来有意义的改变。"他补充说："这不仅仅是数字的增长，还得改变生活。增长必须分享才能持续下去。"

尽管规划清晰，并且愿意做出牺牲，但2016年警方对奥罗莫和阿姆哈拉地区的抗议活动的镇压，使人们对埃塞俄比亚模式的长期可持续性尤为担忧。抗议活动是因政府试图在这些地区重新分配土地而起，这些地区是该国近2/3人口的家园。这些团体认为，在埃塞俄比亚的政府联盟中，提格拉扬人占主导地位，他们占人口的6%左右。他们是领导游击战争的群体，他们反对海尔马里亚姆的军事政权。信息很明确：经济能否增长和繁荣取决于政治是否正确。事实上，许多抗议活动都针对外国投资，凸显了国内和平的不可分割性，以及吸引和留住外国投资的能力的重要性。

其稳定的区域安全和创伤性的国内政治记录表明，国际社会将暂时向埃塞俄比亚提供一些关于其人权状况的免费通行证。然而，这可能不符合援助者的长期利益。矛盾的是，随着经济上的成功，政府可能面临更大的挑战。随着它越来越富裕，中产阶级想要更大自由的要求可能会与那些感到被排斥的人的需求相结合。如果这种情况发生在经济危机中，就像20世纪90年代末的印度尼西亚那样，变革的压力可能会变得无比之大，而且可能难以控制。历史表明，不断强调民主将为埃塞俄比亚的长期发展要面临的挑战提供答案。

博茨瓦纳：商品之外的挑战

距离哈博罗内新的塞雷茨·卡马爵士（Sir Seretse Khama）国际机场仅几公里的是戴比尔斯（De Beers）全球看货商销售中心。[①]以前它被称为钻石贸易公司（DTC），这是一个分拣、评估和销售中心。2014年，它处理了超过3200万克拉的钻石（价值超过70亿美元），用于全球分销。在角形玻璃和石头建筑附近有国家保险库、标准局、各种钻石切割器和抛光车间，以及国家档案馆。

DTC于2012年从伦敦搬迁，作为与朱瓦能（Jwaneng）和奥拉帕（Orapa）矿山续租协议的一部分，这些矿场拥有世界上最丰富的钻石矿床。博茨瓦纳的目标是从主要出口中获得更大份额的下游收益。每隔5周，86名授权的看货商或客户在博茨瓦纳会面，购买毛坯钻石。作为同一个选矿计划的一部分，政府还成立了奥卡万戈钻石贸易公司，该公司每年独立处理300万克拉的钻石。

对钻石进行分类是一项复杂的、技术性的、劳动密集型的工作。需要1500名员工和550台分拣机，将未经处理的宝石分类为11344个类别，每个销售点需要出售500个左右的包裹。[②]

哈博罗内（Gaborone）如今由于起重机多，交通堵塞，新酒店、闪亮的摩天大楼，和塞雷茨爵士在1966年9月30日领导该国独立时相去甚远。博茨瓦纳是世界上发展最慢和最贫穷的国家之一。人均收入仅为83美元，其大部分人口依赖自给农业。在独立生存上，只有不到3万人从事有薪工作，此外，只有大约50名大学毕业生，识字率低，缺乏医疗保健、卫生、水、电话、电力、公共交通和其他服务设施。该国依赖英国的外援生存。

到21世纪初，博茨瓦纳的人均国内生产总值为7300美元，高出比其强大的邻国南非的人均国内生产总值15%，成功的原因在于该国与戴比尔斯公司合

① 本部分参考了发表在《异议者日报》上的文章，参见 Greg Mills. "Botswana's President Ian Khama: 'Diamonds are not forever'". *Daily Maverick*, 2016-06-29, http://www.dailymaverick.co.za/article/2016-06-29-botswanas-president-ian-khama-diamonds-are-not-forever/. （2016-12-01）
② Leah Granof. "DTC sight week revealed". *Rapaport Magazine*, 2008-01-21, http://www.diamonds.net/Magazine/Article.aspx?ArticleID=20171&RDRIssueID=21. （2016-12-01）

作开发了钻石资源。该行业生产的钻石超过世界总产量的1/4，占博茨瓦纳国内生产总值的35%，占出口的85%左右。

博茨瓦纳几乎完全依赖钻石，钻石是它自独立以来最好的"朋友"，这一事实在历届政府中都存在着。

寻找增加国内更大价值的手段一直是前博茨瓦纳总统莫哈埃的长子伊恩·卡玛（Ian Khama）政府的一个特殊问题。他于2008年55岁时成为总统。博茨瓦纳的"制度"允许新总统在其前任任期结束前接任，允许他在参加全国大选之前上任。

卡玛作为前国防部队指挥官，还是一名敏锐的飞行员，他对这个国家成功的基础是了如指掌的。他说："这是基于对民主文化和传统的承诺。不同于那些扭曲民主概念以适应自己的人，我们坚持这些原则，因为我们所做的事情应该符合我们公民的利益。这解释了我们对腐败的强硬立场——这完全是关乎自身利益和自我提升。"他在哈博罗内的办公室观察，民主和善政源于其他一切，包括审慎的经济财务管理。

卡玛说，对民主的承诺与殖民地遗产没什么关系，不仅仅是因为英国"首都"在马菲肯（Mafikeng），处于该国境外。相反，这种承诺既是文化的，又依赖于领导力。对民主和善政的承诺不仅仅是一种善意或修辞，而是根深蒂固的。

博茨瓦纳已多次尝试促进多样化。1999年终止的经济援助政策为新企业提供了劳动力和资本补贴，但在该计划下启动的3000项业务中，很少有项目能够幸存下来。公民创业发展机构的政策取代了它，其提供了低息贷款、指导和支持计划。

2005年，布伦特赫斯特基金会应博茨瓦纳政府的邀请，帮助组建了一批国际专家队伍，帮助政府制定经济多样化战略。在这些初步讨论后，出现了博茨瓦纳经济咨询委员会（BEAC），之后是理事会，负责监督这一战略。

卡玛将旅游业视为推动多元化发展的成功故事。博茨瓦纳的国际游客人数从2006年的140万人增加到2014年的150万人。①2013年，旅游业直接提供了3.1万个就业岗位，占就业总人数的4.6%。旅游业对GDP的直接贡献估计为5.1亿美元，占该国2014年国内生产总值的3.2%。②

BEAC早期的一项建议是努力将开展业务的成本降低到接近最大的竞争对手南非的成本，目的是成为服务业的"南部非洲的毛里求斯"。该战略不需要补贴，但需要通过解决其货币的高价值（自然资源依赖和流入的影响之一）及银行和电信的成本来全面改善竞争环境。

总统提到：就增长与稳定之间的某些紧张关系必须进行不断管理——换一种方式，例如将通胀率保持在3%—6%，但又足够低以确保博茨瓦纳主要贸易伙伴的出口竞争力。在同一背景下，他强调了"一个艰难的选择"，如何处理国家航空公司这个BEAC热门话题，即是否以及如何削减成本而不是将其作为战略资产引入游客和商界人士。另一个早期提出但仍然存在的建议是侧重于将机场定位为孟菲斯或香港的区域货运枢纽。

政府用联合政府——私营部门联合论坛取代了BEAC以完成工作。那么，理事会是失败的吗？"这项工作做得很好，特别是在战略问题上，但要使这些机构有效，"总统反驳说，"你需要让所有部长及其永久秘书出席。"

尽管如此，在BEAC的支持下，钻石选矿业务已经创造了超过2000个就业岗位。但这种举措是有限的，尤其是切割和抛光宝石的成本在全球相对较高。这种加工在博茨瓦纳的成本至少为每克拉45美元，而在印度仅为10美元。在南非，成本至少是博茨瓦纳的3倍，这一数字鼓励了一些以SA为基础的企业搬迁到邻国。虽然从英国钻石贸易的转移导致80个家庭搬迁到哈博罗内，增加了当地的住房和其他服务，但DTC的搬迁尚未导致商务旅行者的那种繁荣，因为看货商特别喜欢从约翰内斯堡"流入"博茨瓦纳。

卡玛总统指出，制造业多元化也存在其他挑战。"当你坐落在一个经济规模与南非相似的邻国旁边时，他们非常积极地试图吸引外国直接投资，而且他

① World Bank. "International tourism, number of arrivals". http://data.worldbank.org/indicator/ST.INT.ARVL.（2016-12-01）

② Victor Baatweng. "Botswana loses up to 90% of tourism revenue". *Sunday Standard*, 2014-07-10, http://www.sundaystandard.info/botswana-loses-90-tourism-revenue.（2016-12-01）

们自称是一个区域门户，这就更难了。我发现主观地去给别人贴标签是很不幸的，因为有人说我们在南非周边地区，不应该是制造商，而应该只是市场。这不是南非扼杀邻国工业化的唯一方式。他们也采取了贸易措施。然而，他们拥有更大的市场，更发达的基础设施、海港和机场，以及其他巨大的优势。尽管如此，我们仍试图将自己作为中心，"他强调说，"南非地区的中心，是我们投资物流的原因。"

在特定的失败中，卡玛热情地说："我们过去依赖从南非的国家电力公司（Eskom）进口。当 Eskom 明显无法充分供应自己的市场时，会使我们变得脆弱，因此我们不得不提出自己的计划，就是到2012年能源能够自给自足。但承包商让我们失望，因此，我们现在仍然在努力实现自给自足，而不仅仅是2到3年的能源提供者。"

从东亚成功的经验来看，似乎最重要的是，多样化的成功需要高度关注增长和发展。卡玛了解到领导者在这项任务中的作用。

"就我而言，"总统坐在书桌后面，身旁的书架上摆满了军事小说，"从军经历对我影响颇深，很大程度上决定了我的管理和决策风格。这段经历是我生活中浓墨重彩的一笔，它为我做好了万全的准备，教会我坚持和永不言弃。

"事实上，重要的是个人性格。在就职期间，我热心关切民生，始终致力于为国民效力，尤其是为需要帮助的国民提供有尊严的生活。当然父母的言传身教也是必不可少的因素。万分荣幸，我的父亲也当过总统，我的母亲热衷于慈善事业。这些经历都能帮助我应对挑战。"

卡玛总统的领导风格有助于博茨瓦纳摆脱贫困。"尽管开端形势严峻，但我始终坚信会有好的结果。"但他承认，博茨瓦纳国民确实态度冷漠。钻石交易的高收益让国内企业难以"走出去"。

"偶尔也有外国企业向我们伸出橄榄枝，但是我们仗着拥有丰富的钻石资源，对这些机会毫不动心。此外，在过去国家贫困时期，政府提供了不少社会救助，导致现在的人对政府过度依赖。可以自给自足的人也会得到政府的救助变成了一种趋势。人们经常挂在嘴边的问题就是：'政府可以为我做什么？'"

"也许是钻石的巨额收入让我们自信满满，但是我们必须记住一点，"总统指出，"钻石资源是有限的。"

萨赫勒地区的改革

位于努瓦克肖特渔民海滩的鱼市是一个充满巨大能量的地方。人们成群结队，有些人穿着油布衣服，大部分光着脚，将色彩鲜艳的皮艇拖上海滩。另一些人收起舷外发动机，装好手工编织的渔网。孩子们在兜售饮料和食物，驴车拖着一箱箱的鱼。市场上的水泥箱里装满了鱼，地面上散落着被丢弃的鱼头和鱼内脏，商贩们正忙着密封停在外面的冷藏卡车里的冷冻箱。①

数百艘传统的、开放式的渔船沿着海岸排列着。毛里塔尼亚的海岸线长达754公里，其附近海域是世界上最富饶的渔场之一，鱼的出口额在该国出口总额中所占的比例高达1/4。但该行业目前也面临着压力，尽管很多渔民抱怨需要到距离海岸30公里远的地方去捕鱼，但毛里塔尼亚海域每年的捕鱼量仍多达120万吨。2015年7月，欧盟与毛里塔尼亚续签了一份为期20年的协议，允许欧盟船只每年可以在毛里塔尼亚捕获多达28.15万吨鱼，但需进行商业付款并实施援助计划，以支持当地渔业的发展与环境保护。商用拖网渔船每天可捕捞250吨鱼，而一只独木舟一年的捕鱼量则只有5吨。与西方人一样，由于国内需求提高、鱼量下降，中国、俄罗斯和韩国的拖网渔船也被吸引到该地区。据估计，西非地区超过1/3的捕鱼是非法的、未经报告或不受管制的，导致该地区年收入损失高达13亿美元。

目前，毛里塔尼亚正在制订计划，旨在从渔业中获取更多利益，并将该产业更好地融入国家经济。这需要改变过去的做法，包括对基础设施进行大量投资、引入一套新政策，以及采取新的行为方式。

渔业将是对毛里塔尼亚的重要考验，如果它坚持走自己的路，则可以成为地区的典范。

萨赫勒地区水资源短缺，又饱受民粹主义的困扰，加之将600多万平方公

---

① 本节基于2016年10月格雷格·米尔斯在毛里塔尼亚的调研及发表在《异议者日报》上的文章，参见 Greg Mills. "Reform in the Sahel: Mars, Mauritius or Mauritania". *Daily Maverick*, 2016-10-19, http://www.dailymaverick.co.za / article / 2016 - 10 - 19-reform-in - the-sahelmars-mauritius-or-mauritania/.（2016-12-01）

里范围内的各国合而为一的梦想，注定了失败是该地区的惯常现象。

加上气候变化、土壤退化（据联合国粮食及农业组织估计，它们已影响了萨赫勒地区80%的区域），以及以年轻人为主的人口结构，据预测，不论是南方还是北方都将出现大规模的人口迁徙。据估计，到2050年，萨赫勒地区的人口将从1.35亿增加到3.3亿，到2100年，该地区的人口规模预计将达到6.7亿。

到目前为止，国际社会一直在社会与领土管理出现危机时发挥作用，以应对极端行为，以及努力提高国家尤其是军事能力。这种做法可能只会回避而不会解决这些问题，对何为政府、哪些人是好人等问题不明确的地方尤为如此。

努瓦克肖特——"风之所"——是毛里塔尼亚1960年脱离法国独立时新建的首都，当时只有1万人生活在这里，仅仅是一个渔村。现在，这里的人口多达150万人，占毛里塔尼亚人口的1/3，整个城市满是建设中的灰色混凝土住宅。在这个似乎没有尽头的广阔区域，城市扩张不受任何物理限制。一位外交官说："如果惧怕风沙，你就不应该来这里。"城市扩张和贫困对基础设施产生了不同但极端的压力。

这个国家混乱的政治历史也没有终结。自独立以来，毛里塔尼亚曾发生过12次政变或未遂政变。1978年的第一次政变结束了独立领袖穆克塔尔·乌尔德·达达赫（Moktar Ould Daddah）的统治。军政府对这个国家的统治一直延续到1992年的第一次多党选举之时。在2005年8月的另一场和平政变后，毛里塔尼亚走上了向民主过渡的道路。2007年4月，西迪·乌尔德·谢赫·阿卜杜拉希（Sidi Ould Cheikh Abdellahi）作为第一位自由和公平选举产生的总统宣誓就职，但他的任期因2008年8月穆罕默德·乌尔德·阿卜杜勒·阿齐兹（Mohamed Ould Abdel Aziz）将军领导的政变戛然而止。这位将军后来于2009年7月当选为总统，后再次当选，在2014年最近的一次大选中，更以82%的高得票率再次获选。不过，这两起事件都遭到了各种反对派的抵制。

虽然毛里塔尼亚进行了媒体自由等重大改革，但其政治体系仍然被自由之家列为"非自由"。这个国家的分歧似乎比民主问题更严峻。三个主要族群之间存在着民族和种族的紧张关系：讲阿拉伯语的奴隶（哈拉辛人，Haratines）的后裔，约占毛里塔尼亚人口的40%；讲阿拉伯语的所谓"白摩尔人"（比丹人，Bidhan）占30%；剩下的则为来自塞内加尔河谷以南的非洲毛里塔尼亚人（Afro-Mauritanians）。由于比丹毛里塔尼亚人在政府和企业中占据高位，因此关于奴隶制及其影响的公开辩论十分激烈。

尽管存在这些差异和不利条件，但毛里塔尼亚人民足智多谋，且对国家怀有强烈的依附感。"我们仍像游牧民一样思考问题，"当地一位资深政治家解释说，"我们为此付出了代价。我们在自己随意选择的地方倾倒垃圾。毛里塔尼亚是少数几个在等红灯的时候经常被超车的国家之一，这里是老式标致车、报废奔驰出租车的葬送地。""但作为游牧民，"他笑着说，"这意味着我们能够在最艰难的条件下生存。"

如今，毛里塔尼亚的国际形象仍旧不佳，这更因营商困难而复杂化。在世界银行2016年营商便利指数（Ease of Doing Business）排名中，毛里塔尼亚在189个国家中排名第168位。投资者说，他们主要受到不稳定的税收政策、效率低下且腐败的法律制度的阻碍。

然而，政府并没有忽视这一切。总理办公室主任穆罕默德·贾布里勒（Mohamed Djibril）承认，解决腐败问题与建设包容性政府，在毛里塔尼亚政府三大工作重点中分别居于第二位和第三位，排在首位的是"发展私营行业"，因为没有该行业的发展，就不可能创造就业。

不过，还有更深层的挑战。毛里塔尼亚前外交部部长、后任伊斯兰事务部部长、现任位于努瓦克肖特的战略研究所（Institute for Strategic Studies）所长的艾哈迈德·马哈茂德·达汉（Ahmed Mahmoud Dahan）说，毛里塔尼亚政府是"殖民当局为了攫取毛里塔尼亚的资源而建立的，独立后，取而代之的是一个为执政者服务的国家。因此，权力是最重要的，因为国家实际上是就业的唯一来源"。而现实正如人民所预见的一样，政府到目前为止"几乎没有任何改变的动力"。

这一观点得到了叶海亚·乌尔德·哈德米恩（Yahya Ould Hademine）总理的呼应。哈德米恩曾在一家国有铁矿开采公司工作过，熟谙应如何作为。2014年8月被任命为总理时，这位曾在加拿大接受教育的技术专家道出了限制毛里塔尼亚发展的首要原因："毛里塔尼亚在独立之前并非一个主权国家，因此必须建立新的政府机构，教育人民走上现代化之路。如今，50年过去了，我们至少达到了塞内加尔等国的发展水平，而塞内加尔却用了数百年才发展到如此水平。""这一状况因20世纪70年代爆发的20年不遇的大旱灾而恶化，这场灾难给以畜牧业为基础的毛里塔尼亚社会以及日益发展的城市化造成了严重影响。但当时我们还必须在广阔的城市中建设新的基础设施，包括饮用水工程、公路、服务业，加强警力，并努力使这些基础设施运转起来。"

他说，除了这些限制之外，还需要增加投资、完善法制建设，以及提高司法水平。这些努力又因"暴力极端主义"的兴起而变得更加复杂。政府已明确促进三大领域的发展与就业水平：渔业、农业和畜牧业。哈德米恩说："我们的目标是提高渔业的附加值，摩洛哥的鱼产量只有我们的一半，却雇用了50万名工人。塞内加尔的产量仅相当于我们的1/4，但渔业工人多达40万。而我们只有3.6万名渔业工人。我们拟在努瓦迪布（Nouadhibou）北部港口建立自由贸易区的倡议，就是为了改变这一状况，因为沿海岸的较小港口将得到发展。政府计划仅在渔业就投资10亿美元。"

然而，由于当地渔业主要被塞内加尔人控制，情况稍显复杂。塞内加尔人把许多卑微的工作都交给了外国人，其中大部分是西非人。

他说："在农业方面，我们计划开垦位于塞内加尔河南部的土地，那里有数十万公顷的可用土地。我们所需的80%的大米产自这一区域。"他同时指出，对这些地区的重视可以为采掘业的成功发展打下基础。

对于民主的反复又当做何解释呢？

"你必须清楚，毛里塔尼亚与其他非洲国家并不完全相同，"哈德米恩总理回答说，"我们拥有悠久的文化历史。在中世纪，我们曾打败西班牙和摩洛哥，因此，我们认为实施新的治理规则需要采取一种不同于其他非洲民族的措施，他们学会了如何与殖民政权相处。所以，我们只是向前走了一小步。"

这些"措施"引发了关于建设包容性政府的争论，一些人认为这等同于将总统权力延长至第三任期。令人匪夷所思的是，尽管毛里塔尼亚在非盟和阿拉伯联盟中发挥了积极的领导作用，但其在参与国际事务时采取了防御态度。尽管法国承诺将长期致力于打击西非的暴力极端主义，但在某些情况下，法国却经常被指为罪魁祸首。自2009年与毛里塔尼亚断交以来，法国对以色列的态度就是一个案例。还有人怀疑外国工人和投资者抢走了毛里塔尼亚人的工作机会，因此公司雇用外国人在本地工作时需要遵守严格的条款，这是一种平衡当地权利与绥靖措施的手段，同时也可以保持持续性竞争。

然而，具有讽刺意味的是，毛里塔尼亚最大的优势在于其与国际社会之间的关系。由于相对安全，毛里塔尼亚是萨赫勒地区的典型国家，能够连接而不是分裂北非和撒哈拉以南非洲地区。

科特迪瓦：消除冲突，迎风赶上

1983年，费利克斯·乌弗埃-博瓦尼（Félix Houphouët-Boigny）总统宣布将他的出生地——距阿比让250公里的亚穆苏克罗（Yamoussoukro）设为科特迪瓦的行政首都。在那里，长长的林荫大道两旁是高大的街道灯具，它更像巴黎而不是一个省。该市还建有一幢新的议会大厦、一个会议中心和一座可以起降协和式飞机的国际机场。市中心耸立着和平圣母大教堂（Basilica of Our Lady of Peace），以纪念国家独立以来的稳定，教堂立在总统本人捐赠的椰子种植园里，高158米，直径100米，其圆顶和宽敞的广场仿照罗马的圣彼得大教堂而建。该工程于1990年竣工，来自36家公司的1500名工人参加了修建工作，历时3年，工人们每周7天、每天24小时不停工作。大教堂由面积达7400平方米的彩色玻璃窗构成，其中有一扇绘着棕枝全日（Palm Sunday），有一扇绘着乌弗埃的肖像，很多扇窗户还绘着建筑师和承包商。大教堂由7万平方米的大理石修葺而成，被列为世界上最大的教堂，教堂内外可容纳20万名信徒。

在亚穆苏克罗的"布什大教堂"（Bush Basilica）里，朝圣者和游客川流不息，这表明乌弗埃在科特迪瓦这个1/3的人口为基督徒的国家的"大手笔"（指修建和平圣母大教堂）是错误的。对于这个年轻的国家来说，这样的大手笔投资，其价值远不如乌弗埃在其33年的执政期间用于提高几代人技能的投资。

相反，新首都的设立标志着科特迪瓦长达1/4个世纪的金融和政治危机的开始。①

---

① 本节基于2012年和2016年两次科特迪瓦之行，包括格雷格·米尔斯于2016年12月16日对阿拉萨内·德拉马内·瓦塔拉（Alassane Dramane Ouattara）总统的访谈。

该国于1960年8月脱离法国的殖民统治获得独立，曾经的医生、当时全国最富有的农民之一的乌弗埃成为科特迪瓦总统。他继续实施以出口可可、咖啡和棕榈油为支柱的经济体制，这些产品的出口量在整个西非地区的出口总量中所占的比例高达40%。科特迪瓦的经济由规模相当大的法国"定居者"所主导，20世纪70年代，法国"移民"约为5万，而当地人口仅有700万。

乌弗埃总统重点推动农业的发展，而国家的农田主要由城市化的科特迪瓦人所有，由布基纳法索小佃农种植咖啡、可可和橡胶。

如今，科特迪瓦多达1/4的人口是外国人。[1]在通往阿比让机场的瓦列里·吉斯卡·德斯坦大道（Boulevard Valéry Giscard d'Estaing）上，有一个以加纳城市的名字命名的十字路——"杜库马西十字路"。在阿比让港口附近，有一个名为特雷奇维尔（Treichville）的郊区，主要居民为塞内加尔人。目前更有越来越多来自萨赫勒地区的移民涌入该国。

在独立后的20年里，科特迪瓦每年的经济增长率均超过10%。农业产量在此期间增加了3倍。[2]到了20世纪70年代，这个国家已经成为世界第三大咖啡生产国（仅次于巴西和哥伦比亚）和主要的可可生产国。即使在今天，该国的可可生产量在世界生产总量中所占的比例仍高达40%。科特迪瓦还是非洲最大的菠萝和棕榈油生产国，而且总体来说，该国在西非的经济总量仅次于尼日利亚。20世纪60年代，科特迪瓦的GDP翻了一番，识字率也翻了一番，几乎每个城镇都铺有公路，通了电。难怪阿比让被称为"西非的巴黎"，它的高原区（Plateau District）是世界级的商业中心、人员聚集地和夜生活之都。

但这些都只是"虚假繁荣"，会瞬间崩塌。

可可价格的下跌，加之国家支出负担过重，导致科特迪瓦的经济增长于1979年发生崩溃，直到20世纪90年代中期才开始复苏，而且只是暂时的。在这个过程中，该国人均收入从1979年的1230美元下降到了1995年的600美元以下，[3]且因人口数量由独立时的400万增加了2倍，即增加到1990年的1200

---

[1] 此数据由总统顾问费德勒·萨拉索罗于2016年12月15日提供。
[2] Martin Meredith. *The Fortunes of Africa: A 5,000-Year History of Wealth, Greed and Endeavour*. London: Simon & Schuster, 2015, p.619.
[3] 世界银行，人均国内生产总值增长，http://data.worldbank.org/indicator/NY.GDP.PCAP.KD.ZG?locations=CI.（2016-12-01）

万人而更为严重。同时，对外贸易也因为对西非法郎的高估而变得更糟，当然，这种情况有利于精英的消费习惯。

科特迪瓦独立25周年之际，乌弗埃本应已卸任，但他仍掌握着国家政权，彼时，企业无不持观望态度，而非投资经济。腐败文化已经开始吞噬这个国家了。随着乌弗埃的统治摇摇欲坠，政府的软弱也暴露了出来。20世纪90年代建立的可可私人稳定基金落空，基金遭到政治精英们肆无忌惮的挪用。伴随政治危机与变革而来的是经济压力加大。由于国家的外债水平上升，国内生产总值下降了一半。据估计，1985—2008年，生活在贫困线以下的人口比例增加了5倍，达到49%。[1]

在这一过程中，科特迪瓦呈现出5种预示着政策激进主义、社会经济混乱甚至国家失败的典型趋势[2]：经济危机，通常表现为经济增长停滞；广泛的腐败，包括注重再分配而非创造财富；以社会化（以教育或性别为手段）或种族分裂（主要体现在种族和宗教方面）为基础，剥夺了很大一部分人的机会；大规模移民，包括外来移民；在关键时刻出现错误的领导人。

1993年，乌弗埃去世，享年88岁。此后，科特迪瓦的局势变得更加混乱。缺少了这位老人的民族魅力，后来人发现，在经济困难及早期鼓励移民的共同作用下，通过玩弄身份证来排斥他人并非易事。

2010年，阿拉萨内·德拉马内·瓦塔拉当选科特迪瓦总统，开始了他的政治生涯，由此表现了西非地区部族政治的复杂性与诱惑力。瓦塔拉拥有宾夕法尼亚大学经济学博士学位，任科特迪瓦总理之前及之后两度在国际货币基金组织任职，也曾担任位于达喀尔的西非国家中央银行行长。

他回忆说："在20世纪80年代的经济危机中，国家将我从中央银行召回，帮助稳定局势。我于1990年11月有意回到央行，却被任命为科特迪瓦总理。我们所采取的措施的结果相当好：财政赤字得到缓解，治理情况得以改善。但当时总统已经执政30多年，治理问题层出不穷。"

"后来总统去世，经济也出现了问题。面对第二个政治阶段的诸多问题，

---

① 世界银行，国家概况，http://www.worldbank.org/en/country/cotedivoire/overview.（2016-12-01）
② 感谢斯蒂芬·马尔赫（Stephan Malherbe）在这方面的深刻见解。

新总统亨利·科南-贝迪（Henri Konan-Bédié）试图推翻所有的改革，包括传统的社会与经济开放，"他笑着说，"他甚至试图宣布我没有资格任总统。"

1999 年底，科南-贝迪在罗伯特·盖伊（Robert Guei）将军领导的军事政变中被赶下台。2000 年 10 月，洛朗·巴博（Laurent Gbagbo）在选举遭到破坏的情况下掌握了科特迪瓦政权。在此次总统竞选中，瓦塔拉被取消参选资格，因为据说他是布基尼人。抗议活动在 2002 年 9 月的武装起义中达到顶峰，当时军队发生了叛乱，在几个城市发动袭击，连法国也部署士兵阻止叛军。

盖伊被杀害后，瓦塔拉逃至法国大使馆避难，巴博回国（与叛军）谈判，寻求达成建设国家统一政府的协议。在持续不断的暴力中，巴博最初的于 2005 年 10 月 30 日届满的总统任期，延长至于 2010 年 10 月至 11 月举行新一轮选举。

尽管瓦塔拉获得了超过 80% 的高得票率，明显获胜，但巴博根本不接受选举结果。用一位当时的外交官的话说，他所使用的破坏性和暴力性行动，"是科特迪瓦经济与政治崩溃的缩影。当时，为确保民主选举的总统能够就职，国际社会进行了干预，这种努力明显是为了使科特迪瓦重新回到经济与政治自由发展的道路上，事实证明，这种努力是奏效的"。①

巴博最终于 2011 年 4 月在其阿比让的藏身处被联合国维和部队逮捕。2011 年 11 月，他成为首位被国际刑事法院引渡到海牙的前国家领导人。

瓦塔拉回忆说："我担任总理时，预期寿命接近 60 岁。到 2010 年，我的预期寿命只有 50 岁。当时的情况很糟糕：军队一片混乱，司法系统无法运行，超过 3000 人被杀害。"

"因此，我们的首要目标是实现国家安全。这一目标一经实现，我们就可以回到良好经济政策的基本层面，包括恢复民主制度，这一制度在巴博的种族政治下曾受到损害，"他说，"（而且）5% 的人控制了军队和警察。但是我们从美国在伊拉克的经历学到了很多。我们没有解雇整个军队，而是进行了广泛的 DDR 运动（解除武装、复员和重返社会）。"

他轻松地说："在经济增长的带动下，重整民兵变得更为容易，而经济之所以可以实现增长，一方面是源于我们的改革，但也得益于利好的贸易条件。

---

① 摘自 2016 年 12 月 17 日与大使菲尔·卡特（Phil Carter）的电子邮件往来。

可可价格的上涨使农民在2012—2016年的收入翻了1倍，且其产量也提高了50%。"

2012—2015年，科特迪瓦年均实际增长率达到了8.5%，是撒哈拉以南非洲增长率最高的国家之一。这反映了国家对包括政府部门在内的各领域投资均有所提高。瓦塔拉说，2012年的国家预算中只有5%专门用于投资，而4年后，这一比例上升到了30%以上。①科特迪瓦成为非洲正迎头赶上的国家。

这位总统说："同时，我们也很重视基础设施建设的发展，特别是能源。"2012—2016年，全国发电量几乎翻了一番，达到2000兆瓦。

瓦塔拉承认，社会领域的情况并不如经济和安全方面那样好。他采取的一种策略是建立总统委员会，负责普通教育，高等教育，电力、水和基础设施事务。"如果上述领域得到了全面发展，我就可以为未来做出新决定。"

他承认，科特迪瓦的另一个"弱点"是司法制度与和解制度，他说："没有做得像我希望的那样好。"

政府已经起草了一个投资额达500亿美元的国家发展五年计划。批评人士说："该项目罗列了1400个项目，过于分散。这反映出发展有竞争力的经济面临诸多挑战。"在哈佛大学接受过培训的科特迪瓦经济学家埃里克·卡库（Eric Kacou）说："解决这些问题，我们必须'升级软件'，发展充满活力的私营部门，而不仅仅是支持贸易商和中间商。"②

正如乌弗埃执政晚期科特迪瓦的经济崩溃所表明的那样，利用宏观经济带动发展的政府明显受限，且成本较高。国家繁荣往往取决于微观经济政策的细节，而非源于贸易或大型项目的微薄利润，也不是靠政府配额及签订合同。从公共部门的发展成功转向私营部门的发展，将决定一国的经济与政治未来。与其他国家一样，实现这种转型，科特迪瓦需要提高经济活动的表现和就业水平，而不仅仅是奖励接近权力的人。

瓦塔拉表示同意。科特迪瓦人过去没有商业头脑。国家以种植与运输可可为主要收入来源。大多数产业被法国控制，巴博于2004年赶走法国人后，将其

---

① 世界银行，国家概况，http://www.worldbank.org/en/country/cotedivoire/overview.（2016-12-01）
② 摘自2016年12月14日在阿比让的讨论。

中许多产业卖给了黎巴嫩人。尽管政府对当地公司进行的招标有一些激励措施，但瓦塔拉并不认为"制度化的优势有利于当地人。作为一个自由主义者，我并不喜欢这样的计划。这种自由政策几十年来在科特迪瓦一直很有效，而且将继续如此"。

那么，他对其他非洲领导人有何启示？

"首先，你必须努力工作。很遗憾，许多国家领导人这样说只是为了取悦人民。相反，他们需要了解细节，像管理企业一样治理国家。

"其次，成功取决于开放的态度，这需要明确人们想要什么，并调整政策以适应这种需要。

"第三，对非洲国家来说，提高自由制度的水平十分重要，包括与之相关的制度，以及与创新和发展相伴的表达自由。这需要强烈但有纪律的反对势力的存在，这是该过程的一部分。"

他说："成功需要着眼于未来。我们目前面临的最大挑战是如何保证年轻人永不气馁。过去几年时间里，我们已经创造了200万个就业机会，科特迪瓦成为非洲失业率最低的国家之一，这也是我们从其他国家吸引了众多工人的原因之一。但我对此并不满意。如果我们要阻止今后重大干扰的产生，就必须解决青年人关切的问题，即重视教育，且不能仅仅重视古典教育（即课堂教育），还需要重视技术教育。"

瓦塔拉说："我认为自己很幸运。我经常对属下说，在国际货币基金组织这样的组织里工作对我帮助很大，因为在那里，水平和能力很重要，而且绩效是可以衡量的。在1994年至1999年的第二个职业经历中，我重点关注了拉美和亚洲国家，尤其是他们解决债务问题及通货膨胀问题的经验，同时了解了他们尤其是亚洲国家的经济增长情况。在美国读书的留学经历，以及后来的职业生涯，塑造了我对自由政策与民主的认知，此二者对非洲人而言必不可少。那个寅吃卯粮，找不到工作的旧社会主义理想时代已成过往。若想摆脱困境，你必须自己去争取自由政策与民主。"

结论：获胜者团体

非洲领导人一直要求人民做出牺牲，这已不是稀奇之事。然而，他们的呼吁通常没有辅以国家愿景规划和执行政策的细则，以说服人民对未来充满期待。那些有经济能力的人反而倾向于参与受"资助者"控制的经济活动，这并不是因为他们心怀恶意，而是因为这是使他们摆脱贫困，过上好日子的最简单方法。

面对即将到来的人口激增，以及随之而来大量失业年轻人所带来的挑战，有责任心的非洲领导者必须做出艰难的抉择。人口的剧增以及躁动不安的年轻人的威胁是很容易理解的问题，尤其因为它们已经是一种延续已久的趋势。尽管大量城市年轻失业者不会对在战略上不重要的农村地区产生危机，但将对国家的腹地构成明显威胁。

这种人口威胁也可以成为国家统一的机会，因为没有任何群体可以为此负责。

迄今为止，许多非洲国家的计划都已落空。大量涵盖领域广、时间跨度大但实施希望不足的声明，无法动员非洲领导人推动改革所需的支持者。因此，如果他们希望这些人了解实施这些计划的紧迫性并予以解决，必须从根本上对这些计划做出改变，并利用有限的资源解决重要问题。

设计国家方案——一份吸引人的剧本——是解释所选择的行动路线的关键，是做出艰难有时甚至是痛苦的抉择的需要，也是赢得公众支持的需要。改革如同战争，没有致命一击就不会实现改革目的并获得发展。正如劳伦斯·弗里德曼（Lawrence Freedman）所言，与商业和战争一样，政治领域最初的成功几乎从来都不是决定性的，只有通过治理、不断创新以及使用权力才能得以巩固。

当然，非洲领导人必须有自己的策略，向人们解释自己的紧迫感，证明自己真心重视人民的需要。对此，哥伦比亚总统阿尔瓦罗·乌里韦（Alvaro Uribe）的表现值得学习，他在改变国家的过程中发挥了重要作用，使哥伦比亚在大约10年内从失败的国家变成正常运转的国家。尽管面临着巨大的人身安全挑战，他还是拒绝只待在波哥达（Bogotá），而是选择每周末都出去走访各市，与当地人交谈。他经常把自己的私人电话号码告诉市民，并鼓励他们如果遇到安全问题，可以打电话给他。乌里韦利用走访的机会了解国家发展所面临的挑战，并推动变革。[①]非洲领导人必须做出类似的思考：为了改变盛行的政治文化，应该采取怎样的措施？

非洲领导人目前面临的一个特殊挑战是选择与培养支持者。改革初期，很容易看出哪些人将遭受损失，但无法预测谁会成为最终受益者。因此，向贫困人群"兜售"长期改革的益处并非易事。

新投资与创业活动需要时间，但对于那些设想自己可能在未来10年或15年时间里即可获得成功的人而言，是不可能期待成为最终的受益者的。诚如一位南非地方政府议员对我们所说的，"你不能让政策落空"。[②]

另一方面，那些依赖旧秩序的人一旦发现灾难即将来临，必然会为捍卫现状而进行殊死搏斗。擅长政治艺术的领导人，会把注意力转向支持者对未来进行投资的领域，而不会简单地解析当下的政治数学，这对获得人们对改革的长期支持至关重要。

在培养改革的支持者方面，领导人应该向民众展示自己是能胜任的、专心的、有执政能力的。[③]他们以身作则，则可以激励社会上更多的人参与改革，而怠惰、因循守旧的领导人很难吸引到支持者。民众必然会长期观望领导人的诚意所产生的效果。

---

① 哥伦比亚政府在21世纪与哥伦比亚革命武装力量及其意识形态产物游击运动的斗争可能与此有关。通过改善、治理基础设施，特别是道路和蜂窝通信，军事努力的背后已经取得了很大的成功。在全国1100个直辖市，改善、治理一直是由总统牵头的一项举措。参见 Dickie Davis, et al. *A Great Perhaps? Colombia: Conflict and Convergence*. London: Hurst, 2015.
② 摘自2016年11月24日，与格雷格·米尔斯和迪奇·戴维斯在豪登省议会的讨论。
③ 感谢乔治·凯西（George Casey）将军在这方面的想法。

结　语

　　博科圣地叛乱重灾区、尼日利亚博尔诺州州长卡西姆·谢蒂马（Kashim Shettima）于2011年当选，他对当地社会所面临的挑战毫不隐晦，"极度贫困是博科圣地背后的根本原因，一切都源于经济贫困"。

　　尼日利亚人口的高速增长更加剧了贫困状况。官方人口数据显示，尼日利亚目前的人口数量为1.85亿。谢蒂马说："到2020年，尼日利亚人口将达到2.06亿；2030年，2.62亿；2050年，3.98亿，届时尼日利亚将成为全世界人口第三大国。"他指出："70%的尼日利亚人居住在半沙漠化北部地区，年轻人无业，土地产出少。北部地区状况糟糕，概莫如是。"

　　首都阿布贾到查济（Jaji）北部的公路状况体现了尼日利亚所面临的挑战规模。公路沿线的商店销售瓶装棕榈油、珍珠鸡鸡蛋、玉米、沾满泥土的山药等。在一个名为"坦克镇"的地方，100多辆坦克停在路边，司机去"大采购"了，导游对我们解释道。小商贩在炎热与尘霾中不停地忙碌着——烹制与售卖食物，制作家具，更换与修补轮胎，修理汽车、卡车及摩托车等。

　　这种杂乱无序的街边场景是人类精神力量的一种暗示，看似体现了尼日利亚人无法掩盖的创造性，而实质上反映了政府治理能力的低下。

　　作为一名受过专业训练的农业经济学家，谢蒂马可以如数家珍地报出尼日利亚困境的数据，他哀叹道："我们主要从南非进口土豆，从中国进口番茄酱，从美国进口卷心菜，这些商品均在迪拜重新包装，我们的70%的农民从事的是自给农业这一苦差。我们的牛每天可产1升奶，而欧洲的产奶水平是我们的40倍。尽管企业家资本主义（entrepreneurial capitalism）深植于尼日利亚人的心中，但是我们缺乏技术、技能与组织能力。"

　　因此，尽管尼日利亚土壤肥沃，降雨丰沛，但仍是粮食净进口国。虽然2/3的劳动力从事农业劳动，但据联合国粮农组织测算，在过去的20年里，农业的人均附加值每年仅提高不到1%。联合国粮农组织估计，尼日利亚每年花生、棕榈油、可可及棉花的出口机会的损失高达100亿美元。尼日利亚每年消费500万吨大米，其中至少300万吨依靠进口。尽管尼日利亚是世界上最大的木薯生产国，但每公顷土地的平均产量还不到14吨，而其潜在产量约为40吨。同样，其他粮食的产量也很低，大概为每公顷1.2吨，与南非农场等进行对比，其每公顷的粮食产量约为尼日利亚的3倍。[1]

尼日利亚农业表现不良的原因在于利率高、投资意愿不足、大规模商业性种植园不足、施用肥料不足以及推广服务不足等。在农业发展不良的情况下，原油成为国家收入的重要来源，而尽管农产品价格很高，国家也缺乏促进其多样化发展的意愿。

尼日利亚及其所面临的诸多挑战应该成为其他非洲国家及其领导人的一种警示。石油作为一种少数国家拥有的地质禀赋，并非只有尼日利亚面临着目前的诸多挑战。实际上，石油可能使一切问题变得更糟。除非现在就采取促进经济可持续发展、创造就业的改革，否则非洲高速增长的人口、对就业的绝望将很快颠覆很多国家的政府机构。实际上，自2000年以来，非洲的公众抗议次数增加了2.5倍。而且不足为奇的是，提高工资水平，改善工作条件，要求解散政府、国家领导人下台是提得最多的三项要求。如果非洲国家不能取得任何进步，那么此类抗议的次数仍有增加的可能，从而将威胁整个非洲大陆的稳定及政府与领导人的任期。

无可否认的是，尼日利亚存在着很多社会断层线和经济问题，但是其他国家也同样面临着相似的情况与困难，甚至更严重。例如，印度尼西亚显示了一种或许不一样的情况，尽管该国在独立后经历了人口的迅速增长，但仍依赖以石油为主的自然资源作为出口收入，因为其地理位置较差，地形碎裂化，宗教与种族分裂严重，基础设施落后。坦言之，这两个撒哈拉以南非洲的国家与东南亚的人口大国之间的差别在于领导能力。20世纪60年代中期，苏哈托（Suharto）通过武力从独立运动领袖苏加诺（Sukarno）手中夺取了印尼政权，此后印尼实现了较高的经济发展水平。尽管人民仍对苏加诺的神话念念不忘，但他所采取的是既不民主也并未促进发展的政策，而依靠将个人魅力、反西方的姿态以及与宏大的英雄主义结合在一起。至其离开总统宝座并遭到囚禁时，

---

① FAO. "Nigeria at a glance". http://www.fao.org/nigeria/fao-in-nigeria/nigeria-at-a-glance/en/. （2016-12-01）

印尼的通货膨胀率高达1000%。尽管腐败透顶、裙带关系复杂、独裁镇压惨无人道，但苏哈托统治下的印尼经济确实实现了长达30年的有序增长。因此，他被冠以"发展之父"（Bapak Pembangunan，Father of Development）及"苏加诺的兄弟"等一系列头衔也就不足为奇了。

　　苏哈托的计划集中在提高农业产量，逐步实现经济的自由化与国际化，以确保以出口为导向的制造业得到投资。由于总产量与人均产量的提高，印度尼西亚的水稻产量于1983年首次出现盈余。到20世纪80年代后期，印度尼西亚不仅成为一个农业出口国，而且也是纺织品、鞋类、服装和消费品的出口国。[1]20世纪60年代至70年代，印度尼西亚的人均收入尚低于尼日利亚。然而，如图12.1所示，到20世纪80年代中期，受到政治不稳定和管理不善的影响，尼日利亚被印度尼西亚赶超。尽管在21世纪的第一个10年中，油价上涨、治理得到改善，尼日利亚的情况已经趋于平稳。但时至今日，从平均水平来看，印度尼西亚人仍较尼日利亚人富有。此外，印度尼西亚的不平等现象也比尼日利亚少很多。[2]

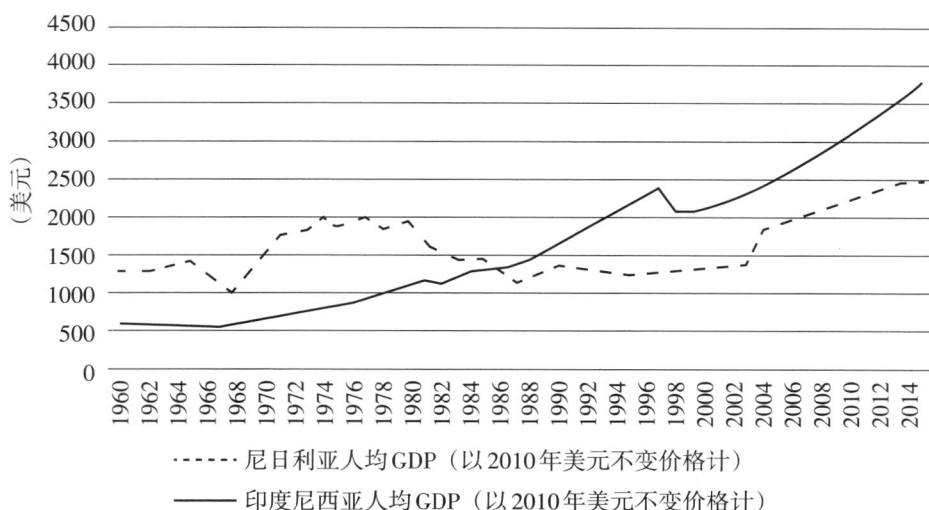

······ 尼日利亚人均GDP（以2010年美元不变价格计）

——— 印度尼西亚人均GDP（以2010年美元不变价格计）

图12.1　不同的路径，不同的政策：尼日利亚与印度尼西亚人均GDP增长趋势图（1960—2014年）

　　（资料来源：世界银行各国账户数据与经合组织各国账户数据文件，http://databank. worldbank.org/data/reports.aspx?source=world-developmentindicators&preview=on#。）

---

[1] Central Intelligence Agency. *The World Factbook*. Washington D.C.: CIA, 2016. https://www.cia.gov/ library/publications/the-world-factbook/geos/id.html.（2016-12-01）

[2] 关于基尼系数，参见 http://hdr.undp.org/en/content/income-gini-coefficient.（2016-12-01）

长期的经济增长和良好治理，是使印度尼西亚的发展轨迹与非洲"偏离"的必要条件。这也解释了为什么东南亚不仅实现了经济增长，还实现了就业增长。印度尼西亚不仅制订了可以使企业家受益的提高繁荣水平的计划，而且历届政府都予以执行，包括苏哈托及其继承人在内，每个人都在坚持完善与拓展国家治理框架。印度尼西亚的成功说明了培育环境的重要性，而苏哈托在经历30年的统治后的倒台却自相矛盾地说明了印度尼西亚成功的全部原因中最重要的一点，即对民众福利的承诺。与发展需要威权国家的概念相反，印度尼西亚人只在可以促进国家经济增长时，才愿意接受类似苏哈托的独裁政权。苏哈托的过分行为超过了他的成功这一事实证明，当腐败达到了国家所无法承受的程度时，"指导民主"的旧体制就要让位于议会民主。①

本书对其他领域的研究也同样探讨了非洲领导人如何将即将到来的人口大潮转化为积极的经济动力。尤其重要的是，我们指出了其他国家特别是亚洲及中南美洲国家解决了类似危机，扭转了经济方向，使人民摆脱贫困，为他们提供所需的就业岗位与住房。尽管为时已晚，但是非洲领导人仍然可以有所作为，使正在寻找工作及即将出生的非洲人民的生活大为改观。

改写发展的故事

正如本书开篇所指出的那样，发展已经不再是一个秘密，而是为人所熟知的相当多的国家已经成功实现的进程。成功的基础在于走正确的政治路线、领导人领导有方。此外，其他国家的成功经验也值得借鉴。

很多国家在紧要关头，使得其实施促进发展的政策的关键在于制造一种紧迫感，如果此时的商业仍一如从前，则必将带来灾难。一些亚洲国家与地区，包括本书所做的案例研究的新加坡、印度尼西亚和越南等，都能够利用危机创

---

① 有关与非洲的相似之处的详细考察，参见 Greg Mills. "A new Bandung Consensus? What Africa and Indonesia can learn from each other". *Daily Maverick*, 2016-03-09, http://www.dailymaverick.co.za/article/2016 – 03 – 09 – anew – bandung-consensus-what-africa-and-indonesia-can-learn-from-each-other/; Greg Mills. "Indonesia: A messy democracy that somehow works". *Daily Maverick*, 2014-09-01, http://www.dailymaverick.co.za / article / 2014 –09-01-indonesia-a-messy-democracy-that-somehow-works/#. WEQeL03lqM8. (2016-12-01)

造神话，领导人能够实施棘手的政策向人民解释为何需要改变。领导人首先能够向人们显示如果不马上做出艰难的抉择，那么作为人民卫士的国家将岌岌可危。

此外，通过实施良策，领导人可以使人民确信，做出所需的牺牲并不会徒劳，而会为子孙后代营造一个更好的经济与社会环境，因为政府是经济的管理者。

推动发展的主题

每个非洲国家都必须设计一种适合自身环境的改革议程。非洲国家自然拥有各自不同的历史与发展历程，因此国家的发展方式也有所不同。各国的经济条件也不尽相同：有些国家盛产石油，有些则依赖单一的商品，有的城市化水平较高，有的经济失败或正走向失败。尽管不是全部，但多数国家依靠进口食品与燃料。有些国家国土面积很大但人口很少。仅刚果（金）、尼日利亚及埃塞俄比亚三个国家的人口数量，就占了撒哈拉以南非洲人口总数的近40%。其他国家的人口数量则较少，包括塞舌尔在内的15个国家①的总人口在整个非洲大陆总人口中所占的比重仅略高于2%，此外，并非所有人口小国都很富有，但除南非外，所有相对富裕的国家的人口都很少。

不过，非洲国家也有一些共性。多数国家都很贫穷，政府结构混乱，无意促进私营部门发展，未能使人民认识到改革的紧迫性。多数国家都面临城市人口激增的问题。

因此，本书中所选取的案例具有很多共性，应引起非洲政府领导人的重视。首先，改革所带来的短期利益很难被察觉，但是5—10年期规划很可能为各国带来巨大变化。我们在本书中所提出的农业、矿业、制造业等领域的变革十分重要，但是其成效需要时间才能显现。不过，总体的增长率很快就能被人们看到。不论是新加坡经济实力的提升、越南农业的发展，还是墨西哥制造业

---

① 按次序分别为塞舌尔、圣多美和普林西比、佛得角、科摩罗、吉布提、斯威士兰、毛里求斯、几内亚比绍、加蓬、莱索托、赤道几内亚、冈比亚、博茨瓦纳、纳米比亚和毛里塔尼亚。

水平的提高，都是国家在10年或20年的时间里实现的根本性的改变。

其次，"工欲善其事，必先利其器"。为了解决国家亟待解决的问题，需要做出壮士断腕般的优先安排，基于政府的现实能力，列明改革方案的各种必备要素。例如，怠于雇用外国人的做法应予取缔，他们可提供本国急需的技能。应将外国人力资源视为可以推动社会进步的财富。当然，仅依靠外国人并不能保证改革的成功，而且，如果外国人比当地人更希望多参与改革，还会产生麻烦。因此，非洲领导人必须如亚洲领导人在国家发展的关键时期那样，视行政改革为己任，拒不接受失败。当然，卢旺达与埃塞俄比亚的成功，部分原因在于国家领导人十分重视政府的表现。

尤其重要的是，领导人也需要高效的行政服务的支持。行政服务作为一种制度，如果不能有效运转，人民就会寻求其他网络组织以期"奇迹发生"。因此，确保行政服务的有效性是改革议程可信而有效的要求。

在谈及尼日利亚所面临的挑战时，谢蒂马州长认为："布哈里总统的做法使尼日利亚面目全非：正直中夹杂着苛刻。"之所以应对此予以重视，正如谢蒂马所指出的那样，是因为"腐败已经令人忍无可忍。尽管腐败情况有的可以容忍有的无法容忍，但今天已经变为了一种目的（即为了腐败而腐败），这是不可持续的"。

重视改革政策的实施并非意味着废除善意性威权体制。"为了人民的利益也是明智地为了我们自己的利益，"谢蒂马说，"人民痛恨尼日利亚那种带有激情的领导方式，他们对此十分蔑视。我们需要的是一种能够解决问题的务实性做法。"做到这一点，需要可以挑战破坏性制度的强力领导，这种领导应主要以民族、宗教与地理条件为基础，辅以精英的支持。政治透明与法治至关重要。政府拥有民主制度才能实现这些目标。

再次，必须明确国家必须做什么、不能做什么。我们的案例研究表明，国家培育一种可以增强信心、促进发展的商业环境，以及制定强有力的制度十分重要。鉴于非洲政府人力资源与物质条件有限，明确国家不能做什么也同样重要，由此他们才能专注于当为之事。在很多非洲国家中，过度的官僚主义给商业增添了大量行政负担从而限制了经济发展。政府有义务通过以下方式减轻行政负担：经商务人员申请，减少行政许可的数量，而准许其直接获得许可；为便于游客或商务人员来访，简化或废除签证制度。

最后，国家必须为促进私营部门的健康发展投入大量精力与注意力。目前，很多非洲国家商业的发展依靠的是国家提供的"恩惠"，因此其他赚钱的渠道很少。欲实现创造就业岗位的目的，商业必须在吸引投资及创造就业机会方面发挥适当的作用。至关重要的是，银行与保险市场应在适当的而非过多的监管下更加高效地运行。

政府还必须提供与支持基础设施建设，由此才能降低商业交易成本。我们所列举的成功案例表明，一些国家会做很多实事，包括建设港口或开凿运河。具体做法因国而异。即使是最高效的企业，如果货物因供电不稳、路况不好延误了装船时间，因港口失灵而遭到滞留等状况而付出过多成本，也无法在全球市场与他人竞争。

最后，应理解金融资源的适当作用。不论出于利他原因，还是因为一己私利，国际社会对非洲大陆仍怀好意。如果非洲领导人能营造一种包括援助在内的资源可被有效利用的政策环境，则会获得大量国际援助。此类援助在支持非洲国家的制度建设、基础设施发展及技术提高方面最具价值。但是，局外人无法解决非洲的问题，他们至多可提供帮助，而当其"一厢情愿"时甚至可能适得其反。如果非洲领导人认为有任何可能的国际援助便足以在不久的将来解决非洲所面临的挑战，或指责国际社会援助不足使其失信于民，就错了。相反，他们应该考虑国内改革的细节。

我们为很多国家制订计划的经验表明，在计划改革时，将交叉性部门行为与具体的部门行为相区别，既是可能的，也是必要的。此外，尽管非洲的改革倡议建立在对限制因素做了切实分析的基础上，但这些倡议通常是目标不切实际的、宽泛的、粗放的改革，有必要将其细化为可行性行动。表12.1将这些"可行性行动"——本书中所提出的各种建议性行动汇集在了一起。

表 12.1　成功步骤概要

人民与城市	a. 必须将城市视为非洲多元发展及创造多样就业的驱动力。出口自然资源目前是多数非洲国家的核心，而以城市为中心的发展则表明这种发展模式发生了重大转变。 b. 立即采取行动是解决即将发生的城市人口暴增的唯一途径。 c. 重视对城市的投资及市政权力是改变资源用途，使地方政府得以应对迅速扩大的人口规模的一种手段。 d. 提高居住密度及交通运输的成本效益，实现城市人口红利。 e. 重视地方安全，以此作为更多人进入的门户。
民主与发展	a. 民主与发展密不可分。民主政府不仅代表精英的利益，也代表普通群众的利益。 b. 必须怀疑地审视独裁主义者所带来的偶然性稳定，因为从长远来看，全球范围内的民主政府所做出的经济表现及所带来的稳定才具有优势。 c. 必须精心设计民主制度解决（非洲）国家所面临的特殊性政治、经济与人口挑战。 d. 民主对于城市的权力结构至关重要，因为只有民主的领导者才能放权。 e. 民主化是应对民主选举及民主制度所面临的威胁的必要条件。
基础设施建设	a. 基础设施的发展需要采取支持项目建设的长期措施，这些项目的完成，以及维持投资者的信心可能需要很多年。 b. 最初即必须为资本性基础设施项目设计清晰的收益模型。 c. 私营部门在基础设施发展中的关键作用将受到公共部门垄断程度的影响。 d. 基础设施必须与贸易、互联互通、技术及开放政策密切相连。 e. 可通过赋予地方政府更大自主权、实施提高城市密度政策、简化土地权流转程序，以及采取建设经济适用房措施支持住房建设。
农业	a. 消除政府扭曲的农业定价。 b. 通过提高市场预期能力解决人民对粮食短缺的恐惧。 c. 确保政府政策符合现代农业实践，包括机械化生产、规模经济及高产。 d. 确保农民对土地的长期租赁权或所有权的安全性。 e. 提高物流服务水平对于粮食生产与非粮食作物的出口均至关重要。

续　表

矿业	a. 提高政策与投资者的确定性。稳定、有效且透明的监管措施对于矿业公司的投资至关重要。 b. 为矿业在国家发展中发挥作用设计具有吸引力、前瞻性及现实性的愿景规划，并坚持贯彻。 c. 矿产精选有赖于低廉的电价与国内制造业的发展机会。 d. 为大型矿产（尤其是钢铁与煤）投资提供所需的物流服务，降低相关的高额成本。 e. 政府政策必须反映大宗商品价格波动的现实及投资者的长远需求。
制造业	a. 吸引中国转移的制造业，准确理解这些产业"移入非洲"需要的条件。 b. 吸引制造业有赖于比世界范围内的竞争者更具竞争力。 c. 政府应解决行政拖延问题，减少腐败的机会，这对于培育成功投资的商业环境是必要的。 d. 利用贸易政策、优惠安排而非"产业战略"推动产业发展。 e. 高价值"制造业"有赖于培养基本的制造技能，并以相关的教育、研究与培训机构作为补充。
服务业	a. 服务业的发展需要政府的积极扶持，而政府应提供所需的基础设施与监管环境。 b. 保持较低的政府费用（及管理费用），且理想应与现实相适应，从而可实现发展，埃塞俄比亚与阿联酋航空公司就是很好的例子。 c. 通过提供比竞争者更便利的条件，支持国内旅游业的发展。包括通过一次性许可程序，使获得签证更容易，降低经营旅馆的成本、减少相关骚扰。 d. 创造条件，鼓励外国银行支持当地银行的加速发展及业务水平的提高。 e. 通过消除保护主义、实施有效监管，积极支持保险业的发展，认识其地区性。
科技	a. 非洲商业欲求从新科技中受益，并使此类科技实现本地化发展，就必须向国际经济开放。 b. 政府需借助科技，以提高卫生、教育等方面的服务水平。 c. 必须消除监管与政治障碍，使更多人获取广泛的服务。 d. 通过税收减免鼓励在科技研发方面的投资。 e. 政府在寻求其他行业利益最大化的同时，应接受一些行业因利用技术而造成失业的现实。

续　表

调动一切资源，消除投资风险	a. 外国援助有利于国家的发展，但投资则主要来自私营部门，因此，实施商业友好型政策至关重要。 b. 投资者的战略要想成功实现，保持法律与监管环境的稳定性与确定性是关键。 c. 援助无法解决执政不力问题，提高国家的绩效及服务水平必须依靠自身。 d. 非洲人民而非精英群体的价值应得到保障。 e. 援助应服务于国家计划，并应为降低营商成本做出贡献。
计划	a. 利用计划手段为国家注入紧迫感，促进增长、创造就业应成为迫在眉睫的紧迫任务。 b. 重视政府与商业的合作关系，而不是如很多计划那样将政府置于首要地位。 c. 有价值的计划有赖于坚定的优先安排、合理利用资源及精心设计安排。 d. 政府应雇用最佳人选从事制订计划等工作。 e. 外国政府与组织的作用应受到限制。
领导人与服务能力	a. 领导人应利用民主为国家注入严格的民族主义，解释国家的发展路径。 b. 领导人应重视政策的执行，关心治国理政的细节问题。 c. 领导人应发挥其全面的外交技能与耐心。 d. 应通过实施透明性原则，保证政府官员履行职责。 e. 强有力的领导人应自愿下放权力。

非洲国家若要应对未来的挑战，为年轻人及快速增长的人口提供工作，其领导人应使国家在地区与国际上均具有吸引力与竞争力。

改革抑或自取灭亡

本书指出，非洲大陆欲在未来实现各国的繁荣及人民幸福，需要尽快实施改革。但是，非洲所面临的即将到来的危机并非偶然，危机的产生是因为领导人采取了或未采取相关抉择。例如，赞比亚早在20年前就已经明确预见到了2010—2015年的电力需求。领导人清楚解决电力短缺所需采取的措施，而且很多投资者愿意提供资金。然而，受既得利益及行为惯性的影响，情况没有发生重大改变。

这并不是说改革唾手可得。改革意味着挑战现状，有权势的个人与组织势必会坚决阻止这种改变。由于非洲人口激增、城市发展迅速，无所作为终将为所有人带来灾难，包括精英人群。人民不会像评价先驱争取独立一样审视非洲现任领导人的政绩：他们为选民所做的事将成为唯一的评价标准。

非洲领导人所面临的挑战是，在为应对快速增长的人口及城市化所带来的挑战而不知所措之前，在关照国际利益及期待的同时，为了人民的利益，挖掘该大陆的发展潜力。目前急需的是，立即实行重要的改革措施，因为一旦大规模年轻人带着智能手机、怀有很高期待涌入城市，那时再实施改革就太晚了。

《非洲前进之路》原著作者简介

　　格雷格·米尔斯（Greg Mills），博士，毕业于兰卡斯特大学，现为总部位于南非约翰内斯堡的布伦舍斯特基金会主席。曾于2008年被任命为卢旺达总统战略顾问，曾任马拉维、莫桑比克及阿富汗等国战略顾问团团长，也曾为利比里亚、莱索托、肯尼亚、赞比亚及津巴布韦的政府首脑服务。著有《非洲为何贫困及非洲人应如何解决该问题》（*Why Africa is Poor—And What Africans Can Do About It*，Penguin，2010）、与杰弗里·赫伯斯特合著的《非洲的第三次解放》（*Africa's Third Liberation*，Penguin，2012）等畅销著作。近期著作主要包括《国家为何恢复》（*Why States Recover*，Picador，2014）及与杰弗里·赫伯斯特合著的《南非何以实现发展》（*How South Africa Works*，Picador，2015）。

　　杰弗里·赫伯斯特（Jeffrey Herbst），博士，华盛顿新闻博物馆馆长、总裁。曾任柯盖德大学校长，迈阿密大学教务处教务长、常务副院长。赫伯斯特博士的职业生涯始于在普林斯顿大学任教授，任期长达18年，讲授政治学与国际关系学。著有《非洲国家与权力：权威与控制的比较经验》（*States and Power in Africa: Comparative Lessons in Authority and Control*，Princeton University Press，2014）等著作与文章。曾任教于津巴布韦、加纳、开普敦及西开普的高校，为外交关系理事会会员，自2005年至今一直担任布伦舍斯特基金会咨询委员会委员。

　　奥卢塞贡·奥巴桑乔（Olusegun Obasanjo），尼日利亚前总统，拥有不平凡的军旅生涯，曾服役于联合国1957年派驻刚果的维和部队，1970年代表尼日利亚政府接受尼内战反对派的投降。奥巴桑乔教育经历丰富，曾就读于阿贝奥库塔浸信会中学、印度陆军工程学院及伦敦皇家国防研究学院。1976年2月，尼日利亚军政元首遇刺身亡，时为将军的奥巴桑乔成为尼日利亚元首。于1979年经民主选举当选尼日利亚总统，后被囚禁长达三年半之久，直至1998年6月萨尼·阿巴查去世才被释放。获释后，奥巴桑乔于1999年经民主选举再次当选尼日利亚总统，执政两个任期。在30多部各类主题的著作中，他对通过一系列机制来解决、调停冲突满怀热情，甚至利用他作为塔纳湖论坛主席及在布伦舍斯特基金会任职的身份为解决冲突出力。

迪奇·戴维斯（Dickie Davis），布伦舍斯特基金会特别顾问、南特有限公司常务董事。曾在英国陆军部队服役长达31年，于2015年以少将军衔退役。服役期间，他从事了大量工作：2003年，率领首支英国省重建队（Provincial Reconstruction Team）赴阿富汗的马扎里沙里夫（Mazar-e-Sharif）开展重建工作；2006年7月，作为国际安全援助部队第九分队（International Security Assistance Force Ⅸ）总工程师率队帮助阿富汗重建与发展；2009年10月，任国际安全援助部队南区指挥部指挥官。戴维斯现任（英国）皇家工程师学会副会长、皇家工程师博物馆馆长、皇家蒙茅斯郡皇家工程师（自卫队）荣誉上校。获土木工程学位、国防科技学硕士学位，为英国特许管理机构（Chartered Management Institute）会员，分别于2004年和2015年被授予大英帝国司令勋章（Commander of the Order of the British Empire，CBE）、巴斯三等勋章（Companion of the Order of the Bath，CB）。曾基于在拉丁美洲和撒哈拉以南非洲进行的大量田野调查，与大卫·基尔卡伦（David Kilcullen）、格雷格·米尔斯及大卫·斯宾塞（David Spencer）合著《伟大的猜想？哥伦比亚：冲突与融合》（*A Great Perhaps? Colombia: Conflict and Convergence*，Hurst / OUP，2015）。